JN274831

草野真樹 著

利益会計論

——公正価値評価と業績報告——

大阪経済大学研究叢書　第49冊

東京 森山書店 発行

は　し　が　き

　近年，資産と負債の認識・測定を優先した会計基準が作成される傾向にある。とりわけ，1990年以降，市場価値に経営者の推定による割引現在価値を追加して公正価値の概念が拡大され，それと同時に，原初認識時のみならず決算認識時にも公正価値が適用されるために，公正価値の適用範囲は拡張している。

　米国の財務会計基準審議会（FASB）は，2004年6月に公開草案『公正価値測定』を公表し，公正価値測定に関する指針を提案している。また，国際会計基準審議会（IASB）もFASBのプロジェクトに呼応して，同様の研究プロジェクトに取り組み，現在，審議を進めている最中である。今後，公正価値の適用範囲が一層拡張されると推測される。

　さて，資産と負債が公正価値で測定されると，その公正価値変動額（評価損益）の処理方法が問題となる。事実，FASBとIASBを中心に，業績報告を巡って，長年にわたり議論が行われてきた。さらに，2004年には業績報告について国際的なワーキング・グループが形成された。今後，業績報告の国際的調和化を目指して，審議が進められるであろう。

　本書は，昨今，国内外で活発に議論されている包括利益または財務業績を，会計の認識・測定・伝達のプロセスから検討し，その特徴の一端を明らかにすることを目的としている。なかでも，業績報告の問題が議論される契機となった金融商品の会計処理を素材として，その利益測定の特徴を考察することで，業績報告について整理・分析している。

　ただし，本書の分析対象は非常に限定されており，かつ昨今の業績報告を巡る状況が急変していることから，近年の業績報告プロジェクトの動向とその特徴について，十分に論じることはできなかった。しかし，過去に業績報告を巡

ってどのような討議が行われ，その背後にどのような理屈が潜伏しているのかを明らかにし，記述しておくことは，今後，業績報告のあり方を論じる際に必要不可欠な作業であると考えたので，不十分・未熟さを承知のうえで，思い切って本として纏めることにした。読書諸氏のご指摘・ご批判を糧として，今後の研究に繋げていきたい。

　浅学非才の筆者が曲がりなりにも1冊の書物を出版できたのは，多くの先生方のご指導・ご鞭撻の賜である。この場をお借りして謝辞を申し上げたい。
　まず，大学院時代の指導教授である鵜飼哲夫先生（同志社大学）と瀧田輝己先生（同志社大学）に感謝申し上げなければならない。とりわけ，鵜飼先生は，何事につけても飽きっぽい筆者をいつも励まし続け，1つの研究テーマを粘り強く探求し続ける重要性を教えて下さった。先生のご期待に添えるような研究から程遠いことは十分に自覚しているが，先生のご指導のおかげで本書を完成することができた。厚く御礼を申し上げるとともに，今後の精進を誓いたい。
　松本敏史先生（同志社大学）への感謝は，言葉ではとても言い表すことができない。先生の学部ゼミに入っていなければ，おそらく研究者にはなっていなかったであろう。先生の教育・研究に熱心に取り組まれるお姿を拝見しているうちに，いつの間にか研究者への道を志していた。以来，先生には，不肖の弟子にもかかわらず，いつも身近で公私にわたり親身なご指導を賜っている。学部時代から現在までの学恩に深く感謝申し上げるとともに，今後も引き続きご指導・ご鞭撻をお願いする次第である。
　すべての先生方の名前を記すことは出来ないが，高寺貞男先生（京都大学名誉教授）をはじめとする京都会計学研究会に参加の先生方，そして津守常弘先生（九州情報大学）をはじめとする会計学サマーセミナーに参加の先生方からも，親身なご指導を頂いている。なかでも，高寺先生からは，折に触れてお電話を頂き，ご指導・ご高誼を賜っている。いつの日か先生から合格点を頂ける論文を書ければと思っている。日頃のご厚恩に深く御礼申し上げるとともに，今後も変わらぬご指導・ご鞭撻を頂きたい。

藤井秀樹先生（京都大学）と徳賀芳弘先生（京都大学）には，上述の研究会に加えて，京都大学で開催されている制度派会計学ワークショップでご指導・ご鞭撻を賜っている。本書の大部分は，過去に公表した論文に加筆・修正を施したものであるが，そのもとになった論文を執筆する際に，ワークショップで報告し，厳しいご指摘・ご批判と温かいご指導を頂いてきた。ワークショップで報告する機会がなければ，本書は完成できなかったであろう。また，比較的世代が近いワークショップの参加者との研究交流からも，多くの研究上の刺激を得ている。今後もご指導・ご高誼をお願いしたい。

　渡邉　泉先生をはじめとする大阪経済大学の会計学関連の先生方，そして同僚の教職員の方々には，いつも快適な研究環境を提供して頂いている。赴任して日が浅いにもかかわらず，本書の刊行に当たり，大阪経済大学研究叢書として，大阪経大学会より出版助成を認めて頂いたことに感謝申し上げる。

　末筆ながら，出版事情の厳しい中，市場性の乏しい本書の出版を快く引き受けて下さった森山書店社長の菅田直文氏，同社編集部長の土屋貞敏氏にお礼を申し上げる。

　最後に，私事にわたって恐縮であるが，筆者の生活を長年にわたり精神的かつ経済的に支えてくれた父　一美，母　美恵子に深く感謝の意を表し，本書を捧げたい。

2004年12月

草　野　真　樹

目　次

序章　研究の課題と分析視点 …………………………………… 1
第1節　研究の課題 …………………………………………… 1
第2節　研究の分析視点 ……………………………………… 5
　　1　分析素材としての金融商品会計 ………………………… 5
　　2　利益の認識・測定プロセス ……………………………… 7
　　3　財務会計の機能と会計情報の役割 ……………………… 9
第3節　本書の構成 …………………………………………… 11

第1章　歴史的原価会計と公正価値会計における利益測定の特徴 …………… 17
第1節　はじめに ……………………………………………… 17
第2節　収益費用アプローチと資産負債アプローチ ……… 18
　　1　収益費用アプローチ ……………………………………… 19
　　2　資産負債アプローチ ……………………………………… 20
　　3　小括 ………………………………………………………… 22
第3節　歴史的原価会計における利益測定の特徴 ………… 23
　　1　歴史的原価会計における利益測定プロセスの概要 …… 23
　　2　過去会計と未来会計の分離不能 ………………………… 24
　　3　経営者の将来に関する期待と期間利益計算 …………… 25
　　4　経営者の将来に関する期待と経営者の業績 …………… 26
　　5　小括 ………………………………………………………… 28
第4節　公正価値会計における利益測定の特徴 …………… 29

1　公正価値会計における利益測定プロセスの概要 ……………29
　　　2　市場参加者の将来に関する期待と期間利益計算 …………30
　　　3　市場参加者の将来に関する期待と企業の富 ………………32
　　　4　小　　括 ……………………………………………………34
　第5節　お わ り に ……………………………………………………35

第2章　米国における利益測定プロセスの展開 ……………43
　　　　　―AAAの実現概念の変遷を中心として―

　第1節　は じ め に ……………………………………………………43
　第2節　伝統的な実現概念 ……………………………………………44
　第3節　AAA1957年基準書の実現概念 ……………………………46
　　　1　基礎概念としての実現とその特徴 ………………………47
　　　2　資産の定義と測定の分離 …………………………………48
　　　3　収益認識規準としての実現の特徴 ………………………50
　　　4　小　　括 ……………………………………………………53
　第4節　AAA1964年報告書の実現概念 ……………………………54
　　　1　保有損益の認識と利益測定の分離 ………………………54
　　　2　収益取引における実現の規準とその特徴 ………………56
　　　3　純利益算定テストとしての実現概念 ……………………59
　　　4　小　　括 ……………………………………………………61
　第5節　実現概念の変遷の歴史的含意と現代的意義 ………………62
　　　1　実現概念の変遷 ……………………………………………62
　　　2　実現概念の変遷の歴史的含意 ……………………………64
　　　3　実現概念の変遷の現代的意義 ……………………………66
　第6節　お わ り に ……………………………………………………69
　補　論　FASB概念フレームワーク形成過程における利益概念の変遷 ……70
　　　1　資産負債アプローチから収益費用アプローチへの後退 …71
　　　2　利益概念の重層化 …………………………………………73

3　小　　括 ………………………………………………………… 74

第3章　米国の包括利益の報告と金融商品会計 ……………… 81
　　　―実現の機能の退化と利益概念の一貫性―

　第1節　は じ め に ………………………………………………………… 81
　第2節　売却可能証券の会計処理における利益測定 ………………………… 82
　　　1　SFAS115における実現可能の位置づけ ……………………………… 82
　　　2　売却可能証券の会計処理における利益測定の特徴 ………………… 84
　第3節　キャッシュ・フロー・ヘッジ会計における利益測定 …………… 87
　　　1　キャッシュ・フロー・ヘッジ会計の構造 …………………………… 87
　　　2　キャッシュ・フロー・ヘッジ会計における利益測定の特徴 ……… 90
　第4節　SFAS130における利益測定の特徴 …………………………………… 95
　　　1　原則的なFASB金融商品会計の処理方法 …………………………… 95
　　　2　SFAS130における利益測定の特徴 …………………………………… 97
　　　3　小　　括 ………………………………………………………………… 100
　第5節　お わ り に ………………………………………………………… 101

第4章　「G4+1特別報告書」と金融商品会計 ………………… 109
　　　―実現概念の放棄と利益概念の変容―

　第1節　は じ め に ………………………………………………………… 109
　第2節　「G4+1特別報告書」の概要とその特徴 …………………………… 110
　　　1　G4+1が比較検討した4つのアプローチの概要 …………………… 111
　　　2　一元観と二元観の相違 ………………………………………………… 113
　第3節　「G4+1特別報告書」と予定取引のヘッジ会計 …………………… 117
　　　1　予定取引のヘッジ会計の概要 ………………………………………… 117
　　　2　繰延アプローチの処理方法 …………………………………………… 119
　　　3　「G4+1特別報告書」と予定取引のヘッジ会計 …………………… 122
　　　4　小　　括 ………………………………………………………………… 125

	第4節 「G4+1特別報告書」における利益測定の特徴	*126*
	1　利益概念の変容	*127*
	2　実現概念の放棄	*129*
	3　小　　括	*133*
	第5節 お わ り に	*134*

第5章　金融商品の公正価値評価と業績報告　　*141*
　　　　―財務会計の機能と利益情報の役割―

	第1節 は じ め に	*141*
	第2節 金融商品の公正価値評価と意思決定支援機能	*142*
	1　金融商品の公正価値評価の目的	*142*
	2　金融商品の公正価値評価と意思決定支援機能	*144*
	3　小　　括	*146*
	第3節 金融商品の会計処理と財務会計の機能	*147*
	1　金融商品の会計処理と意思決定支援機能	*148*
	2　金融商品の会計処理と契約支援機能	*151*
	第4節 金融商品の公正価値評価と業績報告	*156*
	1　意思決定支援機能と契約支援機能の調整	*156*
	2　金融商品の公正価値評価と業績報告	*158*
	3　小　　括	*160*
	第5節 お わ り に	*162*

終章　研究の総括と今後の課題　　*171*

	第1節 研 究 の 総 括	*171*
	1　金融商品の公正価値評価と利益測定の展開	*171*
	2　SFAS130における利益測定の特徴	*173*
	3　「G4+1特別報告書」における利益測定の特徴	*175*
	4　小　　括	*177*

第 2 節　今後の課題 ……………………………………………………179

参考資料 1　キャッシュ・フロー・ヘッジの会計処理
　　　　　　：予定購入取引の事例 …………………………………183
参考資料 2　キャッシュ・フロー・ヘッジの会計処理
　　　　　　：金利スワップの事例 …………………………………189
参考文献 …………………………………………………………………193
索　　引 …………………………………………………………………215

主要略語表一覧

AAA	American Accounting Association	米国会計学会
AIA	American Institute of Accountants	米国会計士協会
AICPA	American Institute of Certified Public Accountants	米国公認会計士協会
APB	Accounting Principle Board	会計原則審議会
ASB	Accounting Standards Board	会計基準審議会
FASB	Financial Accounting Standards Board	財務会計基準審議会
FRS	Financial Reporting Standard	財務報告基準
IAS	International Accounting Standard	国際会計基準
IASB	International Accounting Standards Board	国際会計基準審議会
IASC	International Accounting Standards Committee	国際会計基準委員会
IOSCO	International Organization of Securities Commissions	証券監督者国際機構
JWG	Joint Working Group of Standard Setters	ジョイント・ワーキング・グループ
JWGBA	Joint Working Group of Banking Associations on Financial Instruments	銀行協会のジョイント・ワーキング・グループ
SAS	Statements on Auditing Standards	監査基準書
SEC	Securities and Exchange Commissions	証券取引委員会
SFAC	Statement of Financial Accounting Concepts	財務会計概念書
SFAS	Statements of Financial Accounting Standards	財務会計基準書

序章　研究の課題と分析視点

本研究の課題は，今日，国内外で盛んに議論されている「包括利益」（comprehensive income）または「財務業績」（financial performance）を，認識・測定・伝達の観点から分析し，その特徴の一端を明らかにすることである[1]。かかる作業を通じて，「企業会計のコア」（斎藤［2002］，431頁）である利益測定を支える基礎概念と「会計情報の中心的な項目である」（桜井［2002］，23頁）利益情報に期待される役割に照らして，現在，企業会計が直面している問題の本質を探っていきたいと考えている。

本章では，まず筆者の現状認識と問題意識について言及しながら，研究の課題を提示する。次に，本書で採用する分析手法について解説する。最後に，以上を踏まえて，本書の構成について概説する。

第1節　研究の課題

本節では，以下，近年の会計基準作成の動向を概説しながら，筆者の現状認識と問題意識を明らかにし，本研究の課題を提示する。

2001年4月，国際会計基準委員会（IASC）から改組された国際会計基準審議会（IASB）は，会計基準の国際的な収斂（convergence）を目標に掲げ，現在，精力的に活動している[2]（IASC Foundation［2002］）。IASBは，2001年8月に会計基準の収斂を図ろうとするプロジェクトの1つに「業績報告」プロジェクトを掲げ，英国の会計基準審議会（ASB）と共同で審議を進めている[3]。ま

た，米国の財務会計基準審議会（FASB）も，2001年10月に「営利企業の財務業績の報告」を議題に設定し，財務業績の報告について審議している。FASBとIASBが業績報告プロジェクトに取り組んでいるのは，次のような，近年の会計基準作成の特徴があるからである。

FASBとIASBは，財務報告の目的を「経済的意思決定を行うときに有用な情報を提供する」と捉える「意思決定有用性アプローチ」（decision-usefulness approach）を採用する。当該アプローチは，AAA［1966］とAICPA［1973］の公表を契機に「会計専門家の認知と広範な影響力を獲得した」（AAA［1977］, pp. 10-11）考え方であり，今日，FASBとIASBの概念フレームワークを支える基礎的理論として位置づけられる（津守［2002］, 第5章；藤井［1997］, 第3章）。また，FASBとIASBの概念フレームワークは，「資産および負債の定義とそれらの変動に基づいて」（FASB［1976b］, par. 209）利益を測定する「資産負債アプローチ」（asset and liability view）を，基礎的な会計観として採用する。FASBとIASBは，資産を「将来の経済的便益」（FASB［1985］, par. 25；IASC［1989］, par. 49）と定義することによって，「将来の経済的便益を基礎概念とする〔財務諸表構成要素の〕定義の連鎖的体系」（藤井［1997］, 74頁）を導き出している。

このように，「資産負債アプローチは，〔……将来キャッシュ・フローを媒介にして，〕意思決定有用性アプローチと定義の〔連鎖的〕体系の接合を体現した会計観」（藤井［1997］, 80頁）と言える。かかる会計観を基礎とするFASBとIASBの概念フレームワークは，会計上の「憲法」（FASB［1976a］, p. 2）として位置づけられ，「将来の財務会計基準と実務の基盤となり，そしていずれ現行の財務会計基準と実務を評価するための基礎として役立つような諸概念および諸関係」（FASB［1978］, par. 3）を記述している。

FASBとIASBは，概念フレームワークに準拠して，近年，資産と負債の認識および測定を優先して会計基準を作成する傾向にあり，金融商品の会計基準は，かかる典型的な例と言える。1990年代以降，FASBとIASBは，デリバティブを中心に金融商品を財務諸表上で認識し，「公正価値」[4]（fair value）で測

定するが，その根拠として，金融商品が資産と負債の定義を満たし，「公正価値が金融商品に対して最も目的適合的な測定属性」（JWG［2000］, par. 1.7）であることを掲げる。かかる会計処理によって，財務報告の目的である投資家の意思決定に有用な会計情報を提供することが期待されるわけである。

そして，資産と負債の認識および測定を重視して会計基準を作成した結果，利益の情報価値の低下が懸念された[5]（IASB［2002c］, p. 1）。すなわち，ストックの情報価値を優先した結果，将来を予測できない「一時的利益」（transitory earnings）が損益計算書上で著しく増加し，将来利益の予測に有用である「恒久的利益」（permanent earnings）と「合算され，しかもその合算の程度が〔投資家に〕知られていない」（AAA［2000］, p. 369）ために，利益情報の有用性が低下していると危惧されたのである。換言すると，「公正価値の使用を一層増加し，当該公正価値の変動額を損益計算書に反映する」（IASB［2001］, par. B2）結果，「伝統的な損益計算書に重圧をかけてきた」（IASB［2001］, par. B2）わけである。

以上のように，資産と負債の認識および測定を優先して会計基準が作成されてきたことにより，利益の情報価値の低下が懸念されたため，FASBとIASBは，当該情報の有用性を改善・回復することを目的に業績報告プロジェクトに取り組んでいる（FASB［2004c］；IASB［2004］）。今日，資産と負債を公正価値で認識・測定する動きが広がっており，会計上の認識領域が一層拡張する可能性もある[6]。このような近年の会計基準作成の特徴を踏まえるならば，FASBとIASBの業績報告プロジェクトは，「会計情報の中核に位置する利益概念と密接不可分な関係にある」（辻山［2002］, 31頁）以上，今後の会計の展望を見据えるうえで，重要な位置づけを占めるものと思われる。

また，FASBとIASBは，2002年10月に「国内の財務報告においても，また国境を越えた財務報告においても双方で利用できるような，高品質で互換性のある会計基準を開発する」（FASB and IASB［2002］, p. 1）ことを宣言した「ノーウォーク合意」（The Norwalk Agreement）を発表した。それに加えて，欧州連合（EU）は，2005年1月から域内の上場企業に対して，IASBの会計基準に

準拠して連結財務諸表を作成することを義務づけている[7] (EU [2002])。このように，会計基準の国際的調和化が加速的に進展し，さらに財務業績の報告が「財務報告の中心的な論点の1つ」(Johnson and Lennard [1998], par. 6.1；Cearns [1999], p. iii) であり，当該分野で調和化が進めば，国際的な比較可能性が一段と増す可能性があるだけに，FASBとIASBの業績報告プロジェクトは，一層重要な意味を有するわけである。

さて，FASBは，1997年6月に公表した財務会計基準書（SFAS）130『包括利益の報告』を基礎にして，業績報告プロジェクトに取り組んでいる。現時点でFASBが提案する業績報告の特徴として，包括利益の報告様式として一計算書アプローチを採用すること，「その他の包括利益」(other comprehensive income) の項目と表示規準を残すこと，廃止事業損益とその他の包括利益の前に「継続事業からの純利益」(net income from continuing operations) を表示することなどが指摘できる（FASB [2004c]）。

一方，IASBは，G4＋1[8]が公表した財務業績の報告に関する2つの特別報告書，すなわち『財務業績の報告：現状と展望』(Johnson and Lennard [1998])と『財務業績の報告：提案されたアプローチ』(Cearns [1999])で提案された考え方を基礎にして審議を進めている（本書では，この2つの報告書をまとめて指すときは，「G4＋1特別報告書」と記述する）。現時点でIASBが提案する業績報告の特徴として，財務業績（包括利益）の報告様式として一計算書アプローチを採用すること，純利益の表示と「リサイクル」(recycling) の禁止などが挙げられる[9] (IASB [2001], pars. 34–35；IASB [2002a], p. 4；IASB [2003b], par. 3；IASB [2003d], par. 6（iii))。

このようにFASBとIASBは，同様に，業績報告プロジェクトに取り組むが，「ここまでのIASBの暫定的結論は，FASBのそれと異なった方向に向かっている」(Sayther [2004a], p. 6) のである。つまり，業績報告を巡って，FASB型とIASB型という「2つの相異なる世界的な潮流が存在する」（辻山 [2000]，624頁）わけである。もともとFASBとIASBは，それぞれ別々に業績報告プロジェクトに取り組んでいた。ところが，現在，FASBとIASBは，ジョイン

ト・ワーキング・グループを形成し，業績報告の調和化を目指して審議を進めている最中である（FASB［2004c］；IASB［2004］）。

以上，本節で概説したように，現在，会計基準の国際的調和化が推進され，業績報告プロジェクトは大きな節目を迎えている。かかる現状を踏まえるならば，今一度，企業会計の要である利益測定に焦点を当て，それを支える基礎概念について整理し分析する必要がある。

第2節　研究の分析視点

本書では，財務会計の中心とも言える利益測定の展開とその特徴について検討する。それでは，当該問題を論じるにあたり，どのような視点が必要とされるであろうか。本節では，以下，本書で採用する分析視点を説明する。

1　分析素材としての金融商品会計

本研究では，金融商品の会計基準または会計処理に焦点を当て，検討を進める[10]。金融商品の会計基準（会計処理）を素材とするのは，近年，資産および負債の認識と測定を優先して会計基準が作成される傾向にあり，金融商品の会計基準は，その先駆的かつ代表的な事例であると考えられるからである。さらに，金融商品に公正価値評価を導入する過程で，金融商品の評価損益をどのように表示・報告すべきかという問題が発生し，それを巡って業績報告の問題が論じられてきたからである。

金融商品の会計基準（会計処理）を説明する方法として，大きく2つの考え方がある。1つは，伝統的な利益計算の枠組みに基づいて，金融商品の会計基準（会計処理）を説明する方法であり，いま1つは，そのような利益計算の枠組みとは異なる説明理論を用いて，金融商品の会計基準（会計処理）を説明する方法である（古賀［2003］，15-17頁）。どちらの考え方に依拠して，金融商品の会計基準（会計処理）を論じるかが問題となる。

もちろん，「金融商品にかぎらず，リースや退職給付，税効果など無形財や

サービスを対象とする会計基準を説明する場合，有形財を対象とした会計基準を説明するための理論を単純には援用〔することは〕できない」（大日方 [2003a], 85頁）。しかし，それだからと言って，直ちに伝統的な利益計算の枠組みとは異なる会計理論を用意して，金融商品の会計基準（会計処理）を説明するのは，早計であろう。まず考えるべきことは，「金融商品会計等の登場によって，利益計算の構造やその基礎概念に本質的かつ決定的変化が生じているのか否か」（大日方 [2003a], 86頁）であり，もし伝統的な利益計算の枠組みに基づいて金融商品の会計基準（会計処理）を説明できるのであれば，何も新しい会計理論を持ち出す必要はない（万代 [2003a], 74-75頁）。

さて，期間利益を測定する方法として，大きく2つのアプローチがある。1つは，「一〔会計〕期間の収益と費用の差額に基づいて」（FASB [1976b], par. 38）期間利益を測定する「収益費用アプローチ」（revenue and expense view）であり，いま1つは，「資産と負債の〔定義とそれらの〕増減に基づいて」（FASB [1976b], par. 34）期間利益を測定する資産負債アプローチである。つまり，収益費用アプローチは，フローの差額に基づいて，期間利益を認識・測定する構造を有するのに対して，資産負債アプローチは，ストックの変動に基づいて，期間利益を認識・測定する構造を有するのである。FASB [1976b] は，従来の会計実務や権威あるプロナンスメントにおける会計観を収益費用アプローチという用語のもとで一括し，それと対比されるべき会計観として資産負債アプローチを提示した。

会計上の「憲法」（FASB [1976a], p. 2）として位置づけられるFASBの概念フレームワークにおいて，「基本的には『収益費用中心観』〔（収益費用アプローチ）〕から『資産負債中心観』〔（資産負債アプローチ）〕に転換している」（津守 [2002], 251頁）と言われている。ところが，先行研究では，概念フレームワークに基づいて作成される会計基準のレベルでは，資産負債アプローチが首尾一貫して適用されているとは限らないことが指摘されている（大日方 [2002b]；徳賀 [2002b]）。つまり，収益費用アプローチを支える「『原価基準測定』と『実現と対応』という二対の柱（twin pillars）」（Johnson and Swieringa [1996b],

p. 110）のみで，現行の会計基準を説明することはできないが，それでも「1940年にPaton and Littletonが〔『会社会計基準序説』で〕記述した多くの特徴は，今なお残っている」（Johnson and Swieringa [1996b], p. 110）のが実状である。

上述のことを踏まえると，まず個々の会計基準または会計処理がどこまで収益費用アプローチ（歴史的原価会計）の特徴を有しているのかを，考察しなければならない。すなわち，歴史的原価会計の利益測定を支える基礎概念のどの点が継承され，どの点が継承されていないのか，そして，それはいかなる理由により継承され，あるいは継承されていないのかについて，まず確認する必要がある。かかる作業を通じて，利益測定の計算構造やそれを支える基礎概念に本質的な変化が生じたのか否かを確かめることができ，その点に特定の会計基準（会計処理）の特徴を見出すことができる，と考えられるわけである。

以上のことから，本書では，金融商品の会計基準（会計処理）を素材として，歴史的原価会計の利益測定を支える基礎概念の連続性または非連続性（断続）を確認する作業を通じて，利益測定の展開とその特徴を明らかにしていきたい。

2　利益の認識・測定プロセス

上述したように，FASBとIASBは，意思決定有用性アプローチを採用する。当該アプローチは，AAA [1966] やAICPA [1973] を契機に「会計専門家の認知と広範な影響力を獲得し」（AAA [1977], pp. 10-11），近年の国際的な会計基準の作成を支える基礎的理論とも言える。今日の会計のあり方に大きな影響を与えているAAA [1966] は，会計を次のように定義する。

　「会計とは，情報の利用者が事情に精通した判断と意思決定を行うことができるように，経済的情報を識別〔(認識)〕し，測定し，そして伝達するプロセスである」(p. 1)。

すなわち，会計とは，企業実体に生じる経済事象を財務諸表上に記載されるべき要素・項目に変換し，当該プロセスを経て作成された財務諸表を利害関係

者に報告する，認識・測定・伝達のプロセスとして捉えることができる。今日，財務報告の目的として意思決定有用性アプローチが採用されるために，「経済的意思決定に有用な会計情報を提供する」という会計の伝達プロセスが重視される傾向にある。このことは，「会計は，サービス活動である。その機能は，〔……〕経済的意思決定を行うときに役立つように，経済的実体について，とりわけ財務的特質を有する数量的情報を提供することである」(AICPA [1970], par. 40) という，AICPA [1970] の会計の定義に端的に現れている[11]。

　もちろん会計の伝達プロセスが重視されるのは，意思決定有用性アプローチ固有の特徴ではない。なぜならば，簿記・会計の歴史を考えた場合に，19世紀に入り普及した株主への財務諸表の定期的開示が「複式簿記を会計に発展させた」(Littleton [1933], p. 368) 重要な1つの契機と考えられるからである[12]。つまり，会計史の視点から簿記と会計の違いを考えてみると，簿記は，取引事象の記録の側面を重視するのに対して，会計は，企業活動の結果を伝達する側面を重視すると言えるのである[13]。

　ここで注意すべきは，会計の伝達プロセスが重視されるからと言って，会計の認識・測定プロセスが等閑視されるわけではないことである。なぜならば，「経済的意思決定を行うときに役立つように，経済的実体について，〔……〕数量的情報を提供すること」(AICPA [1970], par. 40) と会計の伝達プロセスを重視する場合でも，かかる「会計情報は，依然として，過去に発生した取引を記録し，ある一定のルールの下で取引を集約〔……〕することに基づいて，作成される」(Ijiri [1975], pp. 31-32) からである。したがって，会計情報の「伝達は，おもに数量的情報に基づいている」(Ijiri [1967], p. 3) 以上，まず「企業実体の経済的事象の中身やそれを数量化するルール」(Ijiri [1967], p. 3)，すなわち会計の認識・測定プロセスに着目しなければならないわけである。

　以上要するに，会計上の測定 (accounting measurement) は，「会計システムの中心的な機能」(Ijiri [1975], p. 29) と言えるのである。とりわけその重要な機能は，利益測定であると言えるであろう。なぜならば，複式簿記の発展は，債権・債務の備忘録またはトラブルが生じた時の文章証拠から期間損益計算シ

ステムへ進化するプロセスとして捉えることができ（渡邉［1983，2002］），さらに利益情報は，今日，「会計情報の中心的な項目である」（桜井［2002］，23頁）からである。まさに「企業利益の測定は，財務会計の中心である」（Barton［1975］, p. 59）と言えるわけである。

以上のことから，「実現概念と利益概念の間に，必然的に重なり合う部分が存在する」（Horngren［1965］, p. 324）以上，「実現〔概念〕は，〔……〕利益決定〔……〕における最も重要なコンベンションである」（Storey［1959］, p. 238）ことを考慮して，本書では，実現概念と利益概念に焦点を当てて，利益の認識・測定プロセスについて検討を行うことにする。

3　財務会計の機能と会計情報の役割

経済環境の変化や経済の発展などに伴って，それ以前に考えられなかった会計上の諸問題が発生し，それに対処するために新しい会計基準が公表される。FASBとIASBが概念フレームワークに準拠して会計基準を作成する以上，新会計基準が概念フレームワークの資産または負債の定義に合致しているのか，あるいは会計基準間で矛盾は生じていないのかなどを検討することは，重要な研究課題である。

ところが，計算構造上必ずしも首尾一貫した会計基準が作成され，公表されるとは限らない。なぜならば，会計の認識・測定プロセスを経て算定される会計数値，とりわけ利益数値は，財務諸表の利用者に多大な影響を与えるために，「会計の政治化（politicization of accounting）」（Solomons［1978］）が生じるからである[14]。

会計を制度として捉えたときに，会計制度が経済社会の中で現在もなお存続し，機能しているのは，会計が経済社会で期待される一定の役割を果たしている，と考えられるからである。したがって，利益測定の認識・測定プロセスに加えて，会計情報の役割や利用目的に照らして，会計基準（会計処理）の特徴について検討しなければならないであろう。

通常，企業の経営者と利害関係者の間には，「情報の非対称性」（information

asymmetry）が存在する。周知のとおり，情報の非対称性は，「逆選択」（adverse selection）と「モラル・ハザード」（moral hazard）を引き起こす。したがって，財務会計には，次のような会計情報を提供することによって，経営者と利害関係者間に存在する情報の非対称性を削減し，逆選択とモラル・ハザードを解決することが期待されるのである。

まず，1つは，「意思決定（例えば，投資意思決定）が行われる前に期待を改定する意味で有用である」（Beaver and Demski [1979], p. 43）会計情報の提供である。かかる会計情報を提供することによって，経営者と投資家間に存在する情報の非対称性を小さくし，逆選択を回避することが財務会計に期待される役割の1つである。かかる財務会計の役割を「意思決定支援機能」と言う（須田 [2000]）。

次に，他の1つは，例えば，経営者と株主または債権者間で締結される「契約の基礎を提供〔し，その契約の履行状況を確認〕する意味で有用である」（Beaver and Demski [1979], p. 43）会計情報の提供である。かかる会計情報を提供することで，経営者と株主または債権者間に存在する情報の非対称性を小さくし，モラル・ハザードを抑制することが財務会計に期待されるもう1つの役割である。かかる財務会計の役割を「契約支援機能」と言う[15]（須田 [2000]）。

このように，会計情報（とりわけ利益情報）の提供によって，財務会計には，意思決定支援機能と契約支援機能という2つの機能が期待される。財務会計が意思決定支援機能と契約支援機能を実際に果たしていることは，多くの実証研究によって確認されている（須田 [2000]）。つまり，意思決定支援機能と契約支援機能は，同時に存在するわけである（Watts and Zimmerman [1986], p. 198）。

そのときに，意思決定支援機能と契約支援機能が重視する会計情報の質的特徴は，トレード・オフの関係にあるために，双方の機能の間にトレード・オフの関係が成立する場合もある。したがって，財務会計が意思決定支援機能と契約支援機能を同時に果たすことを前提とするならば，両者の間で調整が必要とされる。とりわけ意思決定支援機能と契約支援機能の「どちらかの情報利用目

的からみても，実績利益数値が会計情報の中心的な項目であると考えられる」（桜井 [2002]，23頁）ために，利益情報に対して，意思決定支援機能と契約支援機能の調整を考慮する必要がある。

以上のことから，本書では，ある特定の会計基準（会計処理）に基づいて作成される会計情報（利益情報）が，意思決定支援機能と契約支援機能にどのような影響を与えると考えられるのかについて検討する。

第3節　本書の構成

本研究は，1990年代後半までの米国における会計規制やそれを支える会計思考と，それ以降の国際的な会計基準設定機関における会計規制の動向を，観察の対象とする。その理由は，米国の会計規制や国際的な会計基準設定機関の会計制度の動向がわが国を含む世界各国の会計規制に大きな影響を与え，「すでに起こった未来」（伊藤 [1996]，3頁）として位置づけられるからである。したがって，現在，企業会計が抱える問題を分析し，今後の会計のあり方を考える一手段として，本研究では，米国における会計規制やそれを支える会計思考，さらに会計基準の国際的調和化の動向を，観察の対象とする。

本書の構成は，以下の通りである。

まず，第1章では，歴史的原価会計と公正価値会計の利益測定の特徴について考察する。近年，国際的な会計基準設定機関によって，歴史的原価会計から公正価値会計へと会計システムの転換が推進されつつある。第1章では，それぞれの会計システムにおける利益測定の特徴を明らかにし，各々の相違点を浮き彫りにする。第1章は，それ以後の章で，会計基準（会計処理）を具体的に分析する準備作業として位置づけられる。

次に，第2章では，1950年代後半から1960年代前半にかけて米国会計学会（AAA）が公表した資料を整理し分析する。その当時，米国では，実物資産を想定して市価評価が議論され，その過程で実現概念とその位置づけが大きく揺れ動いた。1980年代後半以降，金融商品を中心に公正価値評価について議論さ

れているために，1950年代後半から1960年代前半とは経済環境が大きく異なることは事実である。しかし，その当時の議論を整理し分析すれば，今日の利益測定の問題を考えるうえで重要な示唆が得られる，と考えられる。第2章では，米国の1950年代後半から1960年代前半における実現概念の変遷が示唆する歴史的含意と現代的意義を明らかにする。

第3章以降では，1990年代以降の利益測定論について検討する。FASBは，1986年に「金融商品プロジェクト」を発足し，当該プロジェクトの進展に伴って，金融商品の公正価値評価について本格的に議論し始めた。金融商品を公正価値で評価すれば，その評価差額である利得または損失（評価損益）をどのように表示・報告すべきかという問題が生じる。かかる問題に対処するために，1990年代以降，アングロ・アメリカン諸国の会計基準設定機関は，利益の表示・報告について議論を行っている。

まず，第3章では，売却可能証券の会計処理とキャッシュ・フロー・ヘッジ会計を素材として，財務会計基準書（SFAS）130の利益測定の特徴について考察する。金融商品の会計処理における実現（実現可能）の位置づけを確認し，かかる会計処理に経営者の将来に関する期待がどのように反映されるのかについて検討する。実現の機能と経営者の将来に関する期待を鍵概念として，SFAS130における利益測定の特徴を明らかにする。

次に，第4章では，国際的な会計基準設定機関で議論されている利益測定論について考察する。アングロ・アメリカン諸国を中心に構成されたG4＋1は，財務業績の報告について2つの特別報告書を公表した。「G4＋1特別報告書」は，今後の業績報告の展望を見据えるうえで，重要な手がかりとなる。第4章では，予定取引のヘッジ会計を素材として，「G4＋1特別報告書」における利益測定について，整理し分析する。実現の機能と経営者の将来に関する期待を鍵概念として，それらの変容を明らかにすることで，「G4＋1特別報告書」における利益測定の特徴を指摘する。

最後に，第5章では，売却可能証券の会計処理とキャッシュ・フロー・ヘッジ会計を素材として，SFAS130と「G4＋1特別報告書」における業績報告につ

いて検討する。ただし，第5章では，第3章と第4章とは異なり，上記の会計処理により算出される利益数値が，財務会計の機能にどのような影響を与えると考えられるのかについて考察する。かかる検討を通じて，財務会計の機能と利益情報の役割の観点から，SFAS130と「G4+1特別報告書」における利益測定の特徴を明らかにする。

終章では，本研究の要約を示した後に，残された課題について，若干の言及を行う。

本研究では，以上のような検討を通じて，資産評価と利益測定の展開とその特徴を記述する。本書が，今日，企業会計が抱えている問題の一端を明らかにすることができれば幸甚である。

1) 米国の財務会計基準審議会（FASB）は，包括利益を「所有者以外の源泉からの取引，その他の事象，そして環境要因から生じる一会計期間における所有者持分の変動」（FASB［1985］, par. 70）と定義する。また，アングロ・アメリカン諸国から構成されたG4+1は，財務業績を「所有主との取引から生じる持分の変動を除く，認識済み（記録済み）のあらゆる持分の変動」（Johnson and Lennard［1998］, par. 1.13）という意味で用いている。いずれも資本取引（資本拠出や資本引出）を除く一会計期間の所有主持分の変動を，包括利益または財務業績と呼称している。
2) 近年，とりわけIASCからIASBへの改組以降，会計基準の国際的調和化を論じる際に，「調和化」（harmonization）という用語に代わって「収斂」が用いられる傾向にある。ここで，会計基準の国際的調和化を「各国基準における弾力性の縮小」（徳賀［2000］, 131頁 図表5-6）と「各国会計基準間の相違の縮小（基準の共有化）」（徳賀［2000］, 131頁 図表5-6）という2つの要素で捉えた場合に，調和化の中に収斂も含めて論じることができる（潮崎［2003］, 23頁 注4）。本書では，以下，とくに断りがないかぎり，調和化と言う場合，収斂を含めた広義の概念で用いることにする。
3) 2003年9月以降，業績報告プロジェクトから「包括利益」プロジェクトに名称が変更されているが，本書では，業績報告プロジェクトと記述する。
4) FASBは，公正価値を「知識のある，無関係で意思ある当事者間の現行の取引で交換される資産または負債の価格である」（FASB［2004a］, par. 4）と定義し，IASBは，「知識のある，意思ある当事者間で，独立した第三者間取引（arm's length transaction）によって，資産が交換され，あるいは負債が決済される金額」（IAS32（revised 2003）, par. 11；IAS39（revised 2003）, par. 9）と定義する。「『公正価値』は，『市場価値』よりも広い〔概念を意味する〕用語である」（IASC［1997］, chap. 5 par. 2.6）が，かかる公正価値の位置づけは，基本的には，1990年以降のことである。その詳細については，高寺・草野［2004］を参照されたい。

5）言うまでもなく，実際に利益の情報価値が（時系列的に）低下しているか否かは，実証研究の課題であり，昨今，価値関連性（value-relevance）の研究で注目を集めているテーマの1つである。当該研究の主な概要については，AAA［2003d］, pp. 176-177と大日方［2003］，4-7頁などを参照されたい。

6）会計上の認識領域の拡張は，昨今に始まったことではない。事実，将来キャッシュ・フローを認識・測定の対象とし，さらに将来キャッシュ・フローを推定するときに各種の将来予測要素を考慮しなければならない「将来事象」(future events) を，財務諸表上で認識・測定するときの問題点については，以前から議論されている。当該問題については，Beaver［1991］, Johnson［1994］, そしてKirk［1990］などを参照されたい。また，将来事象の認識・測定に関する包括的な研究については，加藤編［2000］がある。

7）ただし，EUは，無条件でIASBの会計基準を受け入れるのではなく，各々の会計基準を検討したうえで，認可（endorsement）を与えている。EUは，2003年9月に国際会計基準（IAS）32『金融商品：開示と表示』とIAS39『金融商品：認識と測定』については，採用しないことを決定した（EU［2003］）。このEUの決定に応じて，IASBは，2003年12月にIAS32『金融商品：開示と表示』(IAS32 (revised 2003)) とIAS39『金融商品：認識と測定』(IAS39 (revised 2003)) を公表した。EUは，金融商品の会計基準の認可に向けて議論を進め，IAS32 (revised 2003) と，公正価値オプションとポートフォリオヘッジを除外してIAS39 (revised 2003) の受け入れを決定した。

8）G4＋1とは，アメリカ，イギリス，オーストラリア，カナダ，そしてニュージーランドの会計基準設定機関とIASCから構成され（ただし，IASCはオブザーバーとしての参加である），財務報告に関する問題を分析・討議するワーキング・グループのことである。G4＋1の活動内容については，例えばBeresford［2000］を参照されたい。G4＋1は，IASCからIASBへの改組に伴い，解散された（G4＋1［2001］）。

9）ただし，キャッシュ・フロー・ヘッジ会計については，「準リサイクル」(quasi-recycling) が暫定的に容認されている（IASB［2002b］, p. 5）。IASB［2002b］は，その理由として，「『フレームワーク』と単一の包括利益計算書の双方において，『リサイクル禁止』アプローチ("no recycling" approach) が首尾一貫する」(p. 5) が，「当該問題は，〔業績報告プロジェクトのみにとどまる問題ではなく，〕結局のところ，金融商品会計の再検討を要するより広範なプロジェクト一部である」(p. 5) ことを挙げている。

10）金融商品の会計基準（会計処理）は，基本的には，①金融商品の公正価値評価とその評価損益の開示，②金融商品の負債と持分の区分，そして③金融資産の認識中止（derecognititon）の3つに分類できる。本研究では，金融商品の会計基準（会計処理）という場合，とくに断りがない限り，①を指す。金融商品の公正価値評価を論じる場合，①と③は密接に関連するが，議論の拡散を避けるために，本書では，①にのみ焦点を当てる。③については，太田［1999］や宮田［2004］などを参照されたい。

11）意思決定有用性アプローチの下で，会計の伝達プロセスが重視されるのは，それ以前

序章　研究の課題と分析視点　*15*

の会計の定義と比較すると明らかである。例えば，アメリカ会計士協会（AIA）の会計用語委員会は，1941年に会計を次のように定義する。
　　「会計とは，少なくとも部分的には財務的な特質を有する取引や事象を，意味のある方法で，かつ貨幣の観点から，記録，分類，集約し，そしてその結果を解釈する技術である」（AIA［1953］, par. 9）。
　　上述の定義は，「会計の内部的プロセス（記録，分類，そして集約）」（Ijiri［1975］, p. 30）を重視するのに対して，AICPA［1970］は，「会計の外部的プロセス（経済的意思決定）」（Ijiri［1975］, p. 30）を重視する。ただし，1941年のAIA会計用語委員会の定義でも，会計の伝達の側面が記述されていることには注意する必要がある（AIA［1953］, pars. 13-14）。
12) ただし，一般の株主に企業の財政状態を開示する目的のために作成されたものではないが，「クロムウェル〔……〕の改組（1657年）後の1670年前後に見出せるイギリス東インド会社の半公表貸借対照表（the balance account of a semi-public character），および1969年下院に提出するために作成されたイングランド銀行〔……〕の貸借対照表」（渡邉［1993］, 72-73頁）のように，すでに17世紀に貸借対照表（の原型）は存在する（高寺［1971］, 430-439頁）。一般の株主への開示を目的とした貸借対照表と損益計算書の生成・発展過程については，例えば，渡邉［1993］, 第4-5章で分析されているので，参照されたい。
13) もちろん簿記と会計の違いについては，会計史の視点以外の説明方法もある。例えば，高寺［1969］は，簿記と会計の違いを以下のように説明している。
　　「会計の全過程を高度な会計的判断の要する（いわゆる『例外の原理』が適用される）例外的操作群と，このような高度な判断を特に要しない，型にはまった（ルーティン化した）おきまりの通例的操作群に分けて，『会計のうち，高度な会計的判断を要しない通例的操作群が簿記である』といわなくてはならない」（25頁）。
14) 近年のFASBやIASBの会計の政治化については，Beresford［2001］やZeff［2002］などを参照されたい。また，会計基準設定過程を分析する理論的枠組みについては，大石［2000］を参照されたい。
15) 従来からわが国では，会計（財務会計）の機能として，情報提供機能と利害調整機能の2つが指摘される（新井編［1989］, 54-64頁）。上述の情報提供機能と本書で言う意思決定支援機能は，同義である。ところが，利害調整機能と言う場合，以下の2つのレベルが存在する（國部［1999］, 93-98頁；澤邉［1998］, 104頁）。
　　1つ目は，（粗付加価値から減価償却費を控除した）付加価値を費用控除の形で先配する項目（先配項目）と利益処分の形で後配する項目（後配項目）を区分する「会計システム上の利害調整機能」（澤邉［1998］, 104頁）である。簿記・会計の歴史上，企業形態の変遷に伴って，先配項目と後配項目の区分は変化しており，今後も変化する可能性はある（高寺［1988］, 70-98頁；高寺［1992］, 34-45, 163-175頁）。ここでは，会計が残余利益の分配額の計算を通じて，「財産・持分をめぐる当事者間で〔……〕取るか取られるかの利害の線引き（調整）」（安藤［2001］, 244頁）を行うのである。

いま1つは，利益数値（会計数値）を算定するシステムを所与としたうえで，利益数値（会計数値）が経営者と利害関係者の行為に影響を与える「利益情報フィードバック・ループのなかでの利害調整機能」（澤邉［1998］，104頁）である。ここでは，会計が利益数値（会計数値）の公表を通じて，経営者と利害関係者間の契約を支援することによって，「組織における様々な利害関係者の持分（equities）の調整」（AAA［1971］, p. 7）を行うのである。

　このように，少なくとも利害調整機能には2つのレベルが存在する。そして，同じ「利害調整機能」という用語を用いていても，論者によってその意味するところが異なるのである（例えば，安藤［2001］と岡部［1997］を比較されたい）。そこで，本書では，利害調整機能に代えて，契約支援機能という用語を用いることにする。

第1章　歴史的原価会計と公正価値会計における利益測定の特徴

第1節　は　じ　め　に

　財務会計基準審議会（FASB）と国際会計基準審議会（IASB）に代表される会計基準設定機関は，会計上の「憲法」（FASB [1976a], p. 2）である概念フレームワークに準拠して，会計基準を作成する。FASBとIASBは，財務報告の目的に「経済的意思決定を行うときに有用な情報を提供する」という「意思決定有用性アプローチ」（decision-usefulness approach）を採用し，当該アプローチは，概念フレームワークを支える基礎的理論として位置づけられる（津守 [2002]，第5章；藤井 [1997]，第3章）。また，FASBとIASBの概念フレームワークでは，資産が「将来の経済的便益」（FASB [1985], par. 25 ; IASC [1989], par. 49）と定義されることによって，「将来の経済的便益を基礎概念とする〔財務諸表構成要素の〕定義の連鎖的体系」（藤井 [1997]，74頁）が導き出されている。

　このように，FASBとIASBの概念フレームワークは，将来キャッシュ・フローを媒介にして，「意思決定有用性アプローチと定義の〔連鎖的〕体系の接合を体現した会計観」（藤井 [1997]，80頁）を基礎にして形成されている。したがって，かかる特徴を有する概念フレームワークに準拠して会計基準が作成されると，資産と負債の認識および測定を優先した会計基準が作成される。

　なかでも1990年以降，市場価値に経営者の推定による割引現在価値を追加し

て公正価値 (fair value) の概念が拡大され，それと同時に，原初認識時のみならず決算認識時にも公正価値が適用されるために，その適用範囲は拡張されている[1]。その結果，伝統的な歴史的原価会計から市場価値が存在しない資産と負債にまで適用範囲を広げた公正価値会計へと会計システムの転換が推進されている，と言えるわけである。

　FASBは，2000年2月に財務会計概念書（SFAC）7号『会計測定におけるキャッシュ・フロー情報と現在価値の使用』(FASB [2000]) を公表したが，そこでは，市場価値が存在しない資産と負債への公正価値の測定方法が論じられるに留まった。そこで，FASBは，2004年6月に公開草案『公正価値測定』(FASB [2004a]) を公表し，「公正価値階梯 (fair value hierarchy)」(FASB [2004a], par. 14) を3つに分化した上で，それぞれについて，「公正価値の測定方法に関する指針」(FASB [2004a], par. 1) を提供している。また，IASBもFASBのプロジェクトに呼応して，同様の研究プロジェクトに取り組み，現在，審議を進めている最中である (FASB [2004a], par. C77；IASB [2003e])。今後，FASBとIASBは，公正価値測定の適用範囲を拡張させて，会計システムの転換をより一層推し進める，と推測される。

　本章の目的は，歴史的原価会計と公正価値会計における利益測定の特徴について検討し，双方の会計システムの相違点を浮き彫りにすることである。本章は，第3章以降で金融商品を中心とした公正価値評価とその利益測定，あるいは国際的な会計基準設定機関で進められている業績報告プロジェクトにおける利益測定の特徴を検討する準備作業として位置づけられる。

第2節　収益費用アプローチと資産負債アプローチ

　FASBは，概念フレームワークプロジェクトに取り掛かるにあたり，1976年12月にFASB討議資料『財務会計および財務報告のための概念フレームワークに関する論点の分析：財務諸表の構成要素とその測定』(FASB [1976b]) を公表した (FASB [1976a], p. 9)。FASB [1976b] は，従来の会計実務と権威ある

プロナンスメントにおける会計観を「収益費用アプローチ」(revenue and expense view) という用語のもとで一括し（FASB [1976a], p. 19；FASB [1976b], pars. 47 and 66），それと対比されるべき会計観として「資産負債アプローチ」(asset and liability view) を提示した[2]（藤井 [1997]，35頁）。

先述したように，国際的な会計基準設定機関によって，歴史的原価会計から公正価値会計へと会計システムの転換が推進されているが，かかる転換は，収益費用アプローチから資産負債アプローチへの会計観の転換によって引き起こされている。両者の会計システムの相違点を理解するためには，今一度，収益費用アプローチと資産負債アプローチについて，確認しておく必要がある。以下，本節では，FASB [1976b] に沿って，収益費用アプローチと資産負債アプローチについて概説する。

1　収益費用アプローチ

収益費用アプローチでは，利益を「儲けてアウトプットを獲得し販売するためにインプットを用いる企業の効率性の測定値」(FASB [1976b], par. 38) と捉え，利益は，「一〔会計〕期間の収益と費用の差額に基づいて」(FASB [1976b], par. 38) 定義される。したがって，「企業の収益稼得活動からのアウトプットの財務的表現」(FASB [1976b], par. 38) である収益と「企業の収益稼得活動へのインプットの財務的表現」(FASB [1976b], par. 38) である費用が「鍵概念」(key concept) として用いられる。

収益費用アプローチでは，「一〔会計〕期間における努力（費用）と達成（収益）を関連づけるために，収益と費用を測定し，それらの認識時点の選定 (timing) が財務会計の基本的な測定プロセス」(FASB [1976b], par. 39) として位置づけられる。収益費用アプローチによる利益とその測定は，基本的には，以下のように表すことができる（FASB [1976b], par. 194 E-3）。

　　　利益＝収益－費用

収益費用アプローチによる利益測定は，「収益と費用の対応[3]プロセス」(FASB [1976b], par. 39) と呼称され，次の2段階から構成される。まず，第1

段階は,「一〔会計〕期間における企業のアウトプットまたは収益を測定」(FASB [1976b], par. 40) する段階であり,「収益の認識または時点選定—しばしば実現[4] (realization) と呼称される」(FASB [1976b], par. 40)。次に,第2段階は,「そのアウトプットの生産に費やされたインプットを,当該収益から控除する」(FASB [1976b], par. 40) 段階であり,「費用の認識—しばしば対応[5] (matching) と呼称される」(FASB [1976b], par. 40)。このように,収益費用アプローチの利益測定は,収益を認識する実現と費用を認識する対応から構成されるために,その利益測定を「『実現と対応』のプロセス」(FASB [1976b], par. 18n) として捉えることもできる。

収益費用アプローチでは,「利益測定の目的は,企業または経営者の業績を測定すること」(FASB [1976b], par. 48) であり,「利益は,企業または経営者の経常的,正常的,あるいは長期的な業績指標または成果指標である考え方が想定されている」(FASB [1976b], par. 62)。かかる本質を有する利益を測定するために,収益費用アプローチでは,「一〔会計〕期間の実現収益に係る総費用を当該収益から控除することによって,当該期間の利益を測定することに最も強い関心」(FASB [1976b], par. 50) があり,「当該関心は,一〔会計〕期間の収益と費用の良好または適切な対応への要請として説明される」[6] (FASB [1976b], par. 50)。したがって,収益費用アプローチでは,一会計期間の収益と費用を良好または適切に対応するためには,経済的資源を意味しない「繰延費用」(deferred charge) と,経済的資源を引き渡す義務を意味しない「繰延収益と引当金」(deferred credit and reserve) も貸借対照表に計上されるのである (FASB [1976b], par. 51)。

2 資産負債アプローチ

資産負債アプローチでは,利益を「一〔会計〕期間における営利企業の正味資源の増加の測定値」(FASB [1976b], par. 34) と捉え,利益は,「資産と負債の増減に基づいて」(FASB [1976b], par. 34) 定義される。したがって,「企業の経済的資源」(FASB [1976b], par. 34) である資産と「将来他の企業(個人を

含む）に〔経済的〕資源を引き渡す義務」（FASB［1976b］, par. 34）である負債が鍵概念として用いられる[7]。

資産負債アプローチでは，「資産と負債の属性とそれらの変動を測定することが財務会計の基本的な測定プロセス」（FASB［1976b］, par. 34）として位置づけられる。資産負債アプローチによる利益とその測定は，基本的には，以下のように表すことができる（FASB［1976b］, par. 194 E-1；松本［2002a］, 105-109頁）。

　　利益＝期末純資産－期首純資産[8]
　　　　＝（資産の増加－資産の減少）－（負債の増加－負債の減少）
　　　　＝（資産の増加＋負債の減少）－（資産の減少＋負債の増加）

資産負債アプローチでは，「利益は，〔……〕資産および負債の定義とそれらの変動によって厳密に定義される」（FASB［1976b］, par. 209）ために，「収益と費用〔……〕の定義は，利益がどのようにして得られたのかを示す損益計算書を作成するために必要ではあるが，利益を定義するために必要とされない」（FASB［1976b］, p. 95）。なぜならば，「収益を認識することは，資産の増加または負債の減少を認識することであり，そして費用を認識することは，資産の減少または負債の増加を認識することである」（FASB［1976b］, par. 35）以上，収益と費用は，資産と負債の変動に基づいて認識・測定されるからである。したがって，資産負債アプローチにおいて，「利益は，資産と負債の変動に関連づけてのみ測定することができる」（FASB［1976b］, par. 35）わけである。

もちろん，損益計算書と貸借対照表が連携していれば，「一〔会計〕期間における利益の測定と資産と負債の増減の測定は，同一の測定の異なる側面である」（FASB［1976b］, par. 45）以上，「収益の認識は，純資産の増加に帰着し，費用の認識は，純資産の減少に帰着する」（FASB［1976b］, par. 45）。したがって，資産負債アプローチでは，「利益測定を収益と費用の対応プロセスとして捉えることは必ずしも否定されない」（FASB［1976b］, par. 37）わけである。ただし，資産負債アプローチでは，収益費用アプローチと異なり，「収益と費用の適切な対応は，資産と負債の適切な定義と測定の必然的な結果であって，

〔それ故に〕財務会計の基本的な測定プロセスではない」（FASB［1976b］,par. 37）ことに留意しなければならない。

　資産負債アプローチでは，利益は，「企業の富の増加の尺度」（FASB［1976b］,par. 46）を表すが，かかる本質を有する利益を測定するために，「企業の経済的資源と将来他の〔企業〕実体に経済的資源を引き渡す義務の観点から資産と負債を定義し，利益を当該資産と負債の変動に基づいて定義づける」（FASB［1976b］,par. 67）のである。したがって，資産負債アプローチでは，「財政状態表に記載される各資産は，企業の経済的資源の財務的表現でなければならず，また各負債は，他の実体に当該企業の経済的資源を引き渡す義務の財務的表現でなければならない（ただし，企業の経済的資源と義務のすべてが必ずしも含まれるわけではない）」（FASB［1976b］,par. 54）。それ故に，資産負債アプローチでは，経済的資源または経済的資源を引き渡す義務を意味しない繰延費用，繰延収益と引当金は，財政状態表（貸借対照表）に計上されないのである（FASB［1976b］,par. 51）。

3　小　　　括

　本節では，以上，収益費用アプローチと資産負債アプローチの特徴について簡単に確認した。以上の議論を整理すると，次の図表1-1のように整理できる。

　収益費用アプローチでは，利益を「企業業績の測定値または収益力」（FASB

図表1-1　収益費用アプローチと資産負債アプローチの特徴

	収益費用アプローチ	資産負債アプローチ
利益	企業業績の測定値または収益力	企業の富または正味資源の増加額
利益測定方法	収益－費用	資産の増減－負債の増減 ただし，資本取引は除く
鍵概念	収益と費用	資産と負債
資産の定義	経済的資源＋繰延費用	経済的資源
負債の定義	経済的資源を引き渡す義務 ＋繰延収益と引当金	経済的資源を引き渡す義務

[1976b], par. 49) と捉え,「企業または経営者の業績を測定する」(FASB [1976b], par. 48) という利益測定の目的を達成するために,「収益のフローと費用のフローを適切かつ歪みなく対応させること」(FASB [1976b], p. 95) が必要とされるわけである。

一方,資産負債アプローチでは,利益を「企業の富の増減の尺度」(FASB [1976b], par. 46) または「企業の正味の経済的資源の増加」(FASB [1976b], par. 209) と捉え,かかる本質を有する利益を測定するために,企業の経済的資源と経済的資源を引き渡す義務の観点から資産と負債を定義し,資産と負債の変動に基づいて利益が定義されるわけである。したがって,資産負債アプローチで測定される利益は,「資産と負債の特定の変動における正味の結果」(FASB [1976b], par. 48) であり,資産と負債の「従属変数」(FASB [1976b], par. 37) として位置づけられるのである。

以上のように,収益費用アプローチと資産負債アプローチは,利益概念とその位置づけが異なり,それ故にそれぞれが異なる利益測定プロセスを採用するわけである。以下,節を改めて,収益費用アプローチを採用する会計システムを「歴史的原価会計」[9],資産負債アプローチを採用する会計システムを「公正価値会計」[10]と捉えたうえで,それぞれの会計システムにおける利益測定の特徴を明らかにしたい。

第3節　歴史的原価会計における利益測定の特徴

1　歴史的原価会計における利益測定プロセスの概要

本項では,次項以降で歴史的原価会計における利益測定の特徴を明らかにするために,当該会計システムの利益測定プロセスを概説する。

歴史的原価会計の利益測定プロセスは,次のように要約できる。まず,原初認識時に「市場から仕入れた財貨またはサーヴィスはその対価として支払われるキャッシュ・アウトフローをもって期間限定されない費用(取得原価)として認識される。他方,市場に販売した財貨またはサーヴィスはその代価として

受け取られるキャッシュ・インフローをもって期間限定されない収益として認識される」(高寺 [1999], 20頁)。次に, 決算認識時に「さきにキャッシュ・インフローをもって認識された期間限定されない収益が実現した収益として確認され, 期間限定される。他方, さきにキャッシュ・アウトフローをもって認識された期間限定されない費用 (取得原価) が実現した収益に対応する費用として配分され, 期間限定される」(高寺 [1999], 20頁)。

このように, 歴史的原価会計では, 「まず日々の『取引』にもとづいて原初的認識 (原初記入＝一次認識) がおこなわれ」(藤井 [1991], 28頁), そして「原初的認識 (第一次認識) において認識された取引フローは, 決算認識 (第二次認識) において成果 (実現収益) と努力 (発生費用) の『対応』という形で当該期間に帰属させられ」(德賀 [2002], 148-149頁), 期間利益が測定される。すなわち, 歴史的原価会計の下で期間利益は, 「一〔会計〕期間の収益と費用の差額に基づいて」(FASB [1976b], par. 38) 測定され, 「企業の効率性の測定値」(FASB [1976b], par. 38) と捉えられるわけである。

2　過去会計と未来会計の分離不能[11]

「会計学の文献では, 過去会計と未来会計 (retrospective and prospective accounting) が区分されてきた」(Sunder [1980], p. 81)。会計実務と権威あるプロナンスメントを長年にわたり支えてきた歴史的原価会計は, しばしば「もっぱら過去事象のみを記録〔の対象と〕しているという意味で過去指向である」(Sunder [1980], p. 81) と言われる[12]。

ところが, 「過去, 現在, 未来に関するあらゆる事象は, 〔それぞれが〕とても複雑に絡み合っているために, それらを完全に記録することはできない」(Sunder [1980], p. 81)。例えば, 減価償却費を計算するときには, 耐用年数と残存価額の見積もりという将来の予測が必要になる。このように, 過去事象を認識・測定するためには, 「より堅実で効果的な将来に関する判断を必要とする」(Churchman [1970], p. 146) 以上, 「会計人自身がある種の予測に関わる必要がある」(Churchman [1970], p. 138)。そこで, 「過去会計は, 必然的に将来

に関する期待に基づき，それゆえに過去によって完全に決定されない」(Sunder [1980], p. 81) わけである。

以上要するに，「過去事象の測定，記録〔……〕は，将来に関する期待に依存している」(Sunder [1980], p. 82) ことから，「会計人は，将来に関する予測から逃れることはできない」(Boulding [1962], p. 51)。経営者の企業活動上の「意思決定は，常に将来を期待して行われる」(Boulding [1962], p. 51) 以上，経営者の企業活動を認識・測定の対象とする会計は，「経営者の活動の幅広い範囲を包含する」(Sunder [1980], p. 82) ことから，経営者の将来に関する「期待に基づいて期間利益を測定することは不合理ではないように思われる」(Gellein [1955], p. 59)。

3　経営者の将来に関する期待と期間利益計算

本節では，歴史的原価会計は，過去事象のみを認識・測定の対象とするために過去会計と評価される傾向にあるが，「過去計算は，未来計算と分離不能である」(Churchman [1970], p. 146) 以上，経営者自身の将来に関する期待に基づいて期間利益を測定することは不合理ではないことを指摘した。それでは，経営者の将来に関する期待は，期間利益計算にどのように反映されるのであろうか。

期間利益計算を行う際に，「経営者の〔将来に関する〕期待は，まさしく多くの〔収益と〕費用〔の〕対応計算の基礎である」[13] (Gellein [1955], p. 58)。例えば，減価償却費を計算するときに，経営者の将来に関する「期待は，耐用年数と残存価額の見積もりの基礎となる」(Gellein [1955], p. 58)。そればかりではなく，「減価償却会計は，〔……〕理論的には，将来キャッシュ・フローの〔金額とタイミングの〕推定を必要とする」(Barrett *et al.* [1991], pp. 83-84) 以上，「原価配分は，〔……〕期待要素〔である将来キャッシュ・インフローの流列〕のパターンに従う」(Gellein [1955], p. 58) わけである。したがって，減価償却費の計算方法は，「固定資産からあがる年々の収益〔として実現する将来キャッシュ・インフローの流列〕のパターンが耐用年数を通じてほぼ一定（不

変）または不定であると期待される場合には、定額法が選択され、逓減的であると期待される場合には、定率法またはその他の逓減法が選択されることになる」[14]（高寺［1995］、9頁）。

周知のとおり、決算手続時に、1つの会計事象に対して、複数の会計処理方法が容認されている。経営者は、会計基準で容認される複数の会計処理方法の中から、1つの会計処理方法を選択することができる。その際に、経営者は、自らの将来に関する期待に基づき、1つの会計処理方法を採用する、と考えられる。このように、「会計人の〔期間〕利益計算は、本質的に〔経営者の〕将来に関する期待に基づいている」（Boulding［1962］, p. 53）以上、「費用の多くの要素は、〔会計処理方法の選択を通じて、〕実際に〔経営者の〕将来の期待に関わっている」（Boulding［1962］, p. 53）わけである。

以上要するに、経営者の将来に関する「期待は、発生基準会計〔として位置づけられる歴史的原価会計〕の中核（centerpiece）である」（Demski［2004］, p. 519）ために、「期間利益会計は〔経営者の〕未来に関する期待にもとづいている」（高寺［1995］、5頁）のである。歴史的原価会計において、期間利益は、「収益と費用の良好または適切な対応」（FASB［1976b］, par. 50）によって測定される。歴史的原価会計の利益測定プロセスの要である「収益と費用の良好または適切な対応」（FASB［1976b］, par. 50）は、「個人的判断または集団的見解」（FASB［1976b］, par. 61）であると言われる。以上の検討を踏まえると、「個人的判断または集団的見解」（FASB［1976b］, par. 61）とは、経営者の将来に関する期待であると解釈できる[15]。

4　経営者の将来に関する期待と経営者の業績

歴史的原価会計では、「利益測定の目的は、企業または経営者の業績を測定すること」（FASB［1976b］, par. 48）であり、「利益は、企業または経営者の経常的、正常的、あるいは長期的な業績指標または成果指標である考え方が想定されている」（FASB［1976b］, par. 62）。すなわち、利益は、従来から「一会計期間の業績の測定値」（FASB［1984］, par. 34）または「企業と経営者の業績指

標」(Storey and Storey [1998], p. 150) として捉えられてきた。それでは，なぜ歴史的原価会計に基づく利益は，基本的に経営者の業績指標となり得るのであろうか。

理論的には，経営者は，企業活動上の投資意思決定に先立ち，当該投資から期待される将来キャッシュ・インフローを予測し，その割引現在価値とその投資額（キャッシュ・アウトフロー）を比較する。前者が後者を上回れば，その上回った部分が正の全体利益として認識される。経営者は，理屈の上では，正の全体利益の実現を期待するために，ある企業活動上の投資から期待される割引現在価値がその投資額を上回る限りにおいて，当該投資を実施する。

歴史的原価会計では，財貨または用役を提供する「対外取引のテスト」（阪本 [1966], 19頁）と，その対価として流動性ないし処分可能性を属性とする特定資産を取得する「流動性のテスト」（阪本 [1966], 19頁）という，2つの要件が実現の規準として要求される。そこで，財貨または用役を提供し，その対価として流動性ある資産を取得すること，すなわち実際にキャッシュ・インフローを獲得することによって，各期間の収益が認識される。そして，経営者は，「将来どれだけの期間にわたりキャッシュインフローが期待できるのかをあらかじめ見積もり，それにもとづき〔過去に支出した〕キャッシュアウトフローを各期に配分する」（米山 [2003], 7頁）ことで，各期間の費用を認識する。したがって，「経営者の〔将来キャッシュ・インフローの流列に関する〕期待のパターンに重大な変化が生じたという証拠が紛れもなく明白でない限り，〔原価配分の当初の〕計画が資産の耐用年数を通じて遵守される」（Gellein [1955], p. 60）のである[16]。

以上要するに，歴史的原価会計では，基本的に経営者の意思決定時点（原初認識時点）における将来の期待（将来キャッシュ・インフローの流列）に基づいて，原価配分が行われ，期間費用が認識・測定される。換言すると，「当初認識時の計算基礎〔，すなわち原初認識時の情報や仮定〕がそれ以降継続して用いられる」（石川 [2002b], 67頁）ということである。歴史的原価会計の期間利益は，経営者の意思決定時点（原初認識時点）の将来に関する期待が実現した

要素であると捉えることができ，したがって「経営者が下した〔投資意思決定の〕判断の良否を表現する尺度」（佐藤〔2003b〕，42頁）となり得るわけである。

以上のことから，歴史的原価会計において，「利益の中に常に〔経営者の〕将来の期待に関する要素」（Boulding〔1962〕, p. 53）が反映されるために，当該会計システムの利益は，基本的に経営者の業績指標として位置づけられるのである[17]。そして，経営者自らの将来の期待に関する要素が利益に含まれるからこそ，「利益の多寡に関する責任も経営者が負う」（佐藤〔2003b〕，42頁）必要があり，その結果，利益は，「業績としての経営者の責任」（石川〔2002a〕，29頁）となり得るわけである。

5　小　　括

本節では，以上，収益費用アプローチを採用する会計システムを歴史的原価会計と捉えて，その利益測定の特徴について検討してきた。

歴史的原価会計の期間利益は，一会計期間の収益と費用の対応に基づいて測定されるが，通常は，「費用の収益への対応」（FASB〔1976b〕, par. 40）によって測定される。すなわち，実現を通じて，まず収益が「独立変数」（independent variable）として認識され，その後に収益との対応を通じて，費用が「従属変数」（dependent variable）として認識されるのである（Beams〔1968〕, p. 91）。したがって，「収益の認識時点〔……を〕選定〔する実現〕が利益の〔認識〕時点の選定を規定する」（FASB〔1976b〕, par. 40）ために，実現は，期間利益に帰属する項目を選定する機能を有するのである。

また，歴史的原価会計では，経営者の将来に関する期待は，収益と費用の対応を通じて利益計算に反映される。すなわち，会計処理方法の選択を通じて，費用の多くの要素が経営者の将来の期待に関わっているために，経営者の将来の期待に関する要素は，利益の中に含まれるのである。それ故に，歴史的原価会計の利益は，基本的に経営者の業績指標として捉えられ，経営者は，利益数値に責任を負うのである。

以上のことから，実現が当期の利益計算に帰属する項目を選定する機能を果たしていることと，利益の中に経営者の将来に関する期待の要素が反映され，それ故に利益が経営者の業績指標と捉えられることは，歴史的原価会計における利益測定の特徴として位置づけられるであろう。歴史的原価会計の利益測定プロセスは，「『実現と対応』のプロセス」（FASB［1976b］, par. 18n）として位置づけられる。本節での検討結果を踏まえると，収益を認識する実現と費用を認識する対応（配分）は，まさに「財務会計の基本的な測定プロセス」（FASB［1976b］, par. 39）と言えるわけである。

第4節　公正価値会計における利益測定の特徴

1　公正価値会計における利益測定プロセスの概要

本項では，次項以降で公正価値会計における利益測定の特徴を明らかにするために，当該会計システムの利益測定プロセスを概説する。

公正価値会計における利益測定プロセスは，次のように要約できる。まず，公正価値会計では，資産または負債の定義に基づいて，認識対象が識別される。すなわち，原初認識時に資産または負債の定義を満たす「ストックの変動の裏付けのあるフローのみが認識〔・測定〕され，決算認識においてストックとされるものも〔定義に基づいて〕資産性と負債性のチェックを受ける。その結果，資産性・負債性を有さない項目は資産・負債から排除され，逆に，対価を有さなくても資産性・負債性を有するならばオンバランスされる」（徳賀［2002］，152頁）。次に，原初認識時と決算認識時に資産と負債の定義を満たす項目に対して，「ストックの価値変動を決算時点で認識〔・測定〕する」（徳賀［2002］，152頁）。その結果，資産と負債の差額である純資産の「（資本取引による増減を排除した）純増加額として利益が算定される」（徳賀［2002］，152頁）。

このように，公正価値会計では，資産または負債の定義に基づいて原初認識が行われ，決算時に資産または負債の定義を満たしているのか否かが確認されたうえで，資産性と負債性を有する項目に対して，ストックの変動を認識する

ことによって，期間利益が測定されるのである。すなわち，公正価値会計の下で期間利益は，一会計期間における「資産と負債の増減に基づいて」（FASB［1976b］, par. 34）測定され，「正味資源の増加の測定値」（FASB［1976b］, par. 34）または「企業の富の増加の測定値」（FASB［1976b］, par. 46）と捉えられるわけである。

2 市場参加者の将来に関する期待と期間利益計算

しばしば「取替価値と出帳価値（replacement and exit values）に基づく会計は，未来会計の部類に属すると考えられる」（Sunder［1980］, p. 81）と言われてきた。「将来事象を指向し，かかる事象に関する判断を記録〔の対象と〕する」（Sunder［1980］, p. 81）未来会計は，「過去の具体的な事象よりも将来の推定に依存する」（Sunder［1980］, p. 81）。それでは，公正価値会計は，どのような将来の推定に依存し，それが期間利益計算にどのように反映されるのであろうか。

上述したように，公正価値会計では，「利益は，資産および負債の定義とそれらの変動に基づいて厳密に定義される」（FASB［1976b］, par. 209）以上，かかる期間利益を測定するためには，まず，ストックが公正価値で評価されなければならない。そのときに，もし「上場市場価格」（quoted market price）が存在すれば，「市場参加者の現在価値の評価は，すでに当該価格に反映されている」（FASB［2000］, par. 17）ので，わざわざ「現在価値測定を用いる必要はない」（FASB［2000］, par. 17）。なぜならば，「観察される市場価格は，資産または負債の効用，将来キャッシュ・フロー，かかるキャッシュ・フローに伴う不確実性，そして市場参加者が当該不確実性を負うために要求する金額に関して，すべての市場参加者の合意を包含している」（FASB［2000］, par. 26）からである。したがって，上場市場価格を利用できる場合は，「公正価値に関する最良の証拠」（SFAS107, par. 11）として，（適切な修正を施したうえで）それを使用すれば良いわけである。

しかし，もし上場市場価格が利用できなければ，「公正価値に関する経営者

第1章 歴史的原価会計と公正価値会計における利益測定の特徴　*31*

の最良の推定」(SFAS107, par. 11) が提供されなければならない。「公正価値の推定は，評価方法（例えば，期待将来キャッシュ・フローの割引を前提としたモデル）の使用を通じて達成される」(SAS101, par. 8) が，「公正価値〔の推定〕モデルは，〔将来キャッシュ・フローの金額とタイミング，そのキャッシュ・フローに伴う不確実性，割引率などを推定する際に〕多くの諸仮定を必要とする」(Sayther [2004b], p. 6)。そのときに，将来「キャッシュ・フローと割引率は，〔もしも市場が存在したならばその〕市場参加者が公正価値を推定するときに用いるであろう〔と推定される〕諸仮定を反映しなければならない」(FASB [2004a], par. A3a)。

　なぜならば，「公正価値とは，知識のある，無関係で意思ある当事者間の現行の取引で交換される資産または負債の価格である」(FASB [2004a], par. 4) と定義されるが[18]，かかる公正価値の「定義は，〔……〕交換価格 (exchange price) の観念を強調する」(FASB [2004a], par. C24) 以上，当該「交換価格は，通常の事業対価で動機づけられる『仮想的』交換取引（"hypothetical" exchange transaction）における〔仮想的な〕市場参加者の行動に基づいた推定である」(FASB [2004a], par. C24) からである。つまり，「評価技法の使用目的は，通常の事業対価で動機づけられる独立した第三者間取引で，測定日に取引価格がいくらになるであろうかを〔仮想的に〕確立することにある」(IAS39 (revised 2003), par. AG75)。したがって，上場市場価格を利用できない場合，経営者は，もしも市場が存在したならばそこで形成されるであろうと推定される交換価格，すなわち準市場価格を，評価モデルを用いて推定しなければならないのである。

　以上のように，ストックを公正価値で測定する際に，上場市場価格が存在すれば，（適切な修正を施したうえで）それを用い，上場市場価格が存在しなければ，経営者が評価モデルを用いて準市場価格を推定する必要がある。(準) 市場価格は，(仮想的な)「市場〔参加者〕の相互作用によって決定される」(FASB [1999], par. 47) 以上，資産と負債の当該価格の変動における正味の結果として算定される公正価値会計の利益には，(仮想的な)「市場参加者の〔平

均的な将来に関する〕期待」(FASB [2004a], par. 7b) が反映されている, と考えられるわけである。

3 市場参加者の将来に関する期待と企業の富

公正価値会計では，「利益は，資産および負債の定義とそれらの変動に基づいて厳密に定義される」(FASB [1976b], par. 209) が，そのときに資産は「将来の経済的便益」，そして負債は「将来の経済的便益の犠牲」と定義されるために，かかる「資産または負債の増減に基づいて」(FASB [1976b], par. 34) 測定される利益は，「企業の富の増加の測定値」(FASB [1976b], par. 46) と位置づけられる。それでは，なぜ公正価値会計に基づく利益は，基本的に「企業と経営者の業績指標」(Storey and Storey [1998], p. 150) とみなされないのであろうか。

通常，不完全・不完備市場が想定されるために，上場「市場価格が存在する〔不完全市場を想定した〕ときさえも，〔……〕私的情報（private information）の潜在性は，あらゆる価値関連的情報を反映しない市場価格をもたらし得る」(Barth and Landsman [1995], p. 101)。これに対して，「使用価値（value in use）の推定は，経営者の私的情報に基づいている」(Barth and Landsman [1999], p. 101) 以上，「使用価値は，〔将来〕キャッシュ・フローに関する〔企業〕実体の評価に依存する」(ASB [1997], par. 3.1) ために，「使用価値のみが特異な経営技能（management skill）を反映する」(Barth and Landsman [1995], p. 101)。したがって，使用価値と公正価値（上場市場価格）の間に差異が生じ，かかる違いは，「選択した投資に係る経営技能の価値を反映する」(Barth and Landsman [1995], p. 100) わけである[19]。

また，不完備市場を想定した場合，経営者は，評価モデルを用いて公正価値を推定しなければならない。そのときに，「公正価値の測定値は，〔……〕将来の状況，取引，あるいは事象に関する諸仮定に基づいている」(SAS101, par. 5) が，「公正価値の評価モデルは，〔仮想的〕市場参加者が公正価値を推定するときに用いるであろう〔と推定される〕諸仮定を反映する」(SAS101, par. 6)。し

たがって，公正価値は，「資産の最善の使用という〔企業〕実体自体の観点で決定される〔企業〕実体特殊的な測定値（entity-specific measure）である」（ASB［1997］, par. 3.1）使用価値と異なり，使用価値と公正価値（準市場価格）の間に差異が生じるわけである。

このように，「公正価値は，〔将来〕キャッシュ・フローに関する市場の評価に依存する」（ASB［1997］, par. 3.1）ために，「公正価値は，市場ベースの測定である」（FASB［2004a］, par. C2）と言える。したがって，（準）「市場価格は，個々の〔企業〕実体の〔投資〕計画や〔当該投資に対する経営者の将来に関する〕期待から独立した交換価格である」（Sprouse and Moonitz［1962］, pp. 26-27）以上，公正価値には，（仮想的な）市場参加者が期待する平均的な将来キャッシュ・フローが反映されている，と考えられるわけである。

先述したように，公正価値会計の下で利益を算定するためには，資産と負債を公正価値で測定する必要がある。その際に，上場市場価格は，「期待される将来キャッシュ・フローの割引現在価値に関する市場の推定を表す」（FASB［1999］, par. 48）が，これは，測定時点の将来キャッシュ・フローと割引率に関する「市場参加者の合意」（FASB［2000］, par. 26）を意味する。同様に，評価モデルを用いて，準市場価格を推定するときも，経営者は，測定（推定）時点における仮想的な市場参加者が期待する平均的な将来キャッシュ・フローと割引率を予測しなければならない。

このように，公正価値には，測定（推定）時点の（仮想的な）「市場参加者の〔平均的な将来に関する〕期待」（FASB［2004a］, par. 7b）が反映される。公正価値会計の利益は，資産と負債の変動差額，すなわち前期決算認識時点（当期原初認識時点）と当期決算認識時点の公正価値の変動差額に基づいて測定されるために，当該利益には，（仮想的な）市場参加者の平均的な将来キャッシュ・フローと割引率に関する期待の改定が反映されるのである。

したがって，公正価値会計では，（仮想的な）市場参加者が期待する平均的な将来キャッシュ・フローに基づいて，公正価値が測定され，利益が算定されるために，経営者の「将来に関する期待の要素」（Boulding［1962］, p. 53）は，

利益の中に反映されないわけである。さらに，歴史的原価会計とは異なり，公正価値会計では，「当初認識時から分離分断された特定時点の〔（仮想的な）市場に関する〕情報や仮定に基づく再測定」（石川〔2003〕，9頁）によって，利益が測定される以上，基本的には，「経営者が下した〔投資意思決定の〕判断の良否を表現する尺度」（佐藤〔2003b〕，42頁）となり得ない，と考えられる。

以上のことから，公正価値会計では，（仮想的な）市場参加者の平均的な将来に関する期待が反映され，経営者の将来に関する期待が反映されないために，公正価値会計の利益は，基本的に経営者の業績指標として位置づけられない。その代わりに，公正価値会計の利益は，「企業の富の増加の測定値」（FASB〔1976b〕, par. 46）と捉えられるのである[20]。公正価値会計の利益の中には，経営者の将来に関する期待とは独立した（仮想的な）市場参加者の将来に関する期待が反映されるからこそ，経営者は，当該利益に責任を負うことができず，それ故に「自分の成果（業績）とは無関係であると主張する」（佐藤〔2003a〕，69頁）わけである。

4 小　括

本節では，以上，資産負債アプローチを採用する会計システムを公正価値会計と捉えて，その利益測定の特徴について検討してきた。

公正価値会計の期間利益は，資産と負債の定義とそれらの変動に基づいて測定される。貸借対照表と損益計算書が連携しているとき，収益と費用は，資産と負債の増減に基づいて認識・測定されるために，「収益実現ルールと費用対応ルールは，資産負債アプローチ〔を採用する公正価値会計〕の下で資産と負債の変動の認識手段となり得る」（FASB〔1976b〕, par. 46）。ただし，公正価値会計では，「論理上はストックの変動を表現する実在勘定〔（資産・負債勘定）〕の記入が先行し，名目勘定〔（収益・費用勘定）〕の記入がこれに従属する」（松本〔2002a〕，110頁）ために，収益と費用の認識・測定は，「ストックの〔……〕変動に拘束される」（松本〔2002a〕，113頁）ことに注意しなければならない。公正価値会計では，決算時にストックの変動を認識・測定する以上，実現は，

「利益の〔認識〕時点の選定を規定する」(FASB [1976b], par. 40) ことができず，したがって期間利益に帰属する項目を選定する機能を担っていないのである。

　また，公正価値会計では，（仮想的な）市場参加者の将来に関する平均的な期待は，公正価値の測定を通じて利益計算に反映される。すなわち，公正価値とは，（準）市場価格であり，それは，（仮想的な）市場参加者の相互作用によって決定されるために，経営者の将来に関する期待の要素ではなく，（仮想的な）市場参加者の将来に関する平均的な期待の改定が，利益の中に反映されるのである。それ故に，公正価値会計の利益は，基本的に経営者の業績指標として捉えられず，経営者は，利益数値に責任を負えないのである。

　以上のことから，実現が当期の利益計算に帰属する項目を選定する機能を有していないことと，利益の中に経営者の将来に関する期待の要素が反映されず，その代わりに（仮想的な）市場参加者の将来に関する期待の要素が反映されるために，利益が経営者の業績指標と捉えられないことは，公正価値会計における利益測定の特徴として位置づけられるであろう。収益の実現と「収益と費用の適切な対応は，〔公正価値会計の下では，〕資産と負債の適切な定義と測定の必然的な結果であって，〔それらは，歴史的原価会計では財務会計の基本的な測定プロセスであるが，公正価値会計では〕財務会計の基本的な測定プロセスではない」(FASB [1976b], par. 37) と言えるわけである。

第5節　お　わ　り　に

　本章は，収益費用アプローチを採用する会計システムを歴史的原価会計，資産負債アプローチを採用する会計システムを公正価値会計と捉えたうえで，両者の会計システムにおける利益測定の特徴を明らかにした。

　歴史的原価会計における利益測定の特徴として，実現が当期の利益計算に帰属する項目を選定する機能を有すること，そして利益の中に経営者の将来に関する期待の要素が反映され，利益が経営者の業績指標と捉えられることを指摘

できる。一方，公正価値会計における利益測定の特徴として，実現が当期の利益計算に帰属する項目を選定する機能を担っていないこと，そして利益の中に経営者の将来に関する期待の要素が反映されず，その代わりに（仮想的な）市場参加者の将来に関する期待の要素が反映されるために，利益が経営者の業績指標と捉えられないことを指摘できる。

歴史的原価会計の利益測定プロセスは，現在，批判を浴び，国際的な会計基準設定機関によって，公正価値会計へと会計システムの転換が推進されつつある。今日，金融商品を中心に資産と負債を公正価値で評価することが提案されている。そのときに，「純利益」（net income）と「包括利益」（comprehensive income）という二元的な利益概念が容認されると，経営者は，純利益（≒実現利益）と「その他の包括利益（other comprehensive income）」（≒未実現利益）の区分を通じて，「利益管理」[21]（earnings management）を実施するために，純利益に経営者の意図が反映され，「目的適合性」（relevance）と「信頼性」（reliability）に欠けると批判されるわけである[22]。近年，金融商品の全面公正価値会計（JWG［1999, 2000］）やIASBの業績報告プロジェクトに代表されるように，実現概念の否定を通じて，経営者の意図を極力排除する方向で会計基準の設定が指向されている[23]。

このように，歴史的原価会計の利益測定プロセスは，経営者による利益の操作性が非常に大きく，利益の中に経営者の意図が反映されるために，批判を受けている。ところが，経営者は，「市場に〔自らの将来に関する期待という〕内部情報を伝達する手段として，利益管理を使用すること」（Scott［2003］, p. 385）ができる。とりわけ「利益平準化」[24]（income smoothing）は，経営者が期待する正常利益を基準に行われ（高寺［1973］），当該利益の中に「経営者と所有者の相互（共通）主観的期待」（高寺［2002］, 155頁）が反映されるために，経営者は，利益管理を通じて情報価値が濃縮した利益を提供することができるわけである（高寺［2004b］, 201頁）。その限りにおいて，「管理された利益の流列は，管理されない利益の流列よりもより多くの情報を伝達することができる」（Arya et al. ［2003］, p. 111）ために，「利益管理が〔財務報告の〕透明性

第1章 歴史的原価会計と公正価値会計における利益測定の特徴　*37*

(transparency) を引き下げる〔ことを根拠に，歴史的原価会計の利益測定プロセスを否定する〕ことは，極めて単純化された考え方である」(Arya *et al.* [2003], p. 111) と言わざるを得ない[25]。

1)「公正市場価値 (fair market value)」(Moonitz [1960], p. 30) という用語からも明らかなように，もともと公正価値は，非貨幣項目を対価として資産を取得したときに，「交換価格の近似値」(AICPA [1970], par. 181) として，市場価値 (market value) と同一視されていた。もちろん，FASBが1977年6月に公表した財務会計基準書 (SFAS) 15『回収困難な債務の条件変更に関する債務者と債権者の会計』(SFAS15) では，公正価値は，市場価値に経営者の推定による割引現在価値を加えて用いられているが (SFAS15, par. 13)，公正価値の適用は原初認識に限定されていた (SFAS15, par. 81)。その限りでは，公正価値の概念が拡大され，それと同時に，その適用範囲が拡張したのは，1990年以降と言えるであろう。その詳細については，高寺・草野 [2004] を参照されたい。
2) FASB [1976b] は，「第三のアプローチ (third view)」(par. 31) として，貸借対照表と損益計算書の「連携」(articulation) を前提としない「非連携アプローチ (nonarticulated view)」(pp. 35-36) を提示した。ただし，非連携アプローチについては，当該アプローチを支持する論者の見解に基づいて，その長所を指摘するだけに留まっている (FASB [1976b], pars. 74-80)。
3) FASB [1976b] は，対応という用語を，次の異なる3つの次元で用いている (par. 40)。つまり，「期間利益測定の全プロセス」(par. 18n) を意味する「最広義」の対応，「費用一般の認識プロセス」(par. 18n) を意味する対応，そして「売上高と収益から売上原価とその他の費用を控除するプロセス」(par. 18n)，すなわち「原因と結果の関連づけ」(par. 40) を意味する「最狭義」の対応である。このように，対応概念の「多層性が観察される点に，FASB討議資料〔(FASB [1976b])〕の一つの大きな特徴が認められる」(藤井 [1991]，26頁) わけである。
4) FASB [1976b] は，「実現とは，技術的には，非現金資源と権利を貨幣に変換するプロセスを意味し，財務会計では，現金または現金請求権を獲得するための資産の販売を言及するために，より厳密に使われる」(par. 18n) と述べている。
5) ここで言う対応は，「費用一般の認識プロセス」(FASB [1976b], par. 18n) を意味する対応であり，「費用を収益に関連づける主な方法」(FASB [1976b], par. 40) として，(a)「原因と結果の関連づけ」(associating cause and effect)，(b)「組織的かつ合理的な配分」(systematic and rational allocation)，そして (c)「即時的認識」(immediate recognition) の3つを含んでいる (FASB [1976b], par. 40)。
6) FASB [1976b] は，「収益と費用の良好または適切な対応」(par. 50) を規律する主たる規準として「非歪曲性の指針」(nondistortion guideline) を掲げる (pars. 64-65)。非歪曲性の指針は，「幾つかの組織的かつ合理的な方法の中から，〔一会計〕期間〔の〕純利益の歪曲を最小にする〔会計処理〕方法を選択すること」(par. 64) と

定義されている。非歪曲性の指針の詳細については，Bevis [1965], pp. 104-107を参照されたい。

7) FASB [1976b] は，ストックを表現する資産を「企業の経済的資源」，そして負債を「将来他の実体〔……〕に〔企業の経済的〕資源を引き渡す義務」と定義するが，資産負債アプローチの下で，「これらの定義は絶対的なものではない」(松本 [2003a], 111頁)。基本的に資産負債アプローチに立脚していると考えられるFASBとIASBの概念フレームワークにおいて，資産は「将来の経済的便益」，そして負債は「将来の経済的便益の犠牲」と定義されており（FASB [1985], pars. 25 and 35 ; IASC [1989], par. 49)，かかる資産と負債の定義は，大筋として，FASB [1976b] のそれと変わりはない。

8) ただし，すべての純資産（資産 − 負債）の変動が利益として測定されるわけではなく，資本拠出や資本引出といった資本取引は，期間利益の測定から控除される（FASB [1976b], par. 194)。

9) FASB [1976b] は，収益費用アプローチと資産負債アプローチの「各アプローチとある特定の測定基準の機械的な結びつきは存在しない」(par. 47) と記述する。例えば，FASB [1976b] は，「現在取替原価を販売収益と対応させることはできる」(par. 47) と述べ，収益費用アプローチと歴史的原価基準が分離可能であるとする。ところが，収益費用アプローチで，歴史的原価以外の測定属性を採用することは，決算認識時に取引フローを擬制する必要があるために，収益費用アプローチの「利益測定は，〔……企業の〕行為〔，すなわち取引〕を対象としており，したがって一義的には企業が何を行ったかを対象としている」(FASB [1976b], par. 48) ことと矛盾する。

さらに，FASB [1976b] は，「すべての資産と負債を，現在払出価額，正味実現可能価額，あるいは現在価値で測定する場合には，『実現』項目と『未実現』項目の区分は適合的ではなく，そして『対応』は不必要である」(par. 19) と述べている。収益費用アプローチの利益測定プロセスにおいて，実現と対応が重視されることを考慮するならば，先の記述は，FASB [1976b] 自体が収益費用アプローチと3つの測定属性（現在払出価額，正味実現可能価額，現在価値）が結びつかないと認めていると解釈できる。したがって，本章では，収益費用アプローチと歴史的原価が結びつくと考える。

また，FASB [1976b] は，「それぞれのアプローチを特定の資産評価基準や資本維持概念に結びつけているわけではない」(松本 [1997a], 37頁) 以上，「取得原価主義にもとづく名目資本維持会計においても2つのアプローチはともに成立する」(松本 [1997a], 37頁)。財貨・用役の費消に起因するストックの変動に連動して費用を認識する会計を「発生型会計」(松本 [1997b], 61頁；松本 [2002b], 319頁)，そして部分的にストックの変動から切り離して費用を認識する会計を「対応型会計」(松本 [1997b], 61頁；松本 [2002b], 319頁) と呼称するならば，前者は資産負債アプローチ，後者は収益費用アプローチに属するために，いわゆる取得原価主義会計または発生主義会計と総称される会計システムの下で，両アプローチは成立する，と考えら

第 1 章　歴史的原価会計と公正価値会計における利益測定の特徴　*39*

れるわけである。

　　以上のことを踏まえて，本書では，収益費用アプローチを採用する会計システムを，測定属性として歴史的原価を採用する対応型会計と捉え，それを歴史的原価会計と記述する。

10)　「原価は，取引が発生した時点において〔売り手と買い手が合意した〕公正価値の最善を表す」(Foster and Upton [2001], p. 1) ことから，いわゆる取得原価主義会計または発生主義会計は，「『歴史的公正価値』("historical fair value")」(Foster and Upton [2001], p. 2) 会計と呼称できる。資産負債アプローチは，かかる会計システムの下で成立することは，先述したとおりである。

　　その一方で，資産負債アプローチは，資産を「将来の経済的便益」，そして負債を「将来の経済的便益の犠牲」と定義し，かかる資産と負債の増減に基づいて，富の増減を表す利益を測定する。かかる利益を測定するためには，資産と負債は，ある一定程度以上の確実性をもって将来キャッシュ・フローと結びつくことが要求され，さらに将来キャッシュ・フローに関する予測を変更せざるを得ない事象が生起すれば，資産と負債の金額を変更する必要がある（佐藤 [2003b]，42頁）。したがって，資産負債アプローチの下で，資産と負債の測定は，「将来キャッシュ・フローの割引現在価値と理論的に整合的となり，ひいては，市場におけるその評価額である市場価格〔……〕による測定と結び付きやすくなる」（佐藤 [2003b]，42頁）。換言すると，上場市場価格に経営者の推定による割引現在価値を加えた「現代的公正価値会計」（高寺・草野 [2004]，252頁）の下でも，資産負債アプローチは成立するわけである。

　　このように，資産負債アプローチは，歴史的公正価値会計と現代的公正価値会計の双方で成立する，と考えられる。近年，国際的な会計基準設定機関で「mark-to-market会計とmark-to-model会計が混合する〔会計〕モデル」(BIS [2001], par. 3.5) を前提とする会計システムが推進されていることを踏まえて，本書では，資産負債アプローチを採用する会計システムを現代的公正価値会計と捉え，それを公正価値会計と記述する。

11)　本項の記述は，高寺 [1992]，20-27頁と高寺 [1995]，第 1 章に大きく依拠している。

12)　例えば，歴史的原価を評価基準として首尾一貫して用いた「結果，棚卸資産の評価は，〔……〕現在または将来と結びつかず，過去と結びつくことになる」(Sprouse and Moonitz [1962], p. 28)，あるいは「歴史的原価は，すべての資産と負債の過去の側面を記述するのに適している」(AICPA [1973], p. 43) という指摘がある。

13)　経営者の将来に関する期待は，「株式会社の経営者と所有者の相互（共通）主観的期待」（高寺 [2002]，155頁）により形成され，継続企業の仮定を支える「安定した期待」（高寺 [2002]，140頁）である。その詳細については，高寺 [1999]，第 4 章と高寺 [2002]，第11-12章を参照されたい。

14)　経営者が期待する将来キャッシュ・インフローの流列のパターンと減価償却費の計算方法の関係については，藤井 [1997]，226-237頁でより詳細な検討が行われているので参照されたい。

15)　また，上述したように，経営者の将来に関する期待が「経営者と所有者の相互（共

通）主観的期待」（高寺［2002］，155頁）により形成されるのであるならば，「個人的判断または集団的見解」（FASB［1976b］，par. 61）の背後に，「経営者と所有者の相互（共通）主観的期待」（高寺［2002］，155頁）が潜在していると考えられる。

16) もし，事業投資の期間中に，将来キャッシュ・インフローの流列に関する「期待のパターンに重大な変化が生じたという証拠が紛れもなく明白」（Gellein［1955］, p. 58）になった場合は，どうなるのであろうか。例えば，経営者が期待した将来キャッシュ・インフローの流列と実際に稼得した収益の流列が著しく乖離し，それ以後の会計期間において当該乖離が解消される見込みがないと期待される場合には，減価償却費の計算方法が変更されるであろう（高寺［1995］，9頁；藤井［1997］，235頁）。その結果，「経営者は，経営者の期待をより反映する〔利益〕数値を伝達するために会計処理を変更することによって，GAAPの制約の中で将来キャッシュ・フローに係る自らの期待を伝達する」（Ronen［1979］, p. 448）ことができる。

17) ただし，企業が行う投資の中には，例えば売買目的有価証券のように，市場価格の有利な変動を期待して行う投資もある。当該投資の場合，実際に期待通り市場価格が上昇（または下落）したのか否かによって，投資の成果を捉えることができる。なぜならば，投資意思決定時点の経営者の将来に関する期待は，かかる市場価値の変動差額の中に反映されるからである。したがって，このような投資の場合は，市場価値の変動差額による利益が経営者の業績指標と言えるであろう。

18) また，IASBでも，公正価値は，「知識のある，意思ある当事者間で，独立した第三者間取引によって，資産が交換され，あるいは負債が決済される金額」（IAS32 (revised 2003), par. 11；IAS39 (revised 2003), par. 9）と定義されるために，FASBとIASBで公正価値の定義に変わりはない。

19) もちろん，完全・完備市場を想定すれば，「市場価値は，すべての価値関連的情報を反映する。つまり，〔企業活動上の投資から期待される将来キャッシュ・フローに対する経営者自身の〕私的情報が存在しない」（Barth and Landsman［1995］, p. 99）以上，経営者が当該投資に期待する将来キャッシュ・フローの割引現在価値（使用価値）と公正価値（市場価格）は，合致する。

20) もちろん「同一の利益が，企業の業績または効率の測定値であると同時に，企業の富の増加の測定値でもあり得る」（FASB［1976b］, par. 46）場合もある。例えば，市場価格の有利な変動を期待して投資を行う売買目的有価証券の場合，市場価値の変動差額の中には，かかる経営者の将来に関する期待が反映されるために，当該利益は，「企業と経営者の業績指標」（Storey and Storey［1998］, p. 150）と位置づけられる。

21) 利益管理の概要とそのインセンティブを整理した先行研究として，Dechow and Skinner［2000］, Fields et al.［2001］, Healy and Wahlen［1999］, Schipper［1989］, Scott［2003］, Chap. 11, Sunder［1997］, Chap. 5などが挙げられる。また，最高財務責任者（CFO）に利益管理のインセンティブなどをフィールド調査した先行研究にGraham et al.［2004］がある。

22) また，経営者は，「発生管理（accrual management）」（Ayres［1994］, p. 29；Barton［2001］, p. 2；Beaver［2002］, pp. 466–467；Pincus and Rajgopal［2002］）を通じて，

利益管理を行うことができるために，会計上の利益（純利益）は，経営者の意図が反映され，目的適合性と信頼性に欠けているという批判もある。すなわち，「キャッシュ・イズ・キング」(Copeland *et al*. [2000], p. 73) または「キャッシュは事実であり，利益はオピニオンである」(Rappaport [1998], p. 15) ことを根拠に，利益情報に対するキャッシュ・フロー情報の優位性が主張されるわけである。ただし，当該主張では，「企業〔経営者〕が容易にキャッシュ・フローのタイミングを操作することができる」(Hirst and Hopkins [2000], p. 8) ことが見逃されている。

23) 金融商品の全部公正価値会計とIASBの業績報告プロジェクトは，「認識の恣意性」（佐藤 [2003b]，45頁）を排除する限りにおいて，経営者の意図は，純利益に反映されない。しかし，かかる会計処理は，市場価値が存在しない資産と負債にまで公正価値評価の適用を拡張するために，「資産・負債の公正価値の見積り計算において，経営者の〔意図や〕裁量が入り込む余地を拡大させる」（鈴木 [2003]，24頁）のである。

したがって，会計処理の画一化によって，経営者の意図を排除しても，経営者は，「評価モデルの機会主義的利用を通じて，〔歴史的原価会計または〕歴史的公正価値会計とは異なったタイプの裁量的利益管理が可能である」（高寺・草野 [2004]，258頁）以上，経営者による裁量的「利益管理を〔……〕阻止する」(Schuetze [2004], p. 292) ことは期待できない。否，それでばかりではなく，「会社〔の経営者〕は，〔外部取引によって確定した，あるいは確定するはずのキャッシュ・フローに制約されずに，公正価値の〕評価手続きの僅かな変更を通じて，著しく利益を管理することができる」(Sayther [2004b], p. 6) わけである。その詳細については，高寺 [2004c] と高寺・草野 [2004] を参照されたい。

24)「利益管理のよく知られた2つの形態は，『〔利益〕平準化』と『ビッグ・バス』(big bath) である」(Arya *et al*. [1998], p. 8) という指摘からも明らかなように，利益管理の1つの形態として利益平準化がある。膨大な利益平準化の論文を体系的に整理した先行研究として，Buckmaster [2001] がある。

25) 例えば，Rosenfield [2000] は，「GAAPが，利益管理という1つの目的のために，〔……〕透明性を確保することに失敗している」(p. 109) という前提の下で，歴史的原価会計の利益測定プロセスを支える「実現と配分の概念は，今日，利益管理を推進する主力エンジン」(p. 110) であり，したがって「利益を管理する力を無くすために，実現と配分は，排除すべきである」(p. 110) と提案する。

第2章　米国における利益測定プロセスの展開
―AAAの実現概念の変遷を中心として―

第1節　は　じ　め　に

　FASBは，1986年5月に「金融商品プロジェクト」を発足し，当該プロジェクトの進展に伴って，金融商品の公正価値評価について本格的に議論を始めた。金融商品を公正価値で評価すれば，その評価損益をどのように表示・報告すべきかという問題が生じる。FASBは，かかる問題に対処するために，1995年9月に「包括利益プロジェクト」を発足し，1997年6月に財務会計基準書（SFAS）130『包括利益の報告』を公表した（Johnson et al. [1995], p. 132 ; Beresford et al. [1996], pp. 69-70 ; Reither and Smith [1996], pp. 30-31 ; Munter [1996], pp. 143-144)。

　会計上の認識領域の拡張は，昨今に始まったことではない。例えば，米国では，第2次世界大戦後，急激な物価上昇を背景に「伝統的会計の枠組みが擁してきた貨幣価値安定という概念が，〔……〕急速にその現実性を失ったこと」（辻山 [1991]，141頁）で，歴史的原価会計に対して数多くの欠陥が指摘され（辻山 [1991]，121頁)，実物資産の市価評価について議論された。そこで，「会計における資本利益計算の経済的現実性」（辻山 [1991]，141頁）の改善・回復を狙い，1950年代後半から1960年代前半にかけて，会計上の認識領域の拡張が議論され，実現概念とその位置づけは大きく揺れ動いた。

　1980年代後半以降，おもに金融商品を中心に公正価値評価について論じられ

ているために，第2次世界大戦後から1980年代前半にかけて議論されてきた実物資産の市価評価とは，議論の対象となる資産は異なっている。さらに，実物資産の市価評価は，基本的には，有形固定資産の償却不足とそれに伴う利益の過大計上，すなわちフローの配分方法を見直す観点から議論されたのに対して，近年の金融商品の公正価値評価は，デリバティブに代表されるように，おもにストックの評価方法を見直す観点から論じられている。このように，第2次世界大戦後から1980年代前半にかけて議論された実物資産の市価評価と，1980年代後半以降議論されている金融商品の公正価値評価とは，同じようにストックの評価を論じていても，その議論の前提が異なっているわけである。

しかしながら，実物資産の市価評価と金融商品の公正価値評価の双方で，ストックの評価に伴って認識・測定される評価損益の取り扱い，すなわち利益測定に関する問題に変わりはないように思われる。したがって，1950年代後半から1960年代前半にかけての実現概念とその位置づけを巡る議論から，今日の利益測定の問題を考えるうえで重要な示唆が得られる，と考えられる。

本章の目的は，米国会計学会（AAA）が1957年に公表した「会社財務諸表の会計と報告の諸基準：1957年改訂版」（AAA［1957］）と，1965年に公表した「実現概念」報告書（AAA［1965a］）を素材として，米国における利益測定プロセスの展開について検討することである。本章では，以下，実現概念の特徴とその機能に焦点を当て，1950年代後半から1960年代前半における実現概念の変遷が示唆する歴史的含意と現代的意義を明らかにする[1]。

第2節　伝統的な実現概念

すでに多くの論者が指摘するように，AAA［1957］を境にして，実現概念に大きな変化が見受けられる。本節では，それ以後の実現概念の特徴を明確にするために，「米国の会計文献でおそらく最も影響を与えた研究」（AAA［1977］，p. 9）として，現在もなお重要な地位を占めるW.A.PatonとA.C.Littletonの共著『会社会計基準序説』（Paton and Littleton［1940］）におけ

る実現概念の特徴について，簡単に確認する。

　Paton and Littleton［1940］は，「収益を勘定で認識する基礎として，実現は，〔……〕一般的により重要である」（p. 49）として，実現を収益の認識規準として位置づけている。そのうえで，Paton and Littleton［1940］は，「通説的な見方によれば，現金の受領，売掛債権，あるいはその他の新しい当座資産で立証された時に収益は実現される。ここで暗黙裡に2つのテストが存在する。1つは，法的な販売または同様の過程を通じた転換であり，いま1つは，当座資産の取得を通じた確証（validation）である」（p. 49）と指摘する。

　このように，Paton and Littleton［1940］は，独立した企業間で交換取引を行うことで，①製品または用役を提供する「対外取引のテスト」（阪本［1966］，19頁），そして②その対価として流動性ないし処分可能性を属性とする特定資産を取得する「流動性のテスト」（阪本［1966］，19頁）という，2つの要件を実現の規準として要求するわけである。ここでは，とりわけ「販売は，通常，現金または売掛債権といった新しい資産を企業にもたらし，費消原価に吸収されていた資金を更新する。もし企業活動から利益が生じれば，政府への法人税，投資家への利子，そして配当の支払いの基礎になる」（Paton and Littleton［1940］, p. 54）ことから，②の「流動性のテスト」が重視されている。このような特徴を有する実現概念は，「伝統的実現概念」（藤井［1999］，125-128；福島［1978］，9-13頁）または「古典的実現概念」（辻山［1991］，137-139頁）と総称されている（本章では，以下，伝統的な実現概念と呼称する）。

　それでは，上記のような特質を有する実現概念は，利益を測定する際に，どのような機能を果たしているのであろうか。Paton and Littleton［1940］は，「費用と収益の期間的対応」（p. 15）に基づいて利益は測定されるとする。Paton and Littleton［1940］において，費用と収益の対応と言った場合，収益に費用を対応させることが想定されている。すなわち，利益を測定するときに，実現を通じて，まず収益が独立変数として認識され，その後に収益との対応を通じて，費用が従属変数として認識されるわけである（Beams［1968］，p. 91）。このように，「収益の認識時点の選定が利益の〔認識〕時点の選定を規定

する」(FASB [1976b], par. 40) ために，実現には，当期の利益計算に帰属する項目を選定する「時点選定装置 (timing device)」(Windal [1961a], p. 36；Windal [1961b], p. 251) としての機能が期待されているのである。

　Paton and Littleton [1940] は，上述のように測定される利益が「経営〔活動〕上の効率性を反映している」(p. 16) と指摘する。なぜならば，「費用は，努力 (effort) を測定するものとして，〔そして〕収益は，成果 (accomplish) を測定するものとして考えられる」(Paton and Littleton [1940], p. 15) からである。すなわち，期間利益は，「費用と収益の期間的対応」(Paton and Littleton [1940], p. 15) によって計算されるために，「(努力としての) 費用と (成果としての) 収益の差額」(Paton and Littleton [1940], p. 16) である利益は，経営活動上の効率性を反映し，「企業と経営者の業績指標」(Storey and Storey [1998], p. 150) として捉えることができるわけである。

　本節では，以上，Paton and Littleton [1940] に基づいて，伝統的な実現概念の特徴を整理した。すなわち，実現は，収益の認識規準として位置づけられ，収益と費用の対応によって期間利益が測定されることから，当期の利益計算に帰属する項目を選定する機能を担っていることが分かる。そして，このように測定された利益は，経営者の業績指標として位置づけられるのである。

第3節　AAA1957年基準書の実現概念

　上述したように，第2次世界大戦後，米国では急激な物価上昇を背景に貨幣価値安定という概念が急速にその現実性を失ったことに伴い，歴史的原価会計に対して多くの欠陥が指摘された。かかる事情を背景にして，AAAは，「会社財務諸表の基礎をなす会計の諸概念と諸基準：1948年改訂版」(AAA [1948]) とそれに対する8つの補足意見書などを見直し，AAA [1957] を公表した (AAA [1957], p. 536)。本節では，以下，AAA [1957] の利益測定プロセスの検討を通じて，当該基準書の実現概念の特徴を明らかにする。

1　基礎概念としての実現とその特徴

　AAA［1957］は，経験から帰納された会計慣行として「基礎概念」（underlying concepts）を位置づけ，企業実体，企業の継続性，貨幣的測定，そして実現概念の4つが基礎概念を構成している（p. 537）。ここで注目すべきは，「会計の基礎的前提または慣行」（Gilman［1939］, p. 25）に通ずる基礎概念[2]の中に（新井［1978］, 104頁；飯野［1958］, 124頁），実現概念が含まれていることである。このことは，実現概念の定義とその特徴に大きな影響を与えていると考えられる。

　AAA［1957］は，実現を「資産または負債の変動が勘定における認識を正当化するほど十分に確定的（definite）かつ客観的（objective）になったことである」（p. 538）と定義する。かかる定義から導き出されるAAA［1957］の実現概念の特徴として，次の2点を指摘することができる。

　まず，1つ目の特徴は，AAA［1957］の実現概念が「資産または負債の変動」の観点から定義されていることである。貸借対照表と損益計算書の「連携」[3]（articulation）を前提とすると，資産と負債の変動から収益と費用を導くことができる。AAA［1957］の実現は，資産または負債の変動を勘定において認識することに立脚して，そこから収益と費用を含む財務諸表の構成要素の認識規準として適用されるのである。AAA［1957］以前の実現が収益と利益の認識規準として用いられていたことと比較すると，AAA［1957］の実現は，財務諸表の構成要素の認識規準として位置づけられているわけである。

　AAA［1957］は，実現を「資産または負債の変動が勘定における認識」と定義するが，そのときに「『勘定における認識』とは，とりも直さず『記帳』」（江村［1958］, 51頁）を意味する。すなわち，AAA［1957］の実現概念は，ある経済事象を財務諸表の要素として記入するか否かを決定する機能を有しているのである。伝統的な実現概念は，当期の利益計算に帰属する項目を選定することが主要な機能であったが，AAA［1957］の実現概念は，財務諸表の構成要素として認識すべき項目を識別する「項目識別装置（screening device）」（Windal［1961a］, p. 36 ; Windal［1961b］, p. 251）として機能することが期待され

ている[4]（山田［1998］，136頁）。その限りでは，AAA［1957］の実現概念は，「劇的に異なった実現概念」（Sprouse［1965］, p. 522）と言えるわけである。

　次に，AAA［1957］の実現概念の定義から導き出される2つ目の特徴は，「確定性と客観性」が実現の規準となっていることである。AAA［1957］は，「この実現の認識は，独立した企業間の交換取引，確立された商慣習，あるいは確実に履行される契約条件に基づいて行われる」（p. 538）と記述するのみで，確定性と客観性の具体的な内容について示していない。したがって，伝統的な実現概念が「対外取引のテスト」と「流動性のテスト」という2つの要件を要求していたことと比較すると，AAA［1957］の実現の要件は，「著しく抽象的な」（福島［1978］，20頁）要件と言えるのである[5]。かかる抽象性は，まさにAAA［1957］が実現を財務諸表の構成要素の認識規準と捉えているところから現れる特徴である[6]（福島［1978］，21頁）。

　以上，本項では，AAA［1957］の実現概念の定義から導き出せる2つの特徴を明らかにした。すなわち，AAA［1957］は，実現を「資産または負債の変動が〔……〕確定的かつ客観的になったこと」と定義することで，財務諸表の構成要素の認識規準と捉えることに大きな特徴があり，またそのことによって実現が抽象的な認識規準となっているという特徴である。AAA［1957］の実現は，かかる特徴を有するために，伝統的な実現概念が要求した「対外取引のテスト」と「流動性のテスト」を満たさなくても成立する可能性があり（Walker et al.［1970］, p. 358），その限りでは，AAA［1957］は，「会計的認識を拡張する理論的可能性を用意」（藤井［1999］，129頁）している，と解釈できるわけである。

2　資産の定義と測定の分離

　AAA［1957］が実現を「資産または負債の変動が〔……〕確定的かつ客観的になったこと」と定義する以上，AAA［1957］の利益測定プロセスは，資産または負債の定義と，その変動を認識する確定性と客観性に影響を受けることになる。本項では，以下，資産の定義とその認識・測定について検討す

る[7]。

　AAA［1957］は，資産を「ある会計実体内で企業活動に貢献する経済的資源，すなわち期待する企業活動に利用可能または有益な用役潜在力（service-potentials）の集合体である」（p. 538）と定義する。当該定義は，それ以前のAAA基準書が資産を「有形および無形の財産の権利」（AAA［1948］，p. 340）と定義していたことを考慮すると，画期的な定義と言えるであろう[8]。それでは，AAA［1957］は，用役潜在力と定義した資産を，どのように認識・測定するのであろうか。

　AAA［1957］は，資産を認識するときに「市場取引またはそれと同様のもので確証すべきである」[9]（pp. 538-539）とする。すなわち，確定性と客観性を備える要件として，基本的には市場取引が要求されるのである。ところが，AAA［1957］は，決算認識時に「再分類は，資産の増加の総計を意味しないが，客観的な資料に基づかなければならない」（p. 538）と指摘するに留まり，「企業が〔実際に〕市場取引に参加しなければならないのか否か記述されていない」（Staubus［1958］，pp. 17-18）のである[10]。このことを明らかにするために，AAA［1957］の資産の測定方法について見てみよう。

　AAA［1957］は，資産の価値を「その用役潜在力の貨幣等価額」（p. 539）と捉え，「概念的には，それは，〔当該資産から〕引き出される用役に係るすべての流列の将来市場価格を，確率と利子率で割り引いた現在価値の合計額」（p. 539）とする。ところが，その直後に「この価値概念は，抽象的である。なぜならば，数量化するための実務的基礎を提供するには限られているからである」（AAA［1957］，p. 539）と，AAA［1957］は，「資産の測定は，通常，他のより実行可能な方法で行われる」（p. 539）とする。つまり，AAA［1957］は，資産の測定方法として「概念的には」割引現在価値が望ましいと認めるものの，用役に係るすべての流列の将来市場価格と利子率の見積もりが実務上困難である以上，別の「実行可能な」測定方法が望ましいとする。AAA［1957］は，資産を「貨幣性資産」（monetary asset）と「非貨幣性資産」（non-monetary asset）に分け（p. 539），それぞれ次のような測定方法を提案する。

AAA［1957］は，貨幣性資産を「相当回収の遅延が見込める場合には，それを調整済みの期待貨幣受領額（expected cash receipts）」（p. 539）で測定することを提案する。ところが，AAA［1957］は，貨幣性資産の個々の項目について検討した後に，「いずれの場合にも，貨幣性資産の額は，識別可能，測定可能，そして十分な確実性を有する現金の回収ならびに現金の利用可能性に基づいて決定されるべきである」（p. 539）と述べていることから，貨幣性資産の測定方法として，必ずしも無条件に割引現在価値を提案しているわけではない（藤井［1997］，94頁）。

　他方，AAA［1957］は，非貨幣性資産について，「正確な貨幣測定額を期待できない」（p. 539）とし，「通常は，取得原価〔……〕で測定される」（p. 539）とする。その理由として，「取得原価は，資産の取引価格（bargained price）を表し」（AAA［1957］, p. 539），「取引価格は，完結した取引の客観的かつ確定した結果」（AAA［1957］, p. 539）であることを挙げている。AAA［1957］は，非貨幣性資産の測定方法として，取得原価で測定することを提案する[11]。

　以上のことから，AAA［1957］は，資産を用役潜在力と定義するが，「実行可能な」測定方法として取得原価を提案し，資産の定義と測定を分離している。つまり，確定性と客観性を満たすためには，「企業が〔実際に〕市場取引に参加しなければならない」（Staubus［1958］, pp. 17-18）のである。AAA［1957］は，実現を「資産または負債の変動が〔……〕確定的かつ客観的になったこと」，また資産を用役潜在力と定義することで，会計上の認識領域を拡張する理論的可能性を用意していたものの，資産の測定方法として取得原価を採用したために，AAA［1957］において，評価益の認識は，否認されるに至ったのである[12]。

3　収益認識規準としての実現の特徴

　前項で明らかにした資産の定義と測定の分離は，AAA［1957］の利益測定プロセスにも多大な影響を与えている。本項では，以下，AAA［1957］の利益測定プロセスの検討を通じて，実現の特徴を明らかにする。

資産の定義と測定の分離による影響は，AAA［1957］の収益の定義に端的に現れている。AAA［1957］は，収益を「一会計期間に企業が顧客に提供した製品または用役の総計を貨幣的に表現したもの」（p. 540）と定義する。ここで注目すべきは，実現の定義より，AAA［1957］が収益を「資産の増加または負債の減少」とストックの側面から定義できるにもかかわらず，収益を「顧客に提供した製品または用役」とフローの側面から定義していることである。フローの側面から収益が定義されるのは，AAA［1957］で資産の定義と測定が分離しているからである。なぜならば，もし収益がストックの側面から定義されていれば，AAA［1957］は，資産を用役潜在力と定義する以上，理屈の上では決算時に資産の増加を認識することで，評価益を認識できるからである。しかし，上述したように，AAA［1957］は，資産の定義と測定を分離し，決算時に取得原価の上方修正を否認するために，「資産の増加または負債の減少」と収益を定義することはできず，フローの側面から別に収益の定義を提示する必要が生じたわけである。

　AAA［1957］の「顧客に提供した製品または用役」という収益の定義は，収益の認識に影響を与える。AAA［1957］は，製品または用役を顧客に提供したときに，収益を認識すべきであると述べている（p. 540）。つまり，収益を認識する際に，実現の規準である確定性と客観性を満たすためには，製品または用役を顧客に提供する必要があり，ここでも評価益の認識が否認されていることが分かる。上述したAAA［1957］の収益の認識規準は，伝統的な実現概念が要件とする「対外取引のテスト」と変わりはないのである。

　ただし，伝統的な実現概念が重視した「流動性のテスト」を満たさなくても，AAA［1957］の実現では，収益を認識することができる。その限りでは，収益認識規準としてのAAA［1957］の実現は，伝統的な実現概念を拡張している。その結果，割賦販売の割賦基準と製品保証付きの販売は，「回収期間が延期され，あるいは販売後に相当に努力が必要であったとしても，販売基準で収益を認識する適否には影響はない」（AAA［1957］, p. 540）ために販売基準の例外的処理とされず（若杉［1985］，299-300頁），さらに「契約に基づく特定事

項の製造において，収益は，進行度かつ契約条件に応じて認識される」(AAA [1957], p. 540) ために工事進行基準も実現に含められるのである。つまり，伝統的な実現概念では実現の例外と考えられていた収益の認識基準が，AAA [1957] の実現概念では実現に含められ，実現のみで収益の認識が説明できるわけである。したがって，当該拡張は，あくまでも伝統的な実現概念を基礎にした拡張と言えるであろう。

さらに，AAA [1957] は，「実現純利益」(realized net income) を「(a) 収益と関連する費消原価（expired cost）の対応から得られる超過または不足，そして (b) 資産の販売，交換，その他の転換から企業にもたらされるその他の利得または損失から生じる純資産の変動」(p. 540) と定義する。

この利益の定義で注目すべきは，AAA [1957] が利益を「純資産の変動」と捉えながらも，当該純資産の変動を収益と費消原価の差額，すなわち対応原則を用いて算定していることである。期間利益の測定方法として，①資産と負債の変動から測定する方法（資産負債アプローチ）と，②収益と費用の差額から測定する方法（収益費用アプローチ）という2つの方法がある。AAA [1957] は，実現概念の定義より，資産と負債の変動を認識することで純資産の変動を測定する資産負債アプローチで，期間利益を測定できるにもかかわらず，収益と費用の対応に基づく収益費用アプローチで期間利益を算定している。これは，AAA [1957] が資産の定義と測定を分離し，評価益の認識を否認しているからであり，さらに利益を「企業の効率性」(AAA [1957], p. 540) と捉えているからである。

また，利益が収益と費消原価の対応によって測定されることから，実現は，「利益の〔認識〕時点の選定を規定する」(FASB [1976b], par. 40) 機能を担っている。上述したように，AAA [1957] の実現概念は，財務諸表の構成要素の認識規準として適用されることから，会計上認識すべき項目を識別する「項目識別装置」が実現の機能として期待されていた。それに加えて，AAA [1957] では，伝統的な実現概念と同様に，当期の利益計算に帰属する項目を選定する「時点選定装置」も実現の機能として期待されているわけである。

以上，本項では，AAA［1957］の利益測定プロセスについて検討した。AAA［1957］は，収益を「顧客に提供した製品または用役」とフローの側面から定義し，収益を認識するときに「対外取引のテスト」を要請した。収益認識規準としてのAAA［1957］の実現は，実質的には伝統的な実現概念と変わりはない。さらに，AAA［1957］は，実現純利益を「企業の効率性」と捉え，収益と費用の対応に基づいて算定することから，伝統的な実現概念と同様に，当期の利益計算に帰属する項目を選定する機能を実現に付与しているのである。

4 小　括

本節では，AAA［1957］の実現概念について検討した。AAA［1957］は，実現を基礎概念と位置づけ，「資産または負債の変動が勘定における認識を正当化するほど十分に確定的かつ客観的になったこと」（p. 538）と定義することで，財務諸表の構成要素として認識する項目を識別する機能を実現に期待した。かかる実現概念の特徴に加えて，資産を用役潜在力と定義することで，AAA［1957］は，「会計的認識を拡張する理論的可能性を用意」（藤井［1999］，129頁）したのである。

ところが，AAA［1957］は，資産の定義と測定を分離し，資産の測定方法として取得原価を採用したために，評価益を認識することはできず，会計上の認識領域の拡張には至らなかった。このことは，AAA［1957］が収益を「顧客に提供した製品または用役」（p. 540）とフローの側面から定義し，収益を認識するときに「対外取引のテスト」を要求したところに端的に現れ，収益認識規準としてのAAA［1957］の実現は，基本的には伝統的な実現概念と変わりがないのである。また，AAA［1957］は，利益を「企業の効率性」（p. 540）と定義し，収益と費用の対応で利益を測定するために，当期の利益計算に帰属する項目を選定する機能も実現に期待される。収益認識規準としてのAAA［1957］の実現は，その要件とその機能の双方で，基本的に伝統的な実現概念と変わりがないと言えるのである。

第4節　AAA1964年報告書の実現概念

　AAAは，AAA［1957］での議論を踏まえ，「『会社財務諸表の会計と報告の諸基準：1957年改訂版』〔（AAA［1957］)〕における実現を実質的に展開し，かつ部分的に修正することを意図」（AAA［1965a］,p.312）して，1965年にAAA［1965a］を公表した。本節では，以下，AAA［1965a］の利益測定プロセスの検討を通じて，当該報告書の実現概念の特徴を明らかにする。

1　保有損益の認識と利益測定の分離

　AAAは，1964年に「諸概念と諸基準に関する一般委員会報告書」（AAA［1964a］)，そしてAAA［1957］の補足意見書として「土地，建物そして設備に関する会計処理：補足意見書第1号」（AAA［1964b］）と「棚卸資産の測定方法に関する議論：補足意見書第2号」（AAA［1964c］）を公表した。AAA［1964a，1964b，1964c］は，資産評価と利益測定の問題について論じており，それを踏まえてAAA［1965a］が公表されている。本項では，まずAAA［1964a，1964b，1964c］を概観し，その後にAAA［1965a］の問題意識と当該報告書の内容について概説する。

　AAA［1964a］は，「6つの基礎的会計概念」（p.425）の1つに実現概念を挙げ，11の研究課題を掲げた（AAA［1964a］,pp.427-428）。AAA［1964a］は，当該研究課題の中で「個別物価を修正したとき，あるいは一般物価水準を調整したときに生じる価格変動を，実現概念でどのように取り扱うべきなのか」（p.428），そしてその報告方法として「未実現収益，利益，または資産と持分項目の相手勘定があるが，どのようにこれらを区別すべきで，どのように当該情報を報告すべきか」（p.428）と問題を提起した。

　また，AAA［1964b，1964c］は，AAA［1957］と同様に資産を用役潜在力と定義し（AAA［1964b］,p.694；AAA［1964c］,p.702），その測定方法として「現在原価（current cost）」（AAA［1964b］,p.694）と「再調達原価（replacement cost)」(AAA［1964c］, p. 706) を提案した。各々の補足意見書は, 資産の測定方法として現在原価または再調達原価を提案するために, 決算時に評価損益, すなわち「保有損益」(holding gain and loss) を認識することを容認する (AAA［1964b］, p. 693 ; AAA［1964c］, p. 705)。しかしながら, AAA［1964b, 1964c］では, 評価損益の認識基準と実現概念の関係が明らかにされていない。

まず, AAA［1964b］は,「客観性と検証可能性 (verifiability) のテスト」(p. 697) で保有損益を認識し, 純利益の中に含めることを提案する (p. 697)。そして, AAA［1964b］は, 留保利益を「(a) 実現留保利益と (b) 保有損益を表示するための累積未実現調整の2つに分ける」(p. 698) ことを提案するが, 実現概念について明示しておらず, さらに留保利益の分類が過渡的なものであると記述している (p. 699)。つまり, AAA［1964b］では, 保有損益の認識基準と実現概念との関係が不明確である (福島［1978］, 31頁)。

次に, AAA［1964c］は, 保有損益を認識することは容認するが, それが実現・未実現のいずれかについて見解が分かれている。保有損益を実現と捉える者は, AAA［1957］の実現で保有損益を認識することを提案する (AAA［1964c］, p. 709)。一方, 保有損益を未実現と捉える者は, 実現を伝統的な実現と捉え, 実現とは別の規準で保有損益を認識することを提案する (AAA［1964c］, pp. 709-710)。このように, AAA［1964c］では, 保有損益の認識基準に相違が見受けられるのである。

以上のように, AAA［1964a, 1964b, 1964c］は, 保有損益の認識を容認するが, どのように保有損益を認識・測定し, それをどのように報告すべきであるかについて結論に到達していなかった。かかる状況を踏まえて, AAA［1965a］は, 会計上解決すべき根本的な問題として,「(1) どの経済事象が勘定で認識されるべきか, そして (2) 記録された事象は, どのように財務諸表上で報告されるべきか」(p. 312) という2つの問題を提起した。

まず, AAA［1965a］は, 前者の問題に対して, 委員会全員一致の見解として,「のれんを除く, すべての資産価値の変動による影響は, それが十分な証拠で裏付けされている限り, 勘定で記録すべきである」(p. 312) と勧告する。

次に，AAA［1965a］は，後者の問題に対して，委員会の多数派の見解として，「『未実現の』資産価値の変動は，報告純利益の算定に含めず，損益計算書の純利益の下に表示すべきである。未実現価値変動の累積〔額〕は，貸借対照表の留保利益の部における独立項目として表示される」（p. 312）と勧告する。つまり，AAA［1965a］は，原則としてすべての資産価値の変動を認識するが，未実現の保有損益は純利益に含めてはならないと提案するのである。

ここで注目すべきは，保有損益の認識と利益測定の問題が区分されて論じられていることである。すなわち，AAA［1965a］では，「会計の認識対象は必ずしも利益計算に直ちに反映されるものに限定される必要はないという発想が明示的に打ち出され」（辻山［1991］，148頁），保有損益の認識と利益測定が分離しているのである。このことは，AAA［1965a］における実現概念の特徴とその機能に大きな影響を与えている，と考えられる。そこで，以下，項を改めて，AAA［1965a］の実現の特徴とその機能を明らかにする。

2　収益取引における実現の規準とその特徴

AAA［1965a］は，「収益取引[13]（revenue transaction）で，いつ実現が満たされたと考えるべきか」（p. 314）と問題を提起し，実現の規準として，①受領資産の属性，②市場取引の存在，③用役提供の程度が重要であるとする（p. 314）。AAA［1965a］は，実現を収益の認識規準と位置づけ[14]，その要件は，伝統的な実現概念の要件である「対外取引のテスト」と「流動性のテスト」に類似している。本項では，以下，上記の3つの規準を検討することで，AAA［1965a］の実現概念の特徴を明らかにする。

（1）受領資産の属性

AAA［1965a］は，受領資産の属性として，「流動性（liquidity）と測定可能性（measurability）」（p. 314）の2つを指摘する。かかる2つの属性は，多くの場合は両立する概念であるが[15]，本来は異なったものである（AAA［1965a］, pp. 314-315）。その異質性は，「受領資産の属性として流動性を重視する」（AAA［1965a］, p. 315）伝統的な実現概念を厳密に適用すれば，「減債基金の利

息と割引購入社債のアキュムレーション」(AAA [1965a], p. 315) が実現を満たさないにもかかわらず，会計実務では，それらが実現収益と取り扱われているところに現れる。AAA [1965a] は，かかる会計実務を踏まえて，「実現収益を認識するときに必要とされる〔受領資産の〕本質的な属性として，流動性ではなく，測定可能性を重視する」(p. 315) とした。その結果，減債基金の利息，割引購入社債のアキュムレーション，さらにバーター取引による交換差益も実現で認識することができる (AAA [1965a], p. 315)。

以上要するに，AAA [1965a] は，伝統的な実現概念と同様に，実現の規準に特定資産の取得を要求したが，受領資産の属性として流動性ではなく測定可能性を要求することで，伝統的な実現概念の例外として考えられてきた事象も実現で認識することができ，したがってこの点で実現の適用範囲を拡張しているのである。

(2) 市場取引の存在

AAA [1965a] は，実現の規準として市場取引を要求する (p. 315)。ここで市場取引の考え方として，企業自らが行った市場取引に限定する考え方（狭義の市場取引）と第三者間で行われた市場取引も含む考え方（広義の市場取引）がある。AAA [1965a] は，収益を「記録する企業が，市場取引で一方の当事者〔である必要性がある〕かどうかという興味深い問題がある」(p. 315) と述べ，市場取引の考え方について若干の検討を行っている。その結果，AAA [1965a] の委員会の多数は，「実現には，企業が当事者となる市場取引が必要である」(p. 315) と考え[16]，実現の規準として狭義の市場取引を採用した。このことは，AAA [1965a] が実現で保有損益を認識できないことを意味する[17]。

以上要するに，AAA [1965a] は，実現の要件として「対外取引のテスト」を要求するために，この点において，AAA [1965a] の実現と伝統的な実現概念の間に差異はないのである。

(3) 用役提供の程度

AAA [1965a] は，用役提供の程度，とりわけ現金受領と用役提供が異なる会計期間で行われる「結合収益 (joint revenue)」(p. 316) の期間配分の方法に

ついて検討している[18]。AAA［1965a］は,「収益稼得過程で決定的事象[19]（crucial event）となる行為を行ったかどうか」(p. 316) を結合収益の期間配分の規準として提案する。それでは，AAA［1965a］は，どのように決定的事象で結合収益を期間配分するのであろうか。

まず，AAA［1965a］は，契約を締結し，現金を前受金として受領した時に決定的事象が行われたと考える[20]（pp. 316–317）。その結果,「利子を除く，契約に関するすべての利益は，最初の会計期間で認識される」（AAA［1965a］, p. 317) のである。そのときに,「未実現として繰り延べられる最小限の収益〔……〕は，契約に従って残りの用役を提供する時に発生すると期待される費用の現在価値である」（AAA［1965a］, p. 317) 以上,「将来費用の現在価値が事実上確実に分かる」（AAA［1965a］, p. 317) 必要がある。しかし，通常は,「購入する生産要素の価格が変動し，生産要素の使用時の効率性が変化する」（AAA［1965a］, p. 317) ために，確実に将来費用を予測することは困難である。したがって,「将来費用の現在価値が事実上確実に分かる特定の状況を除き」（AAA［1965a］, p. 317),結合収益の期間配分に決定的事象理論を用いることはできない。AAA［1965a］は，このことを認め,「適用可能なルールが確立するまで，会計は，1ドル当たりの発生費用が同等の収益を稼得するという，概念的に満足はできない仮定ではあるが，この仮定に依拠するであろう」(p. 317) と述べ，従来の考え方を用いて結合収益の期間配分を行わなければならないと結論づける。

次に，AAA［1965a］は，用役を提供したが，現金を受領していない結合収益の例として割賦販売を挙げる[21]。割賦販売は，通常の掛売りよりも貸倒れのリスクが大きいために，AAA［1965a］は，割賦販売の回収過程を「日常業務ではなく，むしろ利益稼得活動の主要な部分である」(p. 318) と捉える。つまり，通常の掛売りとは異なり,「販売時にすべての収益を実現収益として認識することは適切ではない」（AAA［1965a］, p. 318) のである。AAA［1965a］は，割賦販売の回収過程を「利益稼得活動の主要な部分」と捉えることで，当該過程を決定的事象として位置づけ，割賦売掛金の回収時に実現を用いて収益

を認識することができる。すなわち，伝統的な実現概念の例外であった割賦販売の回収基準を実現に含めることができる。ただし，結合収益の期間配分について，「単一の論理的に正確な期間配分が存在しない」（AAA［1965a］, p. 318）ことから，配分方法について問題は残されている[22]。

以上のように，AAA［1965a］は，結合収益の期間配分に決定的事象理論を適用する考え方を提案した。ところが，将来費用の現在価値を算定することが困難なこと，あるいは論理的に正確な期間配分ができないことから，実際に結合収益の期間配分に決定的事象理論を用いることに対して，多くの問題が残されている。

本項では，以上，AAA［1965a］の実現概念の特徴について検討した。AAA［1965a］は，実現の規準として，特定資産の取得，市場取引，用役の提供を要求した。この3つの実現の規準を見る限り，伝統的な実現概念の要件である「対外取引のテスト」と「流動性のテスト」に変わりはない。ところが，AAA［1965a］は，受領資産の属性を流動性から測定可能性に変更することで，伝統的な実現概念の例外と考えられていた収益の認識基準を実現に含め，実現概念を拡張している。その意味では，AAA［1965a］は，伝統的な実現概念を基礎にして実現概念を拡張していると言える。

3　純利益算定テストとしての実現概念

AAA［1965a］は，「のれんを除く，すべての資産価値の変動による影響は，それが十分な証拠で裏付けされている限り，勘定で記録すべきである」（p. 312）と勧告する。すなわち，AAA［1965a］は，「ある一会計期間に保有している資産と負債の価値変動である保有損益」[23]（p. 318）を「勘定で認識し，記録」（p. 319）することを提案する[24]。AAA［1965a］は，「対外取引のテスト」を実現の要件とするために，実現概念で保有損益を認識することはできない。それでは，AAA［1965a］の実現は，認識プロセス上，どのように位置づけられるのであろうか。本項では，AAA［1965a］の利益測定プロセスの検討を通

じて，実現の機能を明らかにする。

　AAA［1965a］は，多数派の見解として，次のような利益の報告様式を提案する[25]。すなわち，「営業利益」（operating income）と実現保有損益を別立て表示し，その両者が純利益を構成する[26]（AAA［1965a］, p. 321）。そして，純利益の下に，未実現保有損益の増減が加減されて，「純利益プラス〔未実現〕保有損益」が算定される[27]（AAA［1965a］, pp. 321-322）。

　ここで，営業利益とは，「現在原価基準で費用を表示した収益取引の結果」（AAA［1965a］, p. 322）を表す。すなわち，資産を現在原価や再調達原価で測定することで，費用は，現在原価基準で算定され，当該費用を収益取引から生じる実現収益に対応させることによって，営業利益が算出される。また，資産を現在原価や再調達原価で測定するために，保有損益は認識されるが，実現保有損益のみが純利益の中に含められる。換言すると，実現とは異なる認識基準で認識された保有損益は，純利益の計算に含まれる実現保有損益と含まれない未実現保有損益に区分される。このように，AAA［1965a］の実現は，純利益の中に含められる項目と含められない項目を選定するために，「純利益の算定テスト（net income test）」（AAA［1965a］, p. 322）として用いられるのである。つまり，AAA［1965a］では，当期の利益計算に帰属する項目を選定する「時点選定装置」が実現の機能として期待されているわけである。

　また，AAA［1965a］の純利益は，「企業と経営者の業績指標」（Storey and Storey［1998］, p. 150）として位置づけられる。営業利益は，主要な企業活動である「財貨または用役の販売から生じる」（AAA［1965a］, p. 318）収益（成果）に，当該活動を「効率的に実施する〔経営者の〕努力」（AAA［1965b］, p. 370）を対応することで算出されるために，主要な「経営活動の効率性」（AAA［1965b］, p. 370）を表すと考えられる。また，実現保有損益は，「市場で有利な立場を確保する〔経営者の〕努力」（AAA［1965b］, p. 370）を反映する「『原価節約』（cost saving）」（Edwards and Bell［1961］, p. 93）のうち，「顧客への販売または当期の費用計上によって確証された部分」（AAA［1965a］, p. 322）である以上，「購買努力に関する限りにおいて，経営者の効率性」（AAA［1965b］,

p. 371) を表すと考えられる。このように，営業利益と実現保有損益から構成されるAAA［1965a］の純利益は，企業活動の効率性を表示していると考えられるわけである。

本項では，以上，AAA［1965a］の利益測定プロセスに着目して，当該報告書の実現の機能を明らかにした。AAA［1965a］の実現は，純利益に含まれる項目と含まれない項目を識別する「純利益の算定テスト」の役割を担っているために，「利益の〔認識〕時点の選定を規定する」（FASB［1976b］, par. 40）機能を有しているのである。また，AAA［1965a］の純利益は，企業活動の効率性を表示しており，伝統的な実現概念によって算出される利益と変わりがないのである。

4 小　括

本節では，AAA［1965a］の実現概念について検討した。AAA［1965a］は，「のれんを除く，すべての資産価値の変動による影響は，それが十分な証拠で裏付けされている限り，勘定で記録すべきである」（p. 312）と述べ，保有損益を認識することを勧告する。その一方で，AAA［1965a］は，「『未実現の』資産価値の変動は，報告純利益の算定に含めず，損益計算書の純利益の下に表示すべきである」（p. 312）と，未実現保有損益を利益計算の対象から除外することを提案する。AAA［1965a］は，「会計の認識対象は必ずしも利益計算に直ちに反映されるものに限定される必要はないという発想」（辻山［1991］, 148頁）を打ち出し，保有損益の認識と利益測定の問題を分離して論じている。

AAA［1965a］は，実現の規準として，特定資産の取得，市場取引，用役の提供を要求し，基本的には伝統的な実現概念と変わりがない実現を提案する。また，AAA［1965a］の実現は，「純利益の算定テスト」（p. 322）として用いられることから，当期の利益計算に帰属する項目を選定する機能を有している。AAA［1965a］の純利益は，営業利益と実現保有損益が区分表示されるが，企業活動の効率性を表す点で利益概念は従来のそれと変わりがない。以上要するに，AAA［1965a］は，保有損益の認識基準と実現概念を分離すること

で，利益概念に影響を与えることなく，会計上の認識領域を拡張しているわけである[28]。

第5節　実現概念の変遷の歴史的含意と現代的意義

本章では，以上，AAA［1957］とAAA［1965a］を中心にとりあげ，それぞれの実現概念の特徴について検討した。本節では，前節までの検討を踏まえて，実現概念の変遷が示唆する歴史的含意と現代的意義を明らかにしたい。

1　実現概念の変遷

本項では，以下，AAA［1957］とAAA［1965a］の相違について確認する。まず，1つ目のAAA［1957］とAAA［1965a］の相違点は，実現概念の拡張の次元が異なることである。

AAA［1957］は，実現を「資産または負債の変動が〔……〕確定的かつ客観的になったこと」(p. 538) と定義することで，財務諸表の構成要素の認識規準と位置づける。一方，AAA［1965a］は，収益取引に限定して実現について検討していることから，実現を収益の認識規準とする。すなわち，AAA［1957］は，伝統的な実現概念とは異なる機能を実現に付与するのに対して，AAA［1965a］は，伝統的な実現概念と同じように，実現を収益の認識規準と位置づける。このことから，AAA［1965a］の実現は，しばしば「従来の実現概念に回帰した」（伊藤［1996］，453頁）と言われるが（辻山［1991］，144-146頁），単純に回帰したわけではない。

確かに，AAA［1965a］は，実現の要件として，特定資産の取得，市場取引，用役の提供の3つを要求し，伝統的な実現概念の「対外取引のテスト」と「流動性のテスト」に類似する実現の要件を要求する。しかし，受領資産の属性として，伝統的な実現概念は，流動性を重視するが，AAA［1965a］は，測定可能性を重視するために，伝統的な実現概念の例外と考えられていた収益の認識基準を実現に含める点で，実現概念を拡張しているわけである。

以上考察したように，AAA［1957］とAAA［1965a］は，実現概念の拡張の次元が異なっている。すなわち，AAA［1957］は，実現を財務諸表の構成要素の認識規準と位置づけ，実現に「項目識別装置」の機能を付与することで，実現概念を拡張するが，AAA［1965a］は，伝統的な実現概念と同様に実現を収益の認識規準と位置づけ，実現の要件を緩和することで，実現概念を拡張している。このことは，AAA［1957］とAAA［1965a］の２つ目の相違点である会計的認識領域の拡張方法と密接に関係する。

　AAA［1957］は，実現を「資産または負債の変動が〔……〕確定的かつ客観的になったこと」と定義するために，会計上の認識領域は，資産と負債の定義とその測定に大きく影響を受ける。AAA［1957］は，資産を用役潜在力と定義し，その測定方法として「概念的には」割引現在価値を提案することで，「会計的認識を拡張する理論的可能性を用意」（藤井［1999］，129頁）した。このように，AAA［1957］は，実現を財務諸表の構成要素の認識規準と位置づけ，伝統的な実現概念とは異なる実現概念を提示することによって，実現概念それ自体を拡張する方法で，会計上の認識領域の拡張を図っているわけである。

　他方，AAA［1965a］は，「のれんを除く，すべての資産価値の変動による影響は，それが十分な証拠で裏付けされている限り，勘定で記録すべきである」(p. 312) と，保有損益を認識することを勧告する。その一方で，AAA［1965a］は，「『未実現の』資産価値の変動は，報告純利益の算定に含めず，損益計算書の純利益の下に表示すべきである」(p. 312) と規定して，実現の要件の１つに市場取引を要求するために，保有損益を実現で認識することはできない。このことは，AAA［1965a］が実現とは別の認識規準で，保有損益を認識することを示唆している。このように，AAA［1965a］は，保有損益の認識基準と実現基準の分離によって，会計上の認識領域を拡張しているわけである。

　以上明らかにしたように，AAA［1957］とAAA［1965a］の間に，会計上の認識領域の拡張を図る方法で相違がある。AAA［1957］は，実現概念それ自体を拡張する方法を提示するのに対して，AAA［1965a］は，実現とは別の

認識規準を想定し，保有損益の認識基準と実現基準を分離するのである。その背後に，AAA［1957］では，「会計の認識対象はあくまでも利益計算に影響を及ぼす事象に限られるべきという発想」（辻山［1991］，148頁）があったが，AAA［1965a］では，「会計の認識対象は必ずしも利益計算に直ちに反映されるものに限定される必要はないという発想」（辻山［1991］，148頁）があった。それでは，なぜAAA［1965a］は，上述のように発想の転換を行わざるを得なかったのであろうか。以下，この点を考察することで，実現概念の変遷が示唆する歴史的含意を明らかにする。

2　実現概念の変遷の歴史的含意

上述したように，AAA［1957］は，実現を財務諸表の構成要素の認識規準と位置づけ，さらに資産を用役潜在力と定義し，資産の測定方法として「概念的には」割引現在価値を提案することで，会計上の認識領域を拡張する理論的可能性を用意した。ところが，AAA［1957］は，「実行可能な」測定方法として取得原価を要請したために，評価益（保有利得）を認識することができず，実際には会計上の認識領域を拡張できなかった。AAA［1957］は，資産の測定方法として取得原価を採用する理由として，取得原価が「完結した取引の客観的かつ確定した結果」（p. 539）であることを挙げるが，それ以外にも純利益が「企業の効率性」（p. 540）と捉えられていることも大きく関係するであろう。

AAA［1957］では，保有利得の認識問題と利益測定の問題が「絶えず不可分の問題」（辻山［1991］，148頁）として取り扱われるために，もし資産の測定方法として現在原価または再調達原価が採用され，保有利得が認識されれば，それは，利益計算の対象として取り扱われることになる。上記のように測定された利益は，「企業の富」を表す経済的増価概念であり，従来の会計上の利益概念である「企業の効率性」とは異なる利益概念である（Philips［1963］, pp. 17–19）。したがって，従来と同様の利益概念を維持するためには，資産の測定方法として取得原価を採用せざるを得なかったと解釈できる。AAA［1957］は，

純利益を「企業の効率性」と捉え，収益と費用の対応で算定することから，AAA［1957］の実現は，伝統的な実現概念と同様に，当期の利益計算に帰属する項目を選定する機能も有しているのである。

　以上要するに，AAA［1957］は，実現に財務諸表の構成要素として認識すべき項目を識別する「項目識別装置」としての機能を付与し，実現概念の拡張を通じて，会計上の認識領域を拡張する理論的可能性を用意したものの，純利益を「企業の効率性」と捉え，実現に「時点選定装置」としての機能も付与することから，保有利得を認識することができなかったわけである。

　一方，AAA［1965a］は，保有損益の認識問題と利益測定の問題を切り離して，論じている。すなわち，AAA［1965a］では，保有損益が認識されても直ちに純利益には含められず，実現を満たした実現保有損益のみが純利益の対象になる。AAA［1965a］は，実現を保有損益の認識規準としてではなく，「純利益の算定テスト」（p. 322）として用いる。すなわち，AAA［1965a］の実現は，当期の利益計算に帰属する項目を選定する「時点選定装置」として機能し，AAA［1965a］の純利益は，従来の利益概念と同様に，企業活動の効率性を表示する。AAA［1965a］は，保有損益を認識するが，保有損益の認識基準と実現基準を分離するために，純利益の概念に影響は生じないのである。

　以上のことから，AAA［1965a］がAAA［1957］とは異なる方法で会計上の認識領域の拡張を図った理由は，純利益の概念と実現の機能に関係があると考えられる。すなわち，AAA［1957］では，保有利得の認識と純利益の算定が不可分な関係にある以上，保有利得の認識に伴い，必然的に純利益の概念も変化する。AAA［1957］は，従来の純利益の概念を維持し，実現に「時点選定装置」の機能を付与するために，保有利得を認識することができなかった。これに対して，AAA［1965a］では，保有損益の認識基準と純利益を算定する実現基準が分離するために，保有損益を認識しても，純利益の概念に変化は生じない。つまり，AAA［1965a］は，実現に「時点選定装置」の機能を付与し，従来の純利益の概念を維持しているわけである。

　以上，AAA［1957］とAAA［1965a］の実現概念の変遷が示唆する歴史的

含意として，実現の機能と利益概念の一貫性を指摘することができる。1950年代後半から1960年代前半にかけて会計上の認識領域の拡張が要請され，その過程で実現概念とその位置づけが大きく揺れ動いたが，純利益は，「企業と経営者の業績指標」（Storey and Storey [1998], p. 150）と捉えられ，実現概念は，「利益の〔認識〕時点を選定する」（FASB [1976b], par. 40）機能を担ってきたわけである。以上のことは，「実現〔概念〕は，〔……〕利益決定〔……〕における最も重要なコンベンションである」（Storey [1959], p. 238）ことを裏付けている[29]。

3 実現概念の変遷の現代的意義

周知のとおり，AAA [1966] とAICPA [1973] の公表を契機に，意思決定有用性アプローチが，「会計専門家の認知と広範な影響力を獲得した」（AAA [1977], pp. 10-11）。これを受けて，本格的に会計上の認識領域の拡張が始まり，FASBが会計上の「憲法」（FASB [1976a], p. 2）である概念フレームワークを作成する過程で，利益概念は大きく揺れ動いた。また，SFAS130が公表される過程でも，利益概念は揺れ動いたと解釈できる。以下では，それらの点について概観した後に，1950年代後半から1960年代前半にかけて実現概念の変遷が示唆する現代的意義を明らかにしたい。

FASB概念フレームワーク形成過程における利益概念の変容は，次のように要約できる[30]。すなわち，FASB [1976b] では，「『資産・負債中心観』〔（資産負債アプローチ）〕に立脚して提起されたと考えられる利益概念」（津守 [2002], 142頁）が，概念フレームワークプロジェクトの進展に伴い，認識・測定の問題が具体的に検討されるにつれて，資産負債アプローチに基づく包括利益と収益費用アプローチに基づく純利益という「全く異質の利益概念の共存」（津守 [2002], 141頁）に至ったのである。換言すると，「『収益・費用中心観』〔（収益費用アプローチ）〕に対する社会的批判を背景として出発したはずのSFACシリーズ〔（概念フレームワークプロジェクト）〕が，その到達点に近づくにつれて，一面，遂に『現行の純利益』に回帰せざるを得なかった」（津守

[2002],162頁)わけである。

　さらに，FASB概念フレームワーク上で概念規定された包括利益が，実際に会計実務として影響を与える会計基準として公表される段階でも，利益概念の変容が観察されたのである。FASBは，1996年6月に公開草案『包括利益の報告』（FASB［1996b］）を公表し，「包括利益の報告の目的は，出資者の立場として行う出資者との取引を除く〔……〕企業の持分のあらゆる変動を表示することによって，企業全体の業績の測定値を報告することである」（FASB［1996b］, par. 11；傍点は，草野）と規定し，「1株当たり包括利益」の開示を勧告した（FASB［1996b］, par. 23）。FASB［1996b］では，包括利益が業績指標の1つとして位置づけられたことから，資産負債アプローチによる利益概念が指向されていたと解釈できる。

　ところが，SFAS130は，公開草案で提案した「1株当たり包括利益」の開示を要請せず（pars. 75 and 77），包括利益を業績指標として捉えていない[31]（par. 66）。このことは，SFAS130が従来と同様に収益費用アプローチに基づく純利益を業績指標として位置づけていることを意味する。したがって，公開草案の公表から基準書の公表過程で，資産負債アプローチから収益費用アプローチに揺れ戻されたと解釈できるわけである。

　このように，FASB概念フレームワーク形成過程，そしてSFAS130公表過程で，利益概念の変容が見受けられるのである。これと類似の動きは，本章で検討したAAA［1957］とAAA［1965a］において，見出すことができる。

　AAA［1957］は，実現を「資産または負債の変動が勘定における認識を正当化するほど十分に確定的かつ客観的になったこと」（p. 538）と定義することで，財務諸表の構成要素の認識規準として位置づけた。さらに，AAA［1957］は，資産を用役潜在力と定義する。その限りにおいて，AAA［1957］は，資産負債アプローチに立脚していると解釈でき，資産と負債の変動に基づいて，期間利益を測定することができる。ところが，AAA［1957］は，資産の測定方法として，「概念的には」割引現在価値が望ましいと認めるが，「実行可能な」測定方法として取得原価を提示することで，資産の定義と測定を分離して

いる。また，AAA［1957］は，収益を「顧客に提供した製品または用役」(p. 540) とフローの側面から捉え，収益と費用の対応に基づいて，期間利益を測定する (p. 540)。つまり，収益認識規準としてのAAA［1957］の実現は，「利益の〔認識〕時点の選定を規定する」(FASB［1976b］, par. 40) 機能を有し，純利益は，企業の効率性を表すのである。したがって，実現概念と資産の定義に関する限り，AAA［1957］は，資産負債アプローチに立脚している，と解釈できるが，認識と測定の問題を具体的に論じるにつれて，収益費用アプローチへ揺れ戻されているわけである。

　AAA［1965a］は，「のれんを除く，すべての資産価値の変動による影響は，それが十分な証拠で裏付けされている限り，勘定で記録すべきである」(p. 312) として，保有損益を認識することを提案する。しかし，AAA［1965a］は，保有損益を認識・測定するが，「『未実現の』資産価値の変動は，報告純利益の算定に含めず，損益計算書の純利益の下に表示すべきである」(p. 312) として，未実現保有損益を利益計算の対象から除外する。すなわち，AAA［1965a］は，保有損益の認識基準と純利益の認識基準（実現）を分離するわけである。AAA［1965a］は，純利益の下に「純利益プラス〔未実現〕保有損益」を表示することを提案することから (pp. 321-322)，AAA［1965a］では，純利益と「純利益プラス〔未実現〕保有損益」という二元的な利益の表示が暗示されている。以上要するに，AAA［1965a］では，保有損益の認識基準と実現基準の分離によって，純利益と「純利益プラス〔未実現〕保有損益」という利益概念の重層化が示唆されている。換言すると，AAA［1965a］において，資産負債アプローチに基づく「純利益プラス〔未実現〕保有損益」と収益費用アプローチに基づく純利益という「全く異質の利益概念の共存」(津守［2002］，141頁) が暗示されていると解釈できるわけである。

　以上のように，FASB概念フレームワークの形成過程とSFAS130公表過程における利益概念の変容と類似の動きを，AAA［1957］とAAA［1965a］で見出すことができる。今日，概念フレームワークは，会計上の「憲法」(FASB［1976a］, p. 2) として位置づけられ，会計基準を設定するときに準拠されてい

る。これは，米国のみならず，アングロ・アメリカン諸国の会計規制に共通する特徴であり，さらにFASB概念フレームワークは，各国の概念フレームワークに大きな影響を与えている[32]。

以上のことを考慮するならば，FASB概念フレームワークの形成過程とSFAS130形成過程で展開された議論の原型は，すでにAAA［1957］とAAA［1965a］の中に見出され，このことは，当時（1950年代後半から1960年代前半）の実現概念の変遷が示唆する現代的意義と言えるであろう。

第6節 お わ り に

本章は，AAA［1957］とAAA［1965a］の実現概念の特徴を整理・分析し，実現概念の変遷が示唆する歴史的含意と現代的意義を明らかにした。1950年代後半から1960年代前半にかけて，会計上の認識領域の拡張が要請される過程で，実現概念とその位置づけは大きく揺れ動き，それに伴って実現の要件も変化した。それにもかかわらず，純利益は経営者の業績指標として捉えられ，実現は一貫して「利益の〔認識〕時点の選定を規定する」（FASB［1976b］, par. 40）機能を担っていたのである。

また，AAA［1957］とAAA［1965a］において，FASB概念フレームワークの形成過程とSFAS130公表過程における利益概念の変容と類似の動きを見出すことができる。すなわち，資産の定義という概念的なレベルでは資産負債アプローチに立脚することができても，認識・測定という会計実務に大きな影響を与える問題が論じられるにつれて収益費用アプローチへ揺れ戻され，最終的には資産負債アプローチと収益費用アプローチによる利益概念の重層化に至ったわけである。

FASBは，金融商品の公正価値評価について検討する過程で，その評価損益の取り扱いを巡って議論を行い，SFAS130を公表した。そのときに，想定される取引や計上項目などに相違は見られるものの，基本的には，SFAS130とAAA［1965a］の利益の計算構造は，一致していると解釈できる[33]（藤井

［1999］，140頁）。このように，1980年代後半以降議論されている金融商品の認識・測定の問題，すなわち公正価値評価と利益測定の問題の原型を，実物資産の市価評価について論じられた1950年代後半から1960年代前半における実現概念の変遷の中に見出すことができるわけである。

現在，FASBとIASBは，業績報告プロジェクトを進めている最中である。IASBは，資産負債アプローチに基づく包括利益のみを開示する業績報告を提案するが（IASB ［2003b, 2003d］），FASBは，収益費用アプローチに基づく「継続事業からの純利益」と資産負債アプローチに基づく包括利益という二元的な利益測定値を開示する業績報告を提案するために（FASB ［2004c］），業績報告を巡って，FASB型とIASB型という「2つの相異なる世界的な潮流が存在する」（辻山 ［2000］，624頁）状況にある。

IASBは，2001年8月に会計基準の収斂を図ろうとするプロジェクトの1つに業績報告プロジェクトを掲げて以降，業績報告について審議を進めているが，未だ討議資料すら公表できていない。このことは，当該プロジェクト開始以降，IASBが首尾一貫して主張する一元的な利益測定値のみを開示する業績報告が受け入れられていないことを示唆している。今日再び，1950年代後半から1960年代前半にかけて実現概念を巡って議論されたことが，形を変えて現れているわけである。

補論　FASB概念フレームワーク形成過程における利益概念の変遷

1960年代から1970年代初頭にかけて，繰延項目をめぐる無原則な会計処理や会計処理方法の選択権の乱用といった会計上の諸問題が発生し，それに対して，数多くの批判がなされた（津守 ［2002］，282頁）。これは，会計原則審議会（APB）が「包括的・全体的アプローチ（comprehensive, over-all approach）」（Storey ［1964］, p. 49）または「概念的アプローチ（conceptual approach）」（Storey ［1964］, p. 49）による会計基準作成の必要性を認めつつも，結局のところ「『ピースミール』アプローチ（"piecemeal" approach）」（Storey ［1964］, p.

49)または「ケース・バイ・ケースアプローチ（case-by-case approach）」(Storey [1964], p. 52)で会計基準を作成せざるを得なかったことに起因する。

そこで，上述の批判の対応策として，FASBが「『プライベート・セクター』の最後の砦」（津守［2002］，144頁）として設立され，「『ケース・バイ・ケース・アプローチ』の否定＝『概念的アプローチ』への転換が必要となったという具体的な状況の中で」（津守［2002］，144頁），FASBは，概念フレームワークプロジェクトに取り組んだわけである[34]。FASBの概念フレームワーク形成過程において，利益概念は大きく揺れ動いた。

本補論では，以下，FASB概念フレームワーク形成過程における利益概念の変遷について，概説する[35]。

1　資産負債アプローチから収益費用アプローチへの後退

FASBは，概念フレームワークプロジェクトに取り組むにあたり，1976年12月にFASB［1976b］を公表した（FASB［1976a］, p. 9）。第1章で確認したように，FASB［1976b］は，貸借対照表と損益計算書の連携を前提とした資産負債アプローチと収益費用アプローチの会計観を記述し，両者の利益概念を併記している。FASB［1976b］は，「財務会計および財務報告のための概念フレームワークの基礎として，資産負債アプローチ，収益費用アプローチ〔……〕のうち，いずれを採用すべきか」(par. 25)と問題を提起し，自由な会計観の選択を読者に委ねている。

ところが，次の2点において，「『資産・負債中心的利益観』〔(資産負債アプローチ)〕への誘導の意図がにじみ出ている」（津守［2002］，158頁）と言わざるを得ない。まず，第1点目は，財務諸表構成要素の定義の順序である。すなわち，まず資産が定義され，その後に負債，持分，利益，収益・費用，利得・損失が定義されている（FASB［1976b］, chaps. 3-5）。当該順序は，第1章で論じたように，資産負債アプローチにおける財務諸表構成要素の定義の順序である。次に，第2点目は，両アプローチの「実質的な相違」として「繰延項目」が指摘されていることである（FASB［1976b］, pars. 48-54）。すなわち，1960年

代後半から1970年代にかけて,収益費用アプローチの主要な特徴である繰延項目が批判され,当該批判に対して,FASB［1976b］では,繰延項目を排除した資産負債アプローチが代替的会計観として提案されているのである。

以上のことから,FASB［1976b］では,資産負債アプローチに基づく利益概念が指向されたと解釈できる。ところが,FASB［1976b］を受けて,1977年12月に公表された公開草案『営利企業の財務報告の基本目的と財務諸表の構成要素』(FASB［1977］)では,資産負債アプローチから収益費用アプローチへと揺り戻しが見受けられるのである。

まず,FASB［1977］において,財務諸表構成要素の定義の順序は,資産,負債,持分,収益・費用,利得・損失,利益となり(FASB［1977］,pars. 47-61),利益が構成要素の定義の最後尾に位置づけられている。すなわち,「利益＝収益－費用＋利得－損失（すべてが同一期間に帰属する）」(FASB［1977］,par. 61)と,利益が収益・費用,利得・損失に基づいて定義されている。次に,「財務諸表上の利益は,企業の利益獲得活動における業績の測定値である。利益の構成要素は,当該期間の企業の達成と,それに費やした努力と周辺的活動の結果,ならびに企業に影響を与える他の事象と環境要因の財務的影響を示すものである」(FASB［1977］,par. 61)と記述されている。このように,FASB［1977］の利益概念は,収益費用アプローチに基づく説明になっており,「『収益・費用中心観』〔(収益費用アプローチ)〕の側にかなり『後退』」(津守［2002］,159頁)していると言えるのである。

本項では,以上,FASB［1976b］とFASB［1977］を概説して,それぞれの利益概念を確認した。FASB［1976b］では資産負債アプローチに基づく利益概念が指向されたものの,FASB［1977］では収益費用アプローチに基づく利益概念の記述となっている。すなわち,FASB［1976b］からFASB［1977］の間で,資産負債アプローチから収益費用アプローチへと揺り戻しが観察されるわけである。

2 利益概念の重層化

　FASBは，1979年12月に公開草案（改訂）『営利企業の財務諸表の構成要素』（FASB［1979b］）を公表した。FASB［1979b］は，「所有者以外の源泉からの取引，その他の事象，そして環境要因から生じる一会計期間における所有者持分（純資産）の変動である」（FASB［1979b］, par. 35）「包括利益」（comprehensive income）という資産負債アプローチに基づく利益概念を新しく提起した。その一方で，「包括利益の重要な中間的測定値または要素」（FASB［1979b］, par. 35 n. 16）として，包括利益とは異なる「稼得利益」（earnings）の存在が示された。しかし，当該利益の概念規定は留保されている（FASB［1979b］, par. 35 n. 16）。

　このように，FASB［1979b］では，資産負債アプローチに基づく包括利益と，それとは異なる稼得利益という利益概念の重層化が示唆されている。FASB［1979b］は，翌年12月に財務会計概念書第3号『営利企業の財務諸表の構成要素』（FASB［1980c］）として公表されるに至ったが，上述の包括利益と稼得利益の規定に変わりはなかった（FASB［1980c］, pars. 56 and 58）。そして，FASBが1983年12月に公表した公開草案『営利企業の財務諸表における認識と測定』（FASB［1983］）で，利益概念の重層化が決定的になった。

　まず，FASB［1983］は，「本ステートメントで記述される稼得利益の概念は，現行実務の純利益に類似する」[36]（par. 34）と，FASB［1979b］（FASB［1980b］）で留保された稼得利益の位置づけを明確にした。さらに，FASB［1983］は，FASB［1979b］（FASB［1980c］）における包括利益の概念規定を踏襲したうえで（par. 39），稼得利益と包括利益の関係について記述している（pars. 41-44）。すなわち，「稼得利益と包括利益は，広範な内訳要素―収益，費用，利得，そして損失―を共有するが，ある種の利得と損失は，包括利益には含まれるが，稼得利益からは除外されるために，同一ではない」（FASB［1983］, par. 41）とする。FASB［1983］は，包括利益には含まれるが，稼得利益には含まれない1項目に，特定の保有損益を挙げている（par. 41（b））。

　このように，FASB［1983］では，資産負債アプローチに基づく包括利益と

収益費用アプローチに基づく稼得利益というように，利益概念の重層化が規定された。そのときに，FASB［1983］では，稼得利益の内訳要素である収益と利得を認識するときに，財務諸表の構成要素の認識規準に加えて，「実現または実現可能」（realized or realizable）と「稼得」（earned）という追加的な規準が要請されるために，稼得利益の認識基準と包括利益の認識基準が区分されているのである[37]。FASB［1983］は，1984年12月に財務会計概念書第5号『営利企業における認識と測定』（FASB［1984］）として公表され，上述の稼得利益と包括利益の関係に変わりはなかった（FASB［1984］, pars. 42-44）。

　本項では，以上，FASB［1979b］（FASB［1980c］）とFASB［1983］（FASB［1984］）を概説して，それぞれの利益概念を確認した。FASB［1979b］（FASB［1980c］）では，資産負債アプローチに基づく包括利益と，それとは異なる稼得利益という利益概念の重層化が示唆された。FASB［1983］（FASB［1984］）は，FASB［1979b］（FASB［1980c］）で留保されていた稼得利益の概念規定を行い，資産負債アプローチに基づく包括利益と収益費用アプローチに基づく稼得利益という利益概念の重層化を図ったわけである。

3　小　　　括

　本補論では，以上，FASB概念フレームワーク形成過程における利益概念の変容について概観した。FASB［1976b］では，「『資産・負債中心観』〔（資産負債アプローチ）〕に立脚して提起されたと考えられる利益概念」（津守［2002］，142頁）が，概念フレームワークプロジェクトの進展に伴い，認識・測定の問題が具体的に検討されるにつれて，資産負債アプローチに基づく包括利益と収益費用アプローチに基づく稼得利益という「全く異質の利益概念の共存」（津守［2002］，141頁）に至ったのである。換言すると，「『収益・費用中心観』〔（収益費用アプローチ）〕に対する社会的批判を背景として出発したはずのSFACシリーズ〔（概念フレームワークプロジェクト）〕が，その到達点に近づくにつれて，一面，遂に『現行の純利益』〔，すなわち収益費用アプローチ〕に回帰せざるを得なかった」（津守［2002］，162頁）のである。

また，FASBの概念フレームワーク上で概念規定されるに留まっていた包括利益が，実際に会計実務として影響を与える会計基準として公表される過程でも，利益概念の変容が観察された。SFAS130の公開草案であるFASB［1996b］は，包括利益を業績指標として位置づけることで，資産負債アプローチによる利益概念を指向したが，SFAS130は，包括利益を業績指標と捉えず，従来と同様に，収益費用アプローチによる利益概念を指向している，と解釈できる。すなわち，FASB概念フレームワーク形成過程と同様に，SFAS130の公表過程においても，資産負債アプローチから収益費用アプローチへの揺り戻しが見受けられたわけである。

1）金融商品の時価評価を論拠づける1つの方法として，実現概念を拡張する方法があり，実現概念の拡張の可能性（瀧田［1996］，藤井［1996a］），あるいは実現概念の拡張の必要性（醍醐［1990］，第1章，広瀬［1995］，第4章）について論じられてきた。そのときに，実現概念の拡張（の必要性）を論じるための1つの手がかりとして，AAA［1957］やAAA［1965a］などが参照され，それらを整理・検討した先行研究は，多数存在する。かかる先行研究の例として，岡村［1990，1991］，可児島［1995］，森川［1996］などが挙げられる。
　　本章は，上述した先行研究と同様に，1950年代後半から1960年代前半における実現概念の変遷を検討するが，先行研究とは異なり，実現概念の変遷が示唆する歴史的含意や現代的意義を明らかにすることを目的としている。
2）Gilman［1939］は，会計公準として企業実体，貨幣評価，会計期間を指摘しているが（pp. 25-26），個々の会計公準を厳密に検討すれば，AAA［1957］の基礎概念は，若干広義に解されている。その詳細については，例えば，新井［1978］，104-106頁，諸井［1958］，46-47頁を参照されたい。
3）ここで連携とは，「共通した一組の勘定と測定値から導かれる利益計算書と財政状態表との相互関連」（FASB［1976b］, par. 72）を意味する。
4）認識には，財務諸表の構成要素として「何」（what）を認識するのかという「何」の問題と当期の利益計算の要素として収益・費用を「いつ」（when）認識するのかという「いつ」の問題の2つがある。認識を「何」の問題と「いつ」の問題の2つに分けて，認識について論じた先行研究として，Johnson and Storey［1982］, pp. 84-86, 徳賀［1990］，31-33頁，藤井［1997］，第9章などがある。
5）AAA［1957］の確定性と客観性について詳細に検討したものとして，Windal［1961a, 1961b］がある。Windalは，客観性を「測定可能性（measurability）」（Windal［1961b］, p. 251），そして確定性を「恒久性（permanence）」（Windal［1961b］, p. 252）と同義に解している。

6) AAA［1957］の実現の要件が抽象的なことに対して，AAA［1957］を公表したメンバーの1人であるW. J. Vatterは，「資産または負債が変動したとき，あるいは収益または費用が発生したとき，より明確なテストを明示することで実現概念に意味をもたせるという決定的な試みが必要である」（Vatter［1962］, p. 662）と批判する。
7) 本項で資産にのみ焦点を当て，負債に検討を加えないのは，AAA［1957］において，負債は，従来のAAA基準書と同様の定義がなされているからである。AAA［1957］は，負債を「過去の活動または事象から生じる企業に対する請求権」（p. 542）と定義し，かかる定義は，それ以前のAAA基準書における負債の定義，例えば，「過去の活動から生じる企業に対する債権者の請求権」（AAA［1948］, p. 342）と変わりはないのである。このことについては，徳賀［1994］，69頁の表1でも同様のことが示されている。
8) 周知のとおり，資産を用役潜在力と定義することは，公式見解としてはAAA［1957］が最初であるが，個人的見解としては，Canning［1929］やVatter［1947］などで，すでに提示されている。18世紀以降の英米の簿記・会計書における資産の定義の変遷については，Wiiliams［2003］を参照されたい。
9) AAA［1957］は，市場取引と同様のものの例として，「発見，贈与または受贈，発生または自然増価の過程，ある契約条件の下で行われる生産」（p. 539）を挙げている。
10) AAA［1957］は，「通常，資産が企業実体に最初に現れるのは，交渉によって成立した条件または金額が文章や市場の資料によって保証される交換取引の結果である」（p. 538）と述べていることから，原初認識時では，企業が実際に市場取引に参加する市場取引が想定されていることが分かる。
11) また，AAA［1957］は，「物価水準変動の調整は，その基礎となる資産の額が客観的に表示されている時にのみ意味がある」（p. 540）と述べている。
12) AAA［1957］は，「取得原価の修正は，〔……〕陳腐化を認識するときに行われる」（p. 539）と述べ，さらに「資産の用役潜在力は，〔……〕陳腐化や顧客需要の変化による経済的減価でも減少」（p. 541）し，「費消原価（expired cost）は，資産の有用性が全面的または部分的に減少したとき〔……〕に認識される」（p. 541）とする。このことから，AAA［1957］は，非貨幣性資産を取得原価で測定することを提案するが，「少なくとも特定の状況下では，棚卸資産は，再調達原価または正味実現可能価額まで適切に切り下げられるであろうことを〔暗〕示している」（Staubus［1958］, p. 19）以上，低価法の採用により評価損の認識については容認していたと解釈できる。
13) AAA［1965a］は，「会計実体と独立した外部実体の間で行われる財貨と用役を交換する取引」（p. 313）を収益取引と呼称する。
14) AAA［1964a］は，「実現は，収益の認識と利益の期間帰属以外に」「資産と持分の記録や表示に用いるかもしれない」とAAA［1957］と同様の実現概念を用いる可能性を示唆したうえで（p. 428），実現概念を資産と持分に適用する「アプローチの下で，リース取引によって財産使用権を獲得した時，資産を貸借対照表上に追加計上することが実施されるのか。同様に，リース債務は追加計上されるのか。両者をどのように

測定するのか。どのように，有形資産とこのような権利を区別するのか」（p. 428）という資産と負債の原初認識に関する重要な問題提起を行った。もしAAA［1965a］が実現を財務諸表の構成要素の認識規準と位置づけるならば，当該報告書は，AAA［1964a］等を前提に公表された以上，当該問題に何らかの答えを示しているはずである。しかしながら，AAA［1965a］は，この問題について何も言及していない。このことからも，AAA［1965a］が実現概念を収益の認識規準と位置づけていることが明らかである。

15) Davidson［1966］は，「従来，測定可能性は，大部分が交換取引で満たされることから，実現テストは，流動性に焦点を当てていた」（p. 102）と指摘する。
16) 委員会の1人のメンバー（H. Bierman, Jr.）は，ほぼ100％の確率で保有資産が市場価格で売却できる状況では，企業自らが市場取引を行わなくても，その利得は実現したとみなすことができるという見解を示している（AAA［1965a］, p. 315）。
17) AAA［1965a］は，「もし未実現保有利得が記録され，表示されることがなければ，本委員会の数人のメンバーは，実現のこのテスト〔（狭義の市場取引の要件）〕を緩めることを好む」（pp. 315-316）と記述している。このことは，AAA［1965a］が実現では保有利得を認識できないが，実現とは異なる規準で保有利得を認識することを意味する（福島［1978］, 73-74頁；山田［1998］, 139頁）。
18) AAA［1965a］が用役提供の程度について検討するのは，AAA［1964a］が実現の研究課題として用役の提供について問題を提起しているからである。AAA［1964a］は，用役提供の問題について以下のことを研究課題として掲げる（pp. 427-428）。
    2．もし通常の場合，販売時に収益または利益が実現され，仮にそれ以外の場合が認められるのであるならば，何を例外として認めなければならないのか。
    3．次の会計実務は，実現概念を満たしているのか，それとも満たしていないのか。
      a) 未収利息または未払利息の時間基準。
      b) 長期請負契約の工事進行基準。
      c) 財貨または用役が提供される以前に回収された地代，利子，手数料，予約金などの期間配分。
    4．割賦販売時に，前受金額の大きさ，支払契約の期間，個人取引の割合などは，実現概念の適用にどのような影響を与えるのであろうか。
19) 決定的事象とは，「一連の営業活動の中で，最も決定的な判断または最も困難な仕事の達成」（Myers［1959］, p. 529）を意味する。
20) AAA［1965a］は，雑誌の予約販売を例に挙げ，予約購読料の現金受領が売り手にとって決定的事象であると指摘する（p. 316）。
21) AAA［1965a］は，用役を提供したが，現金を受領していない状況について，現金回収が比較的短期の場合と，長期の場合の2つに分けている（p. 317）。回収期間が短期の場合は，通常の掛売りと同じことから，販売時点で実現が満たされる。ここでは，回収期間が長期の場合，とくに割賦販売について検討する。
22) AAA［1965a］は，「回収額に実現の金額を関連づけることは，結合収益の配分方法

として，便利ではあるが，必ずしも論理的ではない」(p. 318) と指摘する。
23) AAA [1965a] は，「資産と負債の価値変動」(p. 318) と述べているが，負債について何ら記述していない。そこで，本節で保有損益と記述した場合，とくに断りがない限り，資産の価値変動を意味する。
24) AAA [1965a] は，保有損益を認識・測定する前提である資産の測定方法として，市場性ある有価証券を正味実現可能額，棚卸資産を再調達原価，固定資産を現在原価で測定することを提案する (pp. 320-321)。棚卸資産と固定資産の測定方法は，AAA [1964b, 1964c] の見解を踏まえたものである。
25) 委員会の2人のメンバー (S. Davidson と J. Gray) は，この見解に反対している。S. Davidson は，「営業利益と実現保有利得の合計を実現利益と総称する。実現利益と未実現保有利得の正味増加額の合計が，純利益を構成」(AAA [1965a], p. 322) し，貸借対照表上の「留保利益勘定に純利益の全額を転記する」(AAA [1965a], p. 322) ことを提案する。J. Gray は，「営業利益と保有利得を区別して報告し，その2つを加算して純利益を算定する」(AAA [1965a], p. 322) ことを提案する。ここでは，多数派の見解を AAA [1965a] の見解として位置づけ，以下，検討を続けることにする。
26) AAA は，AAA [1964a] を踏まえて，1965年に「対応概念」報告書 (AAA [1965b]) を公表した。AAA [1965b] も，AAA [1965a] と同様に，保有損益を認識し，実現した時に「市場変動と物価水準変動から生じる〔実現保有〕損益」として純利益の中に含め，営業利益と区別することを提案する (p. 371)。
27) 他方，貸借対照表の株主持分の部では，純利益の累積額が「実現留保利益」(realized retained earnings) として，未実現保有損益の累積額が「未実現保有損益」(unrealized holding gains and losses) として，それぞれ区別されて表示される (AAA [1965a], pp. 321-322)。
28) 当時，保有損益の認識基準と実現概念を分離する考え方は，AAA [1965a] に限定されない。例えば，AAA [1964c] の委員長である C. T. Horngren は，AAA [1965a] と類似の見解を提示している。Horngren [1965] は，「寛大な認識テスト (liberal *recognition* test) と厳格な実現テスト (strict *realization* test)」(p. 325) を提唱し，「価値増加の客観的な測定に足るだけの十分に確定的で検証可能な証拠」(p. 325) を規準とする認識と，それに加えて狭義の「市場取引」(p. 325) と「財貨・用役の提供」(p. 325) を規準とする実現を区分する。その結果，「客観的で検証可能な証拠に裏付けされたあらゆる価値の変動」(Horngren [1965], p. 325) は，「認識されるが，当該資産が保有されているならば，未実現として表示される」(Horngren [1965], p. 325) のである。
29) 米国公認会計士協会 (AICPA) は，1962年に『営利企業のための会計原則試案』(Sprouse and Moonitz [1962]) を公表した。そこでは，実現について「その概念が分析的な正確性を欠いているので，会計の本質的特質として実現を受け入れることができない」(Sprouse and Moonitz [1962], p. 15) と，実現概念が否定された。当該会計原則試案は，当時の GAAP とあまりにも乖離していたために，結局，受け入れら

れなかった。このことは,「実現〔概念〕は,〔……〕利益決定〔……〕における最も重要なコンベンションである」(Storey [1959], p. 238) ことを裏付ける1つの証拠である。

30) FASB概念フレームワーク形成過程における利益概念の変遷については,補論を参照されたい。

31) SFAS130は,「包括利益の報告の目的は,出資者の立場として行う出資者との取引を除く〔……〕企業の持分のあらゆる変動の測定値を報告することである」(par. 11) と規定することから,公開草案と異なり,当該箇所で包括利益は,「企業全体の業績の測定値」として捉えられていないのである (山田 [1999], 122頁)。ここからもSFAS130が包括利益を業績指標として位置づけていないことは明らかである。

32) 例えば,国際会計基準委員会 (IASC) が1989年7月に公表した『財務諸表の作成表示に関する枠組み』(IASC [1989]) や英国の会計基準審議会 (ASB) が1999年12月に公表した『財務報告原則書』(ASB [1999]) などを参照されたい。ASB, FASB, そしてIASC (現在IASB) の概念フレームワークの内容とその特徴については,概念フレームワークに関する研究委員会報告 [2001] を参照されたい。

また,わが国でも企業会計基準委員会から2004年7月に討議資料『財務会計の概念フレームワーク』(企業会計基準委員会 [2004]) が公表され,概念フレームワークを作成する方向に進んでいる。

33) SFAS130の大きな特徴の1つに「再分類調整」(reclassification adjustment) または「リサイクル」(recycling) が挙げられる。これは,当期以前にその他の包括利益として認識された項目が,当期に純利益として認識される場合,包括利益のレベルで利益の二重計上を排除するために,その他の包括利益を加減する調整を指す (SFAS130,par. 18)。

AAA [1965a] では,リサイクルまたは再分類調整などの用語は用いられていないが,それと同じ効果をもたらす処理方法について記述されている。すなわち,「取得原価をベースとする減価償却〔額〕を上回る現在原価の減価償却の超過額は,当該期間の実現保有利得であり,そして未実現保有利得の減少である」(AAA [1965a], p. 322;傍点は,草野)。この「未実現保有利得の減少」は,リサイクルまたは再分類調整を指すものと考えられ,この点においてもAAA [1965a] とSFAS130の利益の計算構造は,基本的に一致すると解釈できるわけである。

34) 米国の概念フレームワークの展開については,例えば,Storey and Storey [1998] やZeff [1999] などを参照されたい。

35) 本補論の記述は,津守 [2002],第6章に多くを負っている。

36) 稼得利益は,「会計方針の変更に伴う累積的影響」を含まない点で,純利益と異なる (FASB [1983], par. 35)。かかる稼得利益と純利益の関係は,FASB [1983] を経て公表された財務会計概念書第5号『営利企業の財務諸表における認識と測定』(FASB [1984]) においても継承されている (FASB [1984], par. 34)。

37) FASB [1984] は,「FASBの概念フレームワークでは,実現と実現可能という用語は,厳密な意味で用いられており,非貨幣性資産の現金または現金請求権への転換ま

たは転換可能性に焦点が合わされている」(par. 83 n. 50) と規定して，認識と実現を明確に区別している。また，FASBが1985年12月に公表した財務会計概念書第6号『財務諸表の構成要素』(FASB [1985]) においても，「実現と認識は，〔……〕同義語として用いられない」(FASB [1985], par. 143) と認識と実現が分離されている。

第3章　米国の包括利益の報告と金融商品会計
―実現の機能の退化と利益概念の一貫性―

第1節　は　じ　め　に

　1970年代後半以降の金融市場の劇的な変化や金融工学の発達に伴って，多種多様な金融商品が出現した。当時の会計基準ではこのような新金融商品に対応することはできず，また基準書それ自体が首尾一貫していなかったために，多くの会計上の諸問題が生じた。FASBは，かかる問題を解決するために，1986年5月に金融商品プロジェクトを発足した（Woods and Bullen［1989］, p. 43；Leisenring *et al.*［1995］, p. 4）。

　金融商品プロジェクトが進展するにつれて，FASBは，金融商品の公正価値評価について本格的に議論し始めた。金融商品を公正価値で評価すれば，その評価損益をどのように表示・報告すべきかという問題が生じる。FASBは，かかる問題に対処するために，1995年9月に包括利益プロジェクトを発足し，その成果として，1997年6月にSFAS130を公表した。

　SFAS130は，「GAAPで純利益の中に含められる項目の特徴，そして本基準書で純利益には含められないが包括利益の中に含められる項目として識別される項目の特徴について，〔包括利益の表示・報告に関連する〕概念的な問題がある」（par. 54）と指摘する。SFAS130は，その問題の一例として，財務諸表上で認識・測定した「要素を純利益またはその他の包括利益に算入する規準」（par. 76）を挙げる。純利益（稼得利益）[1]とその他の包括利益の区分規準は，

個々の会計基準あるいは会計処理を具体的に検討しなければ明らかにならないように思われる。

本章の目的は，金融商品に公正価値評価を導入したSFAS115『負債証券と持分証券に関する投資の会計』とSFAS133『デリバティブとヘッジ活動の会計』[2]を素材として，それらの会計処理に基づいて，SFAS130における利益測定の特徴を明らかにすることである[3]。本章で金融商品の会計基準（会計処理）に着目するのは，金融商品の公正価値評価が包括利益の導入の契機となったからである[4]。

第2節　売却可能証券の会計処理における利益測定

FASBは，貯蓄貸付組合（S&L）危機[5]を契機に，「規制当局等がとりわけ金融機関で保有されている負債証券の投資に関する認識と測定について表明した懸念に応じて」（SFAS115, par. 2），基準書作成に着手し，1993年5月にSFAS115を公表した[6]。本節では，「公正価値会計の適用を拡張する」（SFAS115, par. 1）売却可能証券の会計処理をとりあげて[7]，その利益測定の特徴を明らかにする。

1　SFAS115における実現可能の位置づけ

SFAS115の会計処理で注目すべきは，売買目的証券と売却可能証券の評価損益に対する会計処理が異なることである。すなわち，前者に分類された場合は稼得利益として認識されるが，後者に分類された場合はその他の包括利益として認識される[8]（SFAS115, par. 13）。FASB［1984］は，収益と利得を稼得利益で認識するためには，実現または実現可能を満たさなければならないとする[9]（par. 83）。それでは，売却可能証券の評価損益が稼得利益ではなく，その他の包括利益として認識されるのは，実現または実現可能を満たしていないからなのであろうか。本項では，以下，その点について簡単に確認する。

FASB［1984］は，実現を「収益と利得は，製品（財貨または用役），商品，

またはその他の資産が現金または現金請求権に交換される」(par. 83 (a)) ことと定義する。また，FASB [1984] は，実現可能を「収益と利得は，取得あるいは所有している資産が容易に既知の現金額または現金請求権に転換される」(par. 83 (a)) ことと定義し，容易に転換可能な資産を「価格に著しい影響を及ぼすことなく，当該企業が所有している資産を即時に吸収できる活潑な市場において入手可能な（ⅰ）互換可能（代替可能）単位と（ⅱ）上場〔市場〕価格をもっている」(par. 83 (a)) 資産と捉える[10]。そして，市場性ある有価証券に実現可能の規準を適用することによって，その利得または損失は，当該資産の価格変動時に稼得利益として認識されるのである（FASB [1984]，par. 84 (e)）。

周知のように，SFAS115以前の有価証券の会計基準は，1975年12月に公表されたSFAS12『特定の市場性ある有価証券の会計』であった。SFAS12は，流動資産に分類される市場性ある持分証券の評価損を当該期間の稼得利益で認識する一方で，固定資産に分類される市場性ある持分証券の評価損を株主持分の独立項目で認識することを要請した[11]（par. 11）。SFAS12は，両者の間で会計処理が異なる理由として，流動資産に分類される市場性ある持分証券の評価損は今にも実現しそうであるが，固定資産に分類される持分証券の評価損は「一時的」(temporary) であると指摘する (pars. 29 (b) and 30)。そしてFASB [1984] は，SFAS12の見解を踏襲して，固定資産に分類される市場性ある持分証券の評価差額を稼得利益ではなく包括利益として認識する (pars. 42 (b) and 50)。

このように，FASB [1984] において，市場性ある有価証券の評価損益は，実現可能の適用によって稼得利益として認識される一方で，固定資産に分類される市場性ある持分証券の評価差額は，SFAS12の見解を踏襲して稼得利益として認識されないのである。ここで，FASB [1984] の実現可能の定義を考慮するならば，「固定資産に分類された有価証券であっても市場性がある限りは実現可能性規準を満たしているという解釈が成り立ちうる」（辻山 [1998]，11頁）。したがって，FASB [1984] は，実現可能を稼得利益の認識規準として

位置づけるものの，ある項目が実現可能を満たしたからと言っても，そのすべてが稼得利益として認識されるわけではないのである。

SFAS115は，SFAS12に負債証券を含め，評価方法を修正したものである（pars. 5 and 35）。そのときに，SFAS12とSFAS115の持分証券の定義と範囲に変わりはないので（SFAS115, pars. 47-48），SFAS12で規定された持分証券の一部は，SFAS115の売却可能証券に含まれる（SFAS115, par. 82）。つまり，売却可能証券の中に市場性ある有価証券も含まれるので，その評価損益は実現可能の規準を満たしていると解釈できる。

以上のことから，FASB［1984］は，実現または実現可能を稼得利益の認識規準とするが，売却可能証券の評価損益は，実現可能の規準を満たしていても稼得利益ではなく，その他の包括利益として認識される。換言すると，稼得利益とその他の包括利益の区分規準は，実現可能で説明することはできないのである。

2　売却可能証券の会計処理における利益測定の特徴

SFAS115は，「負債証券または持分証券の保有期間に渡る公正価値の変動〔……〕は，企業の経済的資源を用いて収益を最大化する経営者の意思決定とその成功度合を評価する基準（benchmark）を提供する。かかる成功または失敗は，〔……〕その事象（すなわち，金利の変動）が生じる期間に財務諸表上で反映されるべきである」（par. 78）とし，満期保有目的以外の有価証券の評価損益を当該期間の利益計算の対象に含めることを要請する。それにもかかわらず，SFAS115は，売却可能証券の評価損益をその他の包括利益として認識する。それでは，なぜ売却可能証券の評価損益はその他の包括利益として認識されるのであろうか。本項では，以下，当該会計処理の根拠を整理した後に，売却可能証券の公正価値評価における利益測定の特徴を明らかにする。

（1）売却可能証券の会計処理の根拠

企業，とりわけ金融機関は，通常，金融資産と金融負債の調整を通じて金利リスクを管理するために（SFAS115, pars. 49 and 93），「ある種の〔金融〕資産

のみを公正価値で評価し，その関連する〔金融〕負債を公正価値で評価しないと，報告利益〔である純利益（稼得利益）〕に不適切な変動性（volatility）」(SFAS115, par. 57) が生じる。FASBは，かかる公正価値会計に対する批判を考慮して，「売却可能証券の未実現保有損益を稼得利益から外して〔その他の包括利益として〕報告する」(SFAS115, par. 57) ことを要請した。

このように，売却可能証券の会計処理は，金融負債との関係が重視されて規定されているために，金融負債との関係が重要になる。そのときに，SFAS115は，売却可能負債証券と金融負債に関係があることを想定する(pars. 49, 51, 54, 56, 60 and 82)。つまり，SFAS115において，売却可能持分証券と金融負債の関係は想定されていないのである。

企業（経営者）は，市場金利の変動，期限前償還リスクの変動，手元流動性の充足，あるいは為替リスクの変動等に対応するために，リスク管理目的で売却可能負債証券を保有する (SFAS115, pars. 60 and 82)。経営者は，ALM (asset-liability management) で金利リスクを管理するときに，売却可能負債証券を保有するわけである。そのときに，売却可能負債証券への「投資から生じる未実現保有損益が稼得利益で報告される一方で，その関連する負債から生じる未実現保有損益が稼得利益で報告されないと，〔……〕経営活動の管理方法と企業全体に対する経済事象の影響は〔稼得利益に適切に〕反映されない」(SFAS115, par. 93) のである[12]。なぜならば，経営者は，金融資産と金融負債のデュレーションなどを考慮して，金融資産と金融負債の価値変動に係る「ナチュラル・ヘッジ」(natural hedge) の関係を形成する以上 (Scott [2003], p. 220)，金融資産（売却可能負債証券）の公正価値変動額のみが稼得利益として認識されると，当該金融資産に係る金利リスクの変動のみが稼得利益に反映されるからである。

以上要するに，経営者がALMで金利リスクを管理するために，売却可能負債証券だけが公正価値で評価され，その評価損益が稼得利益として認識されると，金利リスク管理に係る成果は，稼得利益に適切に表示されないのである。したがって，売却可能負債証券の評価損益をその他の包括利益として認識すれ

ば，稼得利益の中に金利リスク管理の成果を反映しない要素は含まれず，金利リスク管理の成果は，稼得利益に適切に反映されると考えられるのである。

(2) 売却可能証券の会計処理における利益測定の特徴

SFAS115は，まず取得時に有価証券を満期保有目的，売買目的，そして売却可能に分類することを要求し (par. 6)，それぞれのカテゴリーに対して，異なる会計処理を要請する。

そのときに，市場性ある債券でも，売買目的で保有すれば市場価格変動リスクが発生し，将来キャッシュ・フローは確定していないが，満期まで保有すれば，市場価格変動リスクは発生するものの，将来キャッシュ・フローは確定している。このように，「市場で同じ評価を得ている有価証券でも，経営者がそれをいかなる目的で保有しているかで，その成果である将来CF〔(キャッシュ・フロー)〕の金額，発生パターン，リスク等は異なるはずである」(徳賀[2002a]，52頁)。したがって，有価証券の保有目的によって，経営者が期待する将来キャッシュ・インフローの流列のパターンは異なると考えられる。

有価証券の保有目的，すなわち経営者の意図によって，SFAS115の会計処理は異なるが，そのときに，「異なる取〔り〕扱いを行う前提としての分類に関してのみ経営者の意図が決定的に重要視されているかのごとく見えるけれども，実は，これだけにとどまらず，経営者の意図を会計計算〔(期間利益の測定)〕を行う上での仮定として会計処理の全体に積極的に反映させているものと考えられる」(佐藤[2001]，22頁)のである。つまり，SFAS115の会計処理では，経営者が期待する将来キャッシュ・インフローの流列のパターンは，有価証券の分類を通じて，利益測定プロセスに反映されていると解釈できるわけである。

以上のことから，売却可能負債証券は，金融負債とともに金利リスク管理目的で用いられるが，かかる経営者の意図や，それを反映した経営者の将来に関する期待は，当該証券の評価損益をその他の包括利益として認識することで，稼得利益に反映されると考えられる。したがって，従来から稼得利益には経営者の業績指標としての役割が期待されているが，売却可能証券を公正価値で評

価しても，かかる役割は，依然として稼得利益に期待することができると言えるであろう。そのときに，有価証券の保有目的に基づく区分が，取引時点における経営者の「将来の期待に関する要素」（Boulding [1962], p. 53）を利益に反映するための前提となっており，実現可能は，有価証券の評価損益を稼得利益として認識するのか否かの規準として用いられないのである。

　本節では，以上，売却可能証券の会計処理における利益測定の特徴について検討した。売却可能証券の会計処理における利益測定の特徴として，従来と同様に稼得利益に経営者の業績指標としての役割が期待されること，そして稼得利益にかかる役割が期待されるときに，実現可能が稼得利益の認識規準として機能していないことを指摘することができる。ただし，本節でのかかる結論は，金融負債との関係が想定されている売却可能負債証券にのみ該当し，それとの関係が想定されていない売却可能持分証券には該当しない。その限りでは，本節での結論は，売却可能負債証券に限定したものだと言わざるを得ない[13]）。

第3節　キャッシュ・フロー・ヘッジ会計における利益測定

　FASBの金融商品プロジェクトの中で，とりわけ時間を要し難航した議題の1つに「デリバティブとヘッジ活動の会計」がある。そこでは，とくにヘッジ目的のデリバティブに焦点が当てられ，ヘッジ会計の適用可能範囲，その処理方法等が議論された（Adams [1995]; FASB [1993, 1996a]; Montesi and Lucas [1996]）。FASBは，その成果として，1998年6月にSFAS133を公表した。本節では，ヘッジ会計の中でもキャッシュ・フロー・ヘッジ会計に焦点を当て，その利益測定の特徴を明らかにする。本節でキャッシュ・フロー・ヘッジ会計に着目するのは，それが包括利益の導入の契機となったからである。

1　キャッシュ・フロー・ヘッジ会計の構造

　SFAS133は，キャッシュ・フロー・ヘッジ会計に「繰延アプローチ[14]

(deferral approach)」(Bierman et al. [1991], pp. 25-27 and 104-109) を採用し，ヘッジ手段の損益をその他の包括利益で認識する会計処理を要請した[15] (par. 30)。ただし，すべてのヘッジ手段の損益がその他の包括利益として認識されるわけではなく，ヘッジ手段の損益のうち，ヘッジに有効な部分のみがその他の包括利益として認識される (SFAS133, par. 30 (b))。そして，もしヘッジに有効でない部分があれば，当該部分は，稼得利益で認識される[16] (SFAS133, par. 30 (c))。本項では，以下，会計期間をヘッジ期間中とヘッジ終了時以降に区分して，キャッシュ・フロー・ヘッジ会計において，稼得利益とその他の包括利益の区分規準として実現または実現可能が用いられているのか否かについて確認する[17]。

(1) ヘッジ期間中の利益測定の構造

上述したように，FASBのキャッシュ・フロー・ヘッジ会計を実施するためには，ヘッジ手段の損益をヘッジに有効な部分とヘッジに有効でない部分に区分する必要がある。すなわち，1つのストックの変動を2つのストックの変動に分割しなければならない。そして，ヘッジに有効な部分はその他の包括利益として認識され，ヘッジに有効でない部分は稼得利益として認識される。このことは，稼得利益とその他の包括利益の区分規準が実現または実現可能で説明できないことを意味する。なぜならば，FASB [1984] の実現または実現可能の定義では，あるストックの変動全体が実現（実現可能）を満たしている，あるいは満たしていないとは言えても，ストックの変動の一部は実現しており，他の一部は未実現であるとは言えないからである。

また，SFAS133は，ヘッジの有効性を評価するときに，ヘッジ開始時からの累積期間でヘッジの有効性を評価する「累積アプローチ」(cumulative approach) を採用する (pars. 380-381)。累積アプローチでヘッジの有効性を評価すれば，累積その他の包括利益と留保利益は，それぞれヘッジに有効な部分とヘッジに有効でない部分を反映する。そのために，ある期にヘッジに有効な部分とみなされて累積その他の包括利益で認識されたものが，次期以降にヘッジに有効でない部分とみなされて留保利益で認識される場合がある。このよう

な場合には，稼得利益を増加し，同時にその他の包括利益を減少させなければならない。その一方で，ある期にヘッジに有効でない部分とみなされて留保利益で認識されたものが，次期以降にヘッジに有効な部分とみなされて累積その他の包括利益で認識される場合もある。このような場合には，稼得利益を減少し，同時にその他の包括利益を増加させなければならない。

このように，累積アプローチを採用すれば，ヘッジ開始時から累積してヘッジの有効性を評価するために，稼得利益の増加（減少）とその他の包括利益の減少（増加）といった調整が行われる。ここで注目すべきは，当該調整がヘッジ手段の損益の実現・未実現とは何ら関係がないことである。稼得利益とその他の包括利益間で調整が行われるのは，累積その他の包括利益にヘッジに有効な部分を反映させるためであり，ヘッジ手段に指定したデリバティブを決済したからではない。

以上要するに，稼得利益とその他の包括利益の区分規準は，実現（実現可能）で説明することはできないのである。すなわち，FASBのキャッシュ・フロー・ヘッジ会計を実施するためには，ヘッジ手段の損益をヘッジに有効な部分とヘッジに有効でない部分に分割する必要があり，当該区分は，ヘッジ手段の損益の実現・未実現と無関係である。また，ヘッジの有効性を評価するときに，累積アプローチが採用されるために，稼得利益とその他の包括利益間で調整が行われるが，当該調整を実現（実現可能）で説明することはできないのである。

(2) ヘッジ終了時以降の利益測定の構造

SFAS133は，「予定取引」[18]（forecasted transaction）で資産を取得するときに，繰り延べたヘッジ手段の損益で取得資産の簿価を修正する「簿価修正」（basis adjustment）を容認しない（par. 376）。SFAS133が簿価修正を容認しないのは，包括利益の期間報告の歪み，そして原初認識時に公正価値以外の測定値を簿価とすることを回避するためである[19]（par. 376）。そこで，商品の予定購入をヘッジした場合には，当該商品が売上原価に反映されるときに，そして償却資産の予定購入をヘッジした場合には，当該資産の減価償却費が計上され

るときに,それぞれ繰り延べたヘッジ手段の損益は,稼得利益に「リサイクル」(recycling) されるのである (SFAS133, pars. 31 and 377)。

このように,その他の包括利益で繰り延べられたヘッジ手段の損益は,ヘッジ対象の損益が稼得利益に影響を与える会計期間に稼得利益として認識される。予定購入取引の場合,ヘッジ手段に指定したデリバティブは決済されているにもかかわらず,ヘッジ手段の損益は,ヘッジ対象の損益が稼得利益に影響を与える会計期間まで,累積その他の包括利益で繰り延べられる。換言すると,ヘッジ終了時にヘッジ手段の損益は,実現を満たしているにもかかわらず,稼得利益として認識されないのである。予定購入取引の場合,稼得利益へのリサイクルは,ヘッジ手段の損益が実現を満たしたために行われるわけではない。FASB [1984] が稼得利益の認識規準として実現を要求するために,SFAS52『外貨換算』の外貨換算調整勘定とSFAS115の売却可能証券の評価損益は,実現時にその他の包括利益から稼得利益へリサイクルされるが,SFAS133の予定購入取引に係るヘッジ手段の損益は,ヘッジ対象の損益が稼得利益に影響を与えるときにリサイクルされるのである。

以上要するに,予定購入取引の場合,ヘッジ手段の損益は,実現を満たしているにもかかわらず稼得利益として認識されず,ヘッジ対象の損益が稼得利益に影響を与えるときに稼得利益へリサイクルされるのである。すなわち,稼得利益とその他の包括利益の区分規準は,実現(実現可能)で説明することはできないのである。

2　キャッシュ・フロー・ヘッジ会計における利益測定の特徴

前項では,FASBのキャッシュ・フロー・ヘッジ会計の構造を概観し,実現または実現可能が稼得利益とその他の包括利益の区分規準として機能していないことを確認した。それでは,なぜキャッシュ・フロー・ヘッジ会計において,稼得利益とその他の包括利益の区分規準が実現または実現可能性で説明することができないのであろうか。本項では,以下,キャッシュ・フロー・ヘッジ会計が必要とされる根拠を整理した後に,当該会計における利益測定の特徴

を明らかにする。

(1) キャッシュ・フロー・ヘッジ会計の根拠

　キャッシュ・フロー・ヘッジとは，将来キャッシュ・フローがある特定のリスクにさらされている場合，そのリスクに起因する将来キャッシュ・フローの変動をヘッジ対象に指定したときに，当該変動をヘッジ手段の損益で固定することである。ヘッジ手段には，通常，デリバティブが指定される。一方，ヘッジ対象には，変動利子付債務の将来支払利息に代表される認識済み資産または負債に係る将来キャッシュ・フローの変動，あるいは将来に予定されている購入や販売といった予定取引に係る将来キャッシュ・フローの変動が指定される（SFAS133, par. 28）。それでは，以下，ヘッジ対象を認識済み資産または負債と予定取引を区別して，キャッシュ・フロー・ヘッジ会計が必要とされる理由について簡単に確認する。

　まず，変動利子付債務の支払利息を金利スワップでヘッジした場合について考えてみよう[20]。変動利子付債務の支払利息の変動は，金利スワップの決済によって固定される。金利スワップの公正価値は，金利スワップの決済によって将来に期待されるキャッシュ・フローを現在価値に割り引いたものなので，金利スワップの公正価値変動額（評価損益）は，将来の損益を先取りしたものである。そこで，同一会計期間において，変動利子付債務の支払利息の変動額と金利スワップの評価損益は，直接的に対応するものではない。もし金利スワップの評価損益が稼得利益として認識されると，変動利子付債務の支払利息の変動を固定するというヘッジ活動の成果は，稼得利益に適切に反映されない。なぜならば，当該利息の変動を固定するものは，金利スワップの決済であって，金利スワップの評価損益ではないからである。したがって，金利スワップの評価損益をその他の包括利益として認識すれば，稼得利益の中にヘッジ活動の成果を反映しない要素は含まれないのである。

　次に，償却資産の予定購入をデリバティブでヘッジした場合について考えてみよう。償却資産の予定購入に係るキャッシュ・アウトフローの変動は，デリバティブの決済によって固定される。SFAS133のように簿価修正が行われな

い場合，償却資産の予定購入に係るキャッシュ・アウトフローの変動部分は，購入以後の減価償却費に反映される。そこで，もしデリバティブの評価損益が稼得利益として認識されると，償却資産の予定購入に係るキャッシュ・アウトフローの変動を固定するというヘッジ活動の成果は，稼得利益に適切に反映されない。なぜならば，デリバティブの評価損益（ヘッジ手段の損益）と予定購入資産の減価償却費（ヘッジ対象の損益）が同一の会計期間で認識されて始めて，ヘッジ活動の成果が財務諸表上で反映されるからである。したがって，デリバティブの評価損益をその他の包括利益として認識すれば，稼得利益の中にヘッジ活動の成果を反映しない要素は含まれないのである。

以上のように，キャッシュ・フロー・ヘッジの関係が成立しているときに，ヘッジ手段とヘッジ対象に通常の会計処理を行えば，ヘッジ手段とヘッジ対象の損益は異なる会計期間で認識され，ヘッジ活動の成果は財務諸表上で適切に表示されない。そこで，ヘッジ手段とヘッジ対象の損益を同一の会計期間で認識する特別な手続き，すなわちキャッシュ・フロー・ヘッジ会計を容認することによって，キャッシュ・フローの変動を固定するというヘッジ活動の成果は，財務諸表上に適切に反映されるのである[21]。

(2) キャッシュ・フロー・ヘッジ会計における利益測定の特徴

あるヘッジ活動を行ったときに，ヘッジ手段とヘッジ対象に対して通常の会計処理を行えば，かかる損益が異なる会計期間で認識されるために，それらを同一の会計期間で認識する特別な手続きが，ヘッジ会計である[22]。ヘッジ手段の損益とヘッジ対象の損益を同一の会計期間で認識することは，「マッチング」(matching) と称されることもある (IASC [1997], chaps. 6-7)。「金融商品に関して，マッチングは，〔歴史的原価会計における「対応」(matching) と〕やや異なる意味を有する」(IASC [1997], chap. 6 par. 4.2) ことが指摘されているが，マッチングと歴史的原価会計における対応（配分）は，果たしてその特徴が異なるのであろうか。

まず，歴史的原価会計の対応（配分）の特徴について見てみよう。第1章で検討したように，歴史的原価会計において，「原価配分は，〔……〕期待要素

〔である将来キャッシュ・インフローの流列〕のパターンに従う」(Gellein [1955], p. 58) ために,「費用の多くの要素は,実際に〔経営者の〕将来の期待に関わっている」(Boulding [1962], p. 53)。したがって,「費用の収益への対応」(FASB [1976b], par. 40) を通じて,経営者の将来に関する期待は,利益の中に反映されるのである。

次に,キャッシュ・フロー・ヘッジ会計について見てみると,経営者は,ヘッジ活動を実施するに先立ち,将来キャッシュ・フロー(の流列)とその変動を予測する必要がある。すなわち,経営者は,ある特定のリスクにより将来キャッシュ・フローが変動にさらされていると予測したときに,キャッシュ・フロー・ヘッジを行い,当該変動を固定する。そのときに,キャッシュ・フロー・ヘッジ会計が容認されることによって,ヘッジ手段とヘッジ対象の損益が同一の会計期間で認識され,ヘッジ活動の成果が財務諸表上で適切に反映される。したがって,ヘッジ手段の損益とヘッジ対象の損益のマッチングを通じて,将来キャッシュ・フローの変動を固定するという経営者の将来に関する期待は,利益の中に反映されると解釈できる。

このことから,キャッシュ・フロー・ヘッジ会計のマッチングは,歴史的原価会計の対応(配分)と同様に,経営者の将来に関する期待の要素が利益測定プロセスに反映するときに重要な役割を果たしていると言えるわけである[23]。そのときに,ヘッジ手段とヘッジ対象の損益を同一の会計期間で認識するために,ヘッジ手段の損益は,その他の包括利益で繰り延べられる。しかし,すべてのヘッジ手段の損益がその他の包括利益として認識されるわけではなく,ヘッジに有効な部分のみがその他の包括利益で繰り延べられるのである。つまり,ヘッジ手段の損益のうちヘッジに有効でない部分は,稼得利益として認識される。

このように,FASBのキャッシュ・フロー・ヘッジ会計を実施するためには,ヘッジの有効性を評価する必要がある。ヘッジの有効性を評価する考え方に「期間アプローチ」(period-by-period approach) と累積アプローチがある (SFAS133, pars. 380-381)。上述したように,累積アプローチとは,ヘッジ開始

時からの累積期間でヘッジの有効性を評価する考え方である。これに対して，期間アプローチとは，各々の会計期間を独立して捉えてヘッジの有効性を評価する考え方である（SFAS133, pars. 380-381）。ヘッジ終了時以降に，ヘッジ手段とヘッジ対象の損益を適切にマッチングさせるためには，ヘッジ終了時に，ヘッジに有効な部分を累積その他の包括利益で適切に繰り延べておく必要がある。

　それでは，累積アプローチと期間アプローチを比較すると，ヘッジ終了時には，前者の方が後者よりも適切にヘッジに有効な部分を累積その他の包括利益で繰り延べられる（SFAS133, par. 381）。なぜならば，累積アプローチは，ヘッジの全期間を１つの投資プロジェクトと捉え，ヘッジの有効性を評価するからである。したがって，SFAS133は，ヘッジの有効性を評価するときに，期間アプローチではなく，累積アプローチを採用する（par. 381）。その結果，ヘッジ終了時以降，ヘッジに有効なヘッジ手段の損益は，ヘッジ対象の損益が稼得利益へ影響を与える会計期間に稼得利益へリサイクルされるために，ヘッジ活動の成果は，財務諸表上に適切に反映されると考えられるわけである。

　以上のことから，ヘッジ終了時にヘッジ活動の成果を適切に財務諸表上に反映させるために，ヘッジに有効なヘッジ手段の損益は，その他の包括利益で繰り延べられ，ヘッジ対象の損益が稼得利益に影響を与える会計期間に稼得利益へリサイクルされる。つまり，将来キャッシュ・フローの変動を固定するという経営者の意図や，それを反映した経営者の将来に関する期待は，キャッシュ・フロー・ヘッジ会計の容認と累積アプローチの採用によって，稼得利益に反映されると考えられる。したがって，従来から稼得利益には経営者の業績指標としての役割が期待されているが，キャッシュ・フロー・ヘッジ会計においても，かかる役割は，依然として稼得利益に期待することができる。そのときに，ヘッジに有効なヘッジ手段の損益とヘッジ対象の損益を同一の会計期間で認識することによって，将来キャッシュ・フローの変動を固定するという取引時点における経営者の「将来の期待に関する要素」（Boulding［1962］, p. 53）が利益に反映され，実現（実現可能）は，デリバティブの評価損益を稼得利益で

認識するのか否かの規準として用いられないのである。

本節では，以上，キャッシュ・フロー・ヘッジ会計における利益測定の特徴について検討した。キャッシュ・フロー・ヘッジ会計における利益測定の特徴として，従来と同様に稼得利益に経営者の業績指標としての役割が期待されること，そして稼得利益にかかる役割が期待されるときに，実現または実現可能が稼得利益の認識規準として機能していないことを指摘することができる。

第4節　SFAS130における利益測定の特徴

本章では，以上，SFAS115の売却可能証券の会計処理とSFAS133のキャッシュ・フロー・ヘッジ会計における利益測定の特徴について検討してきた。本節では，前節までの検討を踏まえて，SFAS130における利益測定の特徴の一端を明らかにしたい。

1　原則的なFASB金融商品会計の処理方法

FASBの概念フレームワークは，基本的には，資産負債アプローチを採用すると言われている（津守［2002］）。資産負債アプローチの認識と測定のプロセスは，基本的には，次のように整理できる。まず，原初認識時と決算認識時に資産と負債の定義を満たしているか否かの確認が行われる。次に，決算時にストックの価値変動が認識され，資産と負債の差額である純資産の純増価額（ただし，資本取引は除く）として，期間利益が測定される（德賀［2001，2002b］）。以下，本項では，FASB金融商品会計の原則的な処理方法について確認する。

まず，FASBは，認識を「ある項目を資産，負債，収益，費用またはこれらに類するものとして，企業の財務諸表に正式に記録するかまたは記載するプロセスである」（FASB［1984］, par. 6）として，認識規準の1つに財務諸表の構成要素の定義を掲げる（FASB［1984］, par. 63）。FASBは，資産を「将来の経済的便益」，そして負債を「将来の経済的便益の犠牲」と定義する（FASB［1985］, pars. 25 and 35）。

SFAS133の公表以前において，株式，債券，貸付金や借入金といった伝統的な金融商品は，資産または負債の定義を満たすために財務諸表上で認識されていたが，多くのデリバティブは，オフ・バランス項目として取り扱われていた（SFAS133, par. 219）。SFAS133は，「デリバティブは〔FASB［1985］の〕資産または負債の定義を満たす権利または義務を表す」（pars. 3 (a), 217 (a) and 218）ことから[24]，すべてのデリバティブを財務諸表上で認識することを要請した。このように，デリバティブは，伝統的な金融商品と同様に，FASB［1985］の資産または負債の定義に基づいて，財務諸表上で認識されることになった。

　FASBは，金融商品を財務諸表上で認識した後に，「公正価値は，金融商品に対して最も目的適合的な測定値であり，そしてデリバティブに対しては唯一の目的適合的な測定値である」（SFAS133, pars. 3 (b), 217 (b) and 220）ことを根拠に，原則として有価証券とデリバティブを公正価値で評価することを要請する。そして，SFAS115は，「負債証券と持分証券の保有期間に渡る公正価値の変動〔……〕は，〔……〕その事象（すなわち，金利の変動）が生じる期間に財務諸表上で反映されるべきである」（par. 78）として，有価証券の評価損益を利益計算の対象に含めることを要請する。また，SFAS133は，「公正価値の変動から生じる損失または利得は，財務諸表上で認識されるべきである。ところが，当該損失または利得は，〔……〕資産または負債の本質的な特質を有していないために，単独の資産または負債ではない」（par. 229）と指摘する。このことから，SFAS133は，デリバティブの評価損益を原則として利益計算の対象に含めることを要請していると解釈できる。

　以上要するに，有価証券とデリバティブは，まず原初認識時と決算認識時に資産または負債の定義を満たしているか否かが確認される。次に，当該金融商品は，決算時に原則として公正価値で再評価され，その評価損益は，利益計算の対象に含められる。つまり，FASBは，有価証券とデリバティブに対して，原則として「資産および負債の定義とそれらの変動に基づいて」（FASB［1976b］, par. 209）利益測定を行うことを要請するわけである。

2 SFAS130における利益測定の特徴

　前項では，FASBは，決算時に金融商品を公正価値で評価し，その評価損益を稼得利益（純利益）に認識することを要請していることを確認した。ところが，売却可能負債証券とキャッシュ・フロー・ヘッジのヘッジ手段として指定されたデリバティブは，決算時に公正価値で評価されるものの，基本的には，その評価損益はその他の包括利益として認識される。つまり，一部の金融商品の評価損益は，稼得利益として認識されず，当該期間の利益計算の対象に含められないのである。本項では，以下，売却可能負債証券とキャッシュ・フロー・ヘッジの会計処理に焦点を当て，SFAS130における利益測定の特徴を明らかにする。

　それでは，売却可能負債証券とキャッシュ・フロー・ヘッジの会計処理の根拠について，ごく簡単に振り返っておこう。まず，売却可能負債証券について見てみると，売却可能負債証券と金融負債はともに金利リスク管理に用いられることが想定されている。そのときに，売却可能負債証券のみを公正価値で評価し，その評価損益を稼得利益で認識すると，「著しく変動性が増大し，したがって経営活動の管理方法と企業全体に対する経済事象の影響は〔稼得利益に適切に〕反映されない」(SFAS115, par. 93)。そこで，売却可能負債証券は，公正価値で評価されるものの，その評価損益は，その他の包括利益として認識されるわけである。

　次に，キャッシュ・フロー・ヘッジのヘッジ手段として指定されたデリバティブについて見てみよう。キャッシュ・フロー・ヘッジの関係が成立しているときに，通常の会計処理を行うと，ヘッジ手段は公正価値で評価されるが，ヘッジ対象は当該期間の認識の対象として取り扱われないので，ヘッジ手段とヘッジ対象の損益は異なる会計期間で認識される。その結果，キャッシュ・フロー・ヘッジの成果が財務諸表上で反映されない。そこで，キャッシュ・フロー・ヘッジのヘッジ手段として指定されたデリバティブは，公正価値で評価されるものの，ヘッジ対象の損益が稼得利益に影響を与える会計期間まで，ヘッジ手段の損益は，その他の包括利益として認識されるわけである。

このように，売却可能負債証券の評価損益とキャッシュ・フロー・ヘッジのヘッジ手段として指定されたデリバティブの評価損益は，金利リスク管理の成果またはヘッジ活動の成果を稼得利益に反映させるために，その他の包括利益として認識される。その結果，取引時点の経営者の将来に関する期待が稼得利益に反映されるために，従来と同様に，稼得利益に経営者の業績指標としての役割が期待されるのである。

　ここで注目すべきは，上述の金融商品において，金融商品の評価損益（ストックの変動）と利益の測定（フローの測定）が区分されていることである。すなわち，ストックの変動とフローの測定は，異なる認識規準で処理されているのである。まず，ストックの変動は，FASB［1984］の基本的な認識規準，すなわち資産と負債の定義とそれらの測定可能性に照らして認識・測定され，包括利益の1項目として取り扱われる。包括利益は，稼得利益（純利益）とその他の包括利益から構成される。

　FASBの概念フレームワークでは，ストックの変動がその他の包括利益として認識される規準は，FASB［1984］の基本的な認識規準と共通であるが，それが稼得利益として認識されるためには，さらに実現または実現可能であるのか，そして稼得されたのかという「追加的な（優先される）規準」（徳賀［2003］，36頁）を満たさなければならない（FASB［2002a］, p. 2）。それ故に，実現または実現可能が稼得利益とその他の包括利益の区分規準として重要な役割を果たすわけである。

　ところが，前節までの検討で明らかなように，売却可能負債証券とキャッシュ・フロー・ヘッジのヘッジ手段として指定されたデリバティブにおいて，実現（実現可能）は，稼得利益とその他の包括利益の区分規準として機能していないのである。その理由として，売却可能負債証券であれば金融負債との関係，そしてキャッシュ・フロー・ヘッジのヘッジ手段として指定されたデリバティブであればヘッジ対象との関係が重視されて，会計処理が規定されていることが考えられる。つまり，当該金融商品のみで会計処理が規定されていないのである。したがって，売却可能負債証券とキャッシュ・フロー・ヘッジのヘ

ッジ手段として指定されたデリバティブの評価損益が実現または実現可能の規準を満たしていたとしても,稼得利益(純利益)として認識されないのである[25]。

ここで,歴史的原価会計の利益測定プロセスを振り返ると,歴史的原価会計の期間利益は,通常,「費用の収益への対応」(FASB [1976b], par. 40) によって測定されるために,「収益の認識時点〔……を〕選定〔する実現〕が利益の〔認識〕時点の選定を規定する」(FASB [1976b], par. 40)。また,前章で論じたように,AAA [1965a] は,おもに実物資産を市価で評価し,その未実現「保有損益を勘定で認識しかつ報告すること」(p. 319) を勧告するが,その一方で伝統的な実現概念に近い実現を「純利益の算定テスト」として採用する(p. 322)。

このように,従来から実現概念には,当期の利益計算に帰属する項目を選定する機能が期待されているのである。このことを踏まえるならば,上述の金融商品において,実現(実現可能)が「利益の〔認識〕時点の選定を規定する」(FASB [1976b], par. 40) 機能を担っていないことは,SFAS130における利益測定の1つの特徴であると言えるであろう[26]。そして,当該金融商品に実現(実現可能)が稼得利益とその他の包括利益の区分規準として採用されないのは,実現(実現可能)では,金利リスクの管理の成果またはヘッジ活動の成果が稼得利益に反映されないからである。そこで,SFAS115とSFAS133では,金融商品の保有目的によって異なる会計処理が規定され,そのことで経営者の将来に関する期待が利益の中に反映されると考えられるのである。

以上要するに,売却可能負債証券とキャッシュ・フロー・ヘッジの会計処理では,歴史的原価会計と同じように,「利益の中に常に〔経営者の〕将来の期待に関する要素」(Boulding [1962], p. 53) が含まれ,稼得利益に「一会計期間の業績の測定値」(FASB [1984], par. 34) または「企業と経営者の業績指標」(Storey and Storey [1998], p. 150) としての役割が期待されるものの,歴史的原価会計とは異なり,利益を測定するときに実現(実現可能)が用いられないのである。つまり,上述の金融商品に関する限り,SFAS130では,歴史的原価会計と同様に,利益の中に経営者の将来に関する期待が反映されるものの,

歴史的原価会計の「基本的な測定プロセス」(FASB [1976b], par. 39) を支える実現は、その機能を果たしていないと言えるわけである。

3　小　　括

本節では、以上、売却可能負債証券とキャッシュ・フロー・ヘッジの会計処理を素材として、SFAS130における利益測定の特徴について検討した。金融商品は、原初認識時と決算認識時に資産または負債の定義を満たしているか否かが確認され、原則として公正価値で評価される。そして、その評価損益は、利益計算の対象として取り扱われる。つまり、金融商品は、「資産と負債の定義とそれら〔ストック〕の変動に基づいて」(FASB [1976b], par. 209) 利益が測定されるために、その点に関する限り、FASB金融商品会計は、資産負債アプローチに立脚していると言える。

ところが、売却可能負債証券とキャッシュ・フロー・ヘッジのヘッジ手段に指定されたデリバティブでは、ストックの変動に基づいて利益が測定されず、利益測定のレベルにおいて、資産負債アプローチは貫徹されていないのである。なぜならば、当該金融商品のストックの変動だけでは、金利リスク管理の成果またはヘッジ活動の成果が稼得利益（純利益）に反映されないからである。そこで、ストックの変動とフローの測定を区分することによって、取引時点の経営者の将来に関する期待の要素が利益計算に反映され、稼得利益（純利益）は、従来と同様に経営者の業績指標としての役割が期待されるのである。しかし、かかる特質を有する利益を測定するときに、実現（実現可能）は、従来から担ってきた機能、すなわち当期の利益計算に帰属する項目を選定する機能を果たしていないのである。

以上のことから、売却可能負債証券とキャッシュ・フロー・ヘッジの会計処理を素材としたときのSFAS130における利益測定の特徴として、従来と同様に稼得利益（純利益）に経営者の業績指標としての役割が期待されること、そして稼得利益（純利益）にかかる役割が期待されるときに、実現または実現可能が稼得利益の認識規準として機能していないことを指摘することができる。

つまり，利益概念の一貫性を確保するために，実現の機能が退化している，と言えるわけである。

ただし，本章では，FASB［1984］の実現または実現可能の定義に準拠して，純利益（稼得利益）とその他の包括利益の区分規準を分析したために，上述した結論が導かれるのである。もちろん，実現（実現可能）の定義を変更すれば，本章の結論が変わることは言うまでもない。しかし，本章では，稼得利益（純利益）に経営者の業績指標としての役割が期待されるために，実現（実現可能）が稼得利益の認識規準として機能していないことを指摘しているのであり，実現（実現可能）を巡って，概念フレームワークと会計基準間に齟齬があることを，表面的に論じたわけではない。

また，本章では，金融商品の会計処理（の一部分）を取り上げたに過ぎず，したがってSFAS130の対象となるすべての項目に対して，先述した利益測定の特徴が該当するのかについて，さらに慎重な検討が必要である。その点は，今後の課題として残されている。しかし，金融商品の公正価値評価が包括利益の導入の契機となったことを踏まえるならば，本章では，SFAS130における利益測定の特徴の一側面を明らかにしたと言えるであろう。

第5節　お わ り に

本章は，SFAS115の売却可能証券の会計処理とSFAS133のキャッシュ・フロー・ヘッジ会計を素材として，SFAS130における利益測定の特徴について検討した。有価証券とデリバティブは，原初認識時と決算認識時に資産または負債の定義を満たしているか否かが確認され，原則として決算時に公正価値で評価され，当該評価損益は利益計算の対象に含められる。すなわち，資産と負債の定義とそれらの変動に基づいて，期間利益が測定されるのである。

しかしながら，売却可能負債証券とキャッシュ・フロー・ヘッジのヘッジ手段として指定されたデリバティブは，決算時に公正価値で評価されるものの，その評価損益は，稼得利益ではなく，その他の包括利益として認識される。そ

れは，当該金融商品のストックの変動が経営者の業績指標として位置づけられないからである。その結果，稼得利益には，歴史的原価会計と同様に経営者の業績指標としての役割が期待される。ところが，歴史的原価会計において，実現は，当期の利益計算に帰属する項目を選定する機能を担っていたが，売却可能負債証券とキャッシュ・フロー・ヘッジの会計処理において，実現（実現可能）は，当該機能を有していないのである。

以上要するに，売却可能負債証券とキャッシュ・フロー・ヘッジの会計処理を素材としたときのSFAS130における利益測定の特徴として，従来と同様に稼得利益に経営者の業績指標としての役割が期待されること，そして稼得利益にかかる役割が期待されるときに，実現または実現可能が稼得利益の認識規準として機能していないことを指摘することができる。つまり，実現の機能の退化と利益概念の一貫性である。

SFAS130は，純利益（稼得利益）とその他の包括利益の間に概念的な問題があるとし（par. 54），当該問題の一例として，純利益とその他の包括利益の区分規準を掲げた（par. 76）。純利益（稼得利益）は，「GAAPの適用によって得られ，そしてある特定の時期の会計実務によって決定される」(Storey and Storey [1998], p. 152) ために，概念的に「定義できない」(Storey and Storey [1998], p. 152) 利益である。本章の検討結果を踏まえるならば，純利益とその他の包括利益の区分規準に関する概念的な問題を解決するためには，実現概念の是非も含め，数多くのことを検討する必要がある[27, 28]。

1) 純利益に含まれ，稼得利益に含まれない項目として「会計方針の変更に伴う累積的影響」(FASB [1984], par. 34) がある。このように純利益と稼得利益は，本来は異なるものである。しかし，本章の議論ではかかる差異は重要性がないものと思われるので，両者を同一のものとして取り扱うことにする。
2) FASBは，2000年6月にSFAS133を一部修正したSFAS138『特定のデリバティブとヘッジ活動の会計』，そして2003年4月にSFAS149『デリバティブとヘッジ活動に係るSFAS133の修正』を公表した。本章の検討に関する限り，SFAS133で十分であると考えられるので，本章では，SFAS133を中心に検討する。
3) SFAS130は，それ以前に株主持分の独立項目に直接計上していた項目をその他の包括利益として認識することを要請し（par. 17），純利益にその他の包括利益を加減し

たものを包括利益と総称する（pars. 10 and 15）。SFAS130は，包括利益に対して「1株当たりの利益」（earnings par share）の開示を要請していないことからも明らかなように（pars. 75 and 77），包括利益を業績指標として捉えていない（par. 66）。このことは，従来と同様に稼得利益（純利益）が業績指標として位置づけられていることを意味する。したがって，純利益に含められないその他の包括利益は，業績指標として捉えられず，「いわば利益であって利益でない調整項」（斎藤［1998］，25頁）である以上，利益計算の対象として取り扱うことはできない。そこで，本章で利益計算と言う場合，とくに断りがない限り，稼得利益（純利益）の算定を意味する。

4）本章の目的は，金融商品の公正価値評価を前提として，そこでの利益測定の特徴を明らかにすることである。したがって，本章では，実物資産の会計処理（原価評価）と金融商品の会計処理（公正価値評価）はどのように体系的に位置づけられるのか，あるいは位置づけられないのかという問題について論じない。当該問題については，石川［2000, 2002a, 2002b, 2003］と笠井［2000］などで詳細に検討されているので，参照されたい。

5）1980年代に発生したS&L危機は，1980年代前半の第1次S&L危機と1980年代後半の第2次S&L危機の2つに区分することができ，それぞれ発生原因が異なっている。S&L危機の詳細については，Margavio［1993］などを参照されたい。

6）SFAS115の公表経緯については，浜本［1996, 1997］，星野［1998］，澤邉［1998］，第4章，田中［1999］，補論，Young［1995］などを参照されたい。また，FASBがSFAS115を作成する過程を詳細に記述したものとして，Johnson and Swieringa［1996a］がある。

7）金融機関は，SFAS115公表以前に，売買目的証券をすでに公正価値で評価し，その評価損益を稼得利益で認識していた（FASB［1984］, par. 42 n. 26；SFAS115, par. 91）。SFAS115が「本基準書は金融機関の会計処理に限定されるべきではない」（par. 101）と述べていたことを考慮すると，売買目的証券の会計処理は，すでに金融機関で実施されている「現行の会計実務と首尾一貫した」（SFAS115, par. 91）会計処理をFASB基準書として追認したものと解釈できる（大日方［1995］, 218頁）。このように，売買目的証券の会計処理がある意味で自明のことであると理解するならば，「公正価値会計の適用を拡張する」（SFAS115, par. 1）というSFAS115の記述は，売却可能証券を想定したものと考えられる。

8）SFAS115の公表時，売却可能証券の評価損益は株主持分の独立項目として認識されていた。ところがSFAS130は，株主持分の独立項目で直接計上されていた項目をその他の包括利益で認識することを要請したために，売却可能証券の評価損益もその他の包括利益で認識されることとなった（par. 17）。

9）FASB［1984］は，稼得利益の認識規準として実現または実現可能の他に，「稼得」もその要件として要請する（par. 83）。ただし，FASB［1984］は，「利得は，通常，『稼得プロセス』を伴わない取引その他の事象から生じ，利得を認識するためには，一般に実現または実現可能という要件の方が稼得したという要件よりも重要である」（par. 83（b））と指摘する。本章の議論では，稼得プロセスは重要性がないと思われ

るので，ここでは稼得利益の認識規準として稼得を考慮しない。
10) このように，「FASBの概念フレームワークでは，実現と実現可能という用語は，〔……〕非貨幣性資産の現金または現金請求権への転換または転換可能性に焦点が合わされている」(FASB [1984], par. 83 n. 50) のである。本章で実現または実現可能と記述するときは，とくに断りがない限り，FASB [1984] と同義で用いることにする。
11) SFAS12のかかる会計処理は，「市場性ある持分証券について特別な会計実務を有しない業種に属する企業」に適用される (SFAS12, pars. 7-13)。SFAS12は，「市場性ある持分証券について特別な会計実務を有する業種に属する企業」については，「本基準書は，〔……，一部を除き〕あらゆる業種の特別な会計実務を変更しない」(par. 14) と述べる。
12) FASBは，SFAS115公表時に金融負債に公正価値評価を導入するか否かについてかなりの議論を行った。まず，FASBは，負債証券とヘッジ関係のある負債を識別する方法として「比例アプローチ (*pro rata* approach)，単純プールアプローチ (simplified pool approach)，指定アプローチ (designation approach)」(Johnson and Swieringa [1996a], p. 167) について検討したが，「多くの企業は，特定の金融資産と特定の金融負債で〔部分的に〕金利リスクを管理せず，すべての金融資産とすべての金融負債で総合的に金利リスクを管理するために，どの負債が公正価値で報告される負債証券に関係があると考えるべきかを識別することは困難である」(SFAS115, par. 51) と結論づけた。次に，銀行や貯蓄機関の「預金債務」(deposit liability) をどのように評価すべきかについて見解が分かれた (SFAS115, par. 52)。つまり，「コア預金に係る無形資産」(core deposit intangible) を預金債務の公正価値評価に含めるか否かについて，見解を統一することができなかった (SFAS115, par. 52)。

　以上のように，FASBは，金融資産と「特定の関係がある〔金融〕負債を識別し，その識別された〔金融〕負債の公正価値を算定する適用可能なアプローチを開発することができなかった」(SFAS115, par. 54) ために，SFAS115で金融負債の公正価値評価の導入を断念したわけである。
13) FASBは，SFAS12の公開草案では，流動と固定の分類にかかわらず，すべての市場性ある評価損益を当該期間の利益計算に反映することを提案した (SFAS12, par. 30)。しかしFASBは，「長期投資の時価変動額は利益に含まれるべきではなく，そうすることは投資家に理解されない歪みをもたらしうる」(SFAS12, par. 30) という懸念を考慮して，SFAS12では固定資産に分類される市場性ある有価証券の評価損を株主持分の独立項目で認識することを要請した。SFAS115は，売却可能証券の評価損益をその他の包括利益で認識することで，「長期投資の公正価値の変動を稼得利益で報告する懸念を緩和する」(par. 94) と述べるが，かかる見解はSFAS12を踏襲したものと思われる。
14) 繰延アプローチとは，ヘッジ手段を公正価値で評価する場合，ヘッジ手段の損益をヘッジ対象の損益が稼得利益（純利益）に影響を与える会計期間まで繰り延べるヘッジ会計の手法である。Bierman *et al.* [1991] は，繰延アプローチのことを「繰延ヘッ

ジ会計」(deferral hedge accounting) とも言い，各々を同義に用いている。ただし，そのときに，Bierman *et al.* [1991] がヘッジ対象とヘッジ手段に係る損益の表示方法を取り扱っていないことに注意する必要がある (p. 9 n. 7)。例えば，予定取引のヘッジ会計に繰延ヘッジ会計，より正確には「全部繰延ヘッジ会計」(full-deferral hedge accounting) を適用すると言った場合，ヘッジ手段の損益を資産または負債として貸借対照表上で繰り延べる会計処理に限定されることが多い (Johnson *et al.* [1994]; Johnson and Swieringa [1996b]; SFAS133)。本章では，上述の会計処理に限定されないので，繰延ヘッジ会計ではなく，繰延アプローチと記述する。

15) ヘッジ会計には，繰延アプローチのほかに，「時価アプローチ」(mark-to-market approach) または「時価ヘッジ会計」(mark-to-market hedge accounting) がある (Bierman *et al.* [1991], pp. 27-30 and 103-104)。時価アプローチとは，ヘッジ手段を公正価値で評価する場合，ヘッジ対象を認識し，公正価値で評価するヘッジ会計の手法である。キャッシュ・フロー・ヘッジ会計に時価アプローチを採用すれば，資産または負債の定義を満たさない項目が貸借対照表上で認識され，概念フレームワークに抵触する。そのために，キャッシュ・フロー・ヘッジ会計では，時価アプローチが採用されないと考えられる。

16) SFAS133は，ヘッジ手段の損益がヘッジ対象の損益を上回るオーバー・ヘッジについては，ヘッジに有効でない部分として稼得利益で認識するが，ヘッジ手段の損益がヘッジ対象の損益を下回るアンダー・ヘッジについては，もし当該部分を稼得利益で認識すれば「デリバティブに係る存在しない利得または損失をその他の包括利益で繰り延べて，稼得利益で存在しない損失または利得を認識する」(par. 379) ことから，アンダー・ヘッジに係るヘッジに有効でない部分は稼得利益で認識しないと決定した (par. 380)。

17) FASBのキャッシュ・フロー・ヘッジ会計の具体的な構造については，本書末の参考資料1を参照されたい。

18) 予定取引とは，「確定約定」(firm commitment) ではないが，将来発生することが期待される取引である (SFAS133, par. 540)。ここで，確定約定とは，取引量，取引価格，そして取引日時を含む，あらゆる重要な諸条件が確定し，そして履行をほぼ確実にするほど，不履行に対して十分に大きな抑止力を有する契約であるために，当事者間を拘束し，通常は法的拘束力を有する契約を意味する (SFAS133, par. 540)。したがって，予定取引とは，まだ契約を締結していない，報告企業の経営者の予定に過ぎない取引と言える。

19) その一方でSFAS133は，公正価値ヘッジ会計のヘッジ対象の属性として，公正価値以外の測定値を採用する。これは，公正価値ヘッジ会計において，SFAS133がヘッジされるリスクにのみ帰属する損益を繰り上げて認識し，ヘッジ対象の簿価を修正することを要請するからである (par. 363)。公正価値ヘッジに係るヘッジ対象の測定属性は，FASB [1984] で提示される測定属性以外のものとなり，したがってキャッシュ・フロー・ヘッジ会計と公正価値ヘッジ会計の間で整合性がとれていないのである。

20) 変動利子付債務の支払利息を金利スワップでヘッジするケースにおけるFASBのキャッシュ・フロー・ヘッジの会計処理については，本書末の参考資料2を参照されたい。
21) FASBは，SFAS133の公開草案では，予定取引の予定日にその他の包括利益で繰り延べたヘッジ手段の損益を稼得利益にリサイクルすることを提案した（SFAS133, par. 374）。ところが，当該会計処理は，ヘッジ手段に指定されたデリバティブの損益が予定取引の稼得利益への影響としばしば対応せず，稼得利益に変動性が生じることから，コメントの回答者は公開草案に反対した（SFAS133, par. 375）。回答者は，ヘッジ対象の損益が稼得利益に影響を与える同一の会計期間に，ヘッジ手段の損益を稼得利益で認識することを支持した（SFAS133, par. 375）。
22) ヘッジ会計が必要とされるのは，ヘッジ対象とヘッジ手段の間に，「認識上の差異」(recognition difference)，「測定上の差異」(measurement difference)，そして「発生・存在上の差異」(occurrence and existence difference) が存在するからである (Adams and Montesi [1995], pp. iii–iv ; Johnson and Swieringa [1996b], pp. 114–116)。つまり，これらの差異は，金融商品に公正価値会計を導入することだけで単純に解決することはできず，それ故にヘッジ会計が必要とされるのである（斎藤 [1996, 1999]）。
23) また，歴史的原価会計における対応（配分）とは，基本的には，過去のキャッシュ・アウトフローを，当該支出に基づき期待されるキャッシュ・インフローが実現したときに，当該期間に割り当てることで各期間の費用を認識する手続きである。キャッシュ・フロー・ヘッジ会計において，ヘッジ手段の損益をヘッジ対象の損益と同一の会計期間で認識するときに，基本的には，ヘッジ手段に指定したデリバティブは決済されている。つまり，キャッシュ・フローは確定しているのである。この点に関しても，キャッシュ・フロー・ヘッジ会計のマッチングは，歴史的原価会計の対応（配分）と同様の特徴を有すると言えるであろう。ただし，キャッシュ・フロー・ヘッジ会計の場合，デリバティブの価格変動の動向により，ヘッジ手段の損失のみならず，利得の認識も含まれることに注意する必要がある。
24) SFAS133は，具体的に「現金，他の金融資産，あるいは非金融資産を受領することでデリバティブをゲイン・ポジションで決済する能力は，将来の経済的便益に対する権利〔……〕である。同様に，ロス・ポジションでデリバティブを決済するために必要な現金，金融資産，あるいは非金融資産の支払いは，将来に資産を犠牲にする証拠〔……〕である」(par. 219) と述べ，デリバティブが資産または負債の定義を満たすとする。
25) また，公正価値ヘッジ会計では，時価アプローチが採用されるために，ヘッジされるリスクに帰属するヘッジ対象の損益は，実現（実現可能）を満たしていなくても稼得利益（純利益）として認識される。つまり，公正価値ヘッジ会計においても，実現（実現可能）は，稼得利益の認識規準として機能していないのである。これは，公正価値ヘッジに係るヘッジ対象とヘッジ手段として指定されたデリバティブの関係が重視されて，公正価値ヘッジの会計処理が規定されているからである。

26) 前章で検討したAAA［1965a］の利益計算の構造は，基本的には，SFAS130の包括利益の計算構造と一致すると言われている（藤井［1999］，140頁）。ところが，実物資産のストックの変動とフローの測定の区分を念頭において議論されたAAA［1965a］では純利益の認識規準として実現が維持される一方で，金融商品のストックの変動とフローの測定の区分を念頭において議論されたSFAS130では純利益（稼得利益）の認識規準として実現（実現可能）が機能していないのである。
27) FASBは，2002年6月からIASBと共同で「収益認識」プロジェクトに取り組んでいる（FASB［2004b］；IASB［2003a］）。FASBは，当該プロジェクトの開始を提案するときに，今後取り組む課題として，FASB［1984］が稼得利益（純利益）の認識規準として追加的に要請する実現（実現可能）と稼得を削除すべきか否か，そして稼得利益の概念とその関連する認識規準を削除すべきか否かを掲げている（FASB［2002a］，p. 8）。そして，それは，現在，FASBが取り組んでいる「営利企業の財務業績の報告」プロジェクトと密接に関連する問題でもある（FASB［2002a］，p. 5）。

さらに，FASBは，2002年10月に『米国基準設定に対する原則基準アプローチの提案』（FASB［2002b］）を公表し，会計基準の設定に「原則基準アプローチ」（principle-based approach）を適用することを提案した（FASB［2002b］，p. 10）。FASBは，FASB［2002b］で概念フレームワークの改定を提起し（FASB［2002b］，pp. 5-6），概念フレームワークの改定と関連するプロジェクトの1つに収益認識プロジェクトを挙げている（FASB［2003a］）。

このように，純利益（稼得利益）とその他の包括利益の区分規準に関する問題は，「認識規準という『ミクロ会計政策』次元の問題にとどまらず，『マクロ会計政策』次元の問題」（津守［2003］，18頁）にまで及び，したがって当該問題を概念的に解決するためには，多くのことを議論する必要がある。
28) 企業会計基準委員会［2004］は，純利益を特定の会計期間中に「リスクから解放された投資の成果」（p. 17, par. 9）と定義し，「包括利益のうち，投資のリスクから解放されていない部分を，その他の包括利益」（p. 18, par. 12）と捉えている。企業会計基準委員会［2004］では，「リスクからの解放」に基づいて，純利益とその他の包括利益が区分されており，当該問題に対する1つの解決策が提示されている。

第4章 「G4 + 1特別報告書」と金融商品会計
―実現概念の放棄と利益概念の変容―

第1節 は じ め に

　証券監督者国際機構（IOSCO）は，IASCによるコア・スタンダードの完成を受けて，2000年5月に国際会計基準（IAS）を承認した（IOSCO [2002]）。IASCは，さらなる会計基準の国際的調和化を目指し，2001年4月にIASBへと改組した。IASBは，会計基準の国際的な収斂（convergence）を目標に（IASC Foundation [2002]），現在，多くのプロジェクトに取り組んでいる。

　IASBは，2001年8月に会計基準の収斂を図ろうとするプロジェクトの1つに「業績報告」プロジェクトを掲げ，英国の会計基準審議会（ASB）と共同で審議を進めてきた。また，FASBも2001年10月に「営利企業の財務業績の報告」を議題に設定し，議論を行っている。このように，FASBとIASBは，業績報告プロジェクトに取り組み，改革を進めている最中である。

　もともとFASBとIASBの業績報告プロジェクトは，独立して審議されていた。ところが，現在，FASBとIASBは，業績報告についてジョイント・ワーキング・グループを形成し，当該分野で国際的調和化を目指している（FASB [2004c]；IASB [2004]）。その背後には，FASBとIASBが2002年10月に発表した「ノーウォーク合意」（The Norwalk Agreement）がある。このことを踏まえると，IASBの業績報告プロジェクトは，今後の業績報告の展望を見据えるうえで，重要な意味を持つものと考えられる。

IASBは，その前身であるIASCとアングロ・アメリカン諸国の会計基準設定機関から構成されるG4＋1が公表した2つの報告書（以下，「G4＋1特別報告書」と記述する）を基礎にして，業績報告プロジェクトに取り組んでいる[1]。「G4＋1特別報告書」は，IASBの業績報告を巡る議論の出発点として位置づけられ，さらに業績報告について公開草案が公表されていない現時点において，今後の業績報告の展開を考えるときの，貴重な資料になるものと考えられる。

　「G4＋1特別報告書」は，「ワーキング・グループを構成する諸国や〔会計〕基準設定機関で〔現在〕使用されている，あるいは現在提案されている認識と測定のシステム内で財務業績（financial performance）の報告に焦点を当てて」(Johnson and Lennard [1998], par. 1.2) 検討したために，明示的には認識と測定の問題について論じておらず，表示と報告の問題を中心に論じている。しかし，金融商品を公正価値で評価すれば，その評価損益をどのように認識・測定すべきかという問題が生じる。このことは，FASBがキャッシュ・フロー・ヘッジの会計処理と包括利益の報告を同時に審議したことにも端的に現れている。このように，認識・測定の問題と表示・報告の問題は関連し，両者を切り離して論じることはできないのである。

　本章の目的は，「G4＋1特別報告書」が提案した業績報告について，認識・測定の観点から検討することである。本章では，金融商品の会計処理（予定取引のヘッジ会計）を素材として，「G4＋1特別報告書」における利益測定の特徴を明らかにする。

第2節　「G4＋1特別報告書」の概要とその特徴

　G4＋1は，会計基準の国際的調和化の中で重要な位置づけを占める業績報告について，1998年に『財務業績の報告：現状と展望』（Johnson and Lennard [1998]）を公表し，その成果を踏まえて，1999年に『財務業績の報告：提案されたアプローチ』（Cearns [1999]）を公表した[2]。本節では，以下，Johnson and Lennard [1998] で比較検討された業績報告を概説した後に，そのおもな

相違点についてさらに詳しく考察する。

1　G4＋1が比較検討した4つのアプローチの概要

Johnson and Lennard［1998］は，1つの財務業績計算書で財務業績を報告する方法として，異なる4つのアプローチを比較検討した（chap. 5）。その4つのアプローチは，それぞれアプローチA，B，C，そしてDと記述され，その一般的特徴は，図表4-1のように整理することができる。

上記の図表4-1に記載された4つのアプローチの相違は，財務業績を報告するときに，業績の観点が一元的であるのか，あるいは二元的であるのかによって基本的に整理することができる。ここでいう財務業績とは，「G4＋1特別報告書」が定義する「所有主との取引から生じる持分の変動を除く，認識済み（記録済み）のあらゆる持分の変動」（Johnson and Lennard［1998］, par. 1.13）を意味する[3]。本項では，以下，業績の観点に着目して，4つのアプローチの特徴について簡単に確認する。

まず，業績の観点が二元的である，すなわち「二元観」（dual perspective）とは，財務業績計算書で2つの異なる業績の見解を表示する考え方である（Johnson and Lennard［1998］, n. 23）。つまり，二元観は，業績の1つを「稼得された」，「実現した」，あるいは適切に「対応した」「稼得・実現・対応利益」[4]

図表4-1　G4＋1が比較検討したアプローチの特徴

アプローチ	一般的特徴			
	業績の観点が一元的または二元的か	伝統的な測定値である「稼得・実現・対応利益」の報告	使用される報告様式の種類	使用される主要な区分の数
A	二元的	する	多欄式	2
B	二元的	する	調整式	2
C	一元的	しない*	伝統的	2
D	一元的	しない	伝統的	3

＊しかしながら，伝統的な稼得・実現・対応利益にある点で類似する利益の修正値は報告される。

（出所：Johnson and Lennard［1998］, p. 32 figure 1）

(earned-realised-matched income) の測定値に焦点を当て，他の１つを「伝統的な」利益の測定値には含まれない項目も追加的に含める「包括的な」利益の測定値（財務業績の総額）に焦点を当てる（Johnson and Lennard [1998], pars. 5.6, 5.8 and 5.16）。ここで，二元観では稼得・実現・対応利益に焦点が当てられるので，二元観を採用するアプローチAとBでは，伝統的な利益測定値が財務業績計算書上で報告される。

　一方，業績の観点が一元的である，すなわち「一元観」(single perspective) とは，財務業績計算書で１つの業績の見解しか表示しない考え方である（Johnson and Lennard [1998], n. 23）。つまり，一元観は，稼得・実現・対応利益に限定されない包括的な測定値にのみ焦点を当てる（Johnson and Lennard [1998], pars. 5.21-5.22）。したがって，一元観では「稼得・実現・対応利益を反映する情報が，財務諸表の注記，あるいは財務報告の他の場所で代わりに報告される」(Johnson and Lennard [1998], par. 5.22) ことから，一元観を採用するアプローチCとDでは，伝統的な利益測定値が財務業績計算書上で報告されない[5]。

　また，業績の観点は，各々のアプローチで使用される報告様式にも影響を与える。一元観を採用するアプローチCとDは，伝統的な報告様式を採用することができるのに対して，二元観を採用するアプローチAとBは，それを採用することができない（Johnson and Lennard [1998], par. 5.4）。二元観では，業績の１つとして稼得・実現・対応利益に焦点を当てるので，リサイクルが必要になる。リサイクルとは，「財務業績計算書で一度認識された財務業績の項目を次期以降に別の要素で再び認識する」(Cearns [1999], par. 4.16) ことなので，かかる会計処理の結果を伝統的な報告様式で表示することはできない。したがって，アプローチAでは「多欄様式」(multicolumn format) が採用され，アプローチBでは「調整様式」(reconciliation format) が採用されるわけである（Johnson and Lennard [1998], pars. 5.12 and 5.15）。

　さらに，業績の観点は，財務業績の主要な要素の区分にも関連する。アプローチAとBは，二元観を採用するために，稼得・実現・対応利益と包括的な利

益測定値という二元的な業績を表示する。したがって，アプローチAとBにおける財務業績の要素は，稼得・実現・対応利益（実現項目）とそれ以外の損益（未実現項目）の2つに区分される。また，一元観を採用するアプローチCとDでは，財務業績の要素を区分する規準として実現が用いられないので，財務業績の要素は，実現項目と未実現項目に区分されない。アプローチCは，財務業績の要素を2つに区分するが，流動資産・負債と密接に関連する損益と非流動資産・負債と密接に関連する損益に区分する（Johnson and Lennard [1998], par. 5.28）。アプローチDは，他のアプローチとは異なり，財務業績の要素を3つに区分する。すなわち，財務業績の要素を「営業活動」(operating activity) の損益，「資金調達およびその他の財務活動」(financing and other treasury activity) の損益，そして「その他の損益」(other gains and losses) の3つに区分する[6]（Johnson and Lennard [1998], par. 5.37）。

Johnson and Lennard [1998] で比較検討された4つのアプローチの特徴は，以上のように業績の観点から整理することができる。当該報告書は，異なる4つのアプローチを比較検討した結果，次のような結論を下した。G4+1のワーキング・グループのメンバーは，各々のアプローチに長所もあれば，短所もあることに合意し，どのアプローチも全員一致で支持しなかった（Johnson and Lennard [1998], par. 5.44）。しかし，グループの実質的多数派は，アプローチDを概念的理想として明確に選好した（Johnson and Lennard [1998], par. 5.45）。G4+1は，Johnson and Lennard [1998] で提案されたアプローチDを前提として，残された問題について検討を続け，その成果としてCearns [1999] を公表した。

2　一元観と二元観の相違

前項では，業績の観点から，Johnson and Lennard [1998] が比較検討した4つのアプローチを整理した。この4つのアプローチは，一見すると，財務業績の表示・報告の違いに映るかもしれない。事実，アプローチAとBは報告様式が異なり，そしてアプローチCとDは財務業績の要素の区分が異なることか

ら，それぞれのアプローチの相違は，財務業績の表示・報告の問題と捉えることができるであろう。しかし，業績の観点の違いは，果たして財務業績の表示・報告の問題のみに留まるのであろうか。本項では，以下，業績の観点に焦点を当てて，一元観と二元観の間には決定的な違いがあることを明らかにする。

一元観と二元観について再確認すると，二元観では，「異なる2組の認識規準が採用され，各々の〔業績の〕見解に対して1組の認識規準が用いられる」(Johnson and Lennard [1998], n. 23)。二元観は，業績の1つとして実現・稼得・対応利益に焦点を当てるので，実現が認識規準として用いられる。ここで，ある項目が伝統的な利益測定値以外の包括的な利益測定値として報告されたとすると，当該項目は，実現したときに，初めに報告された要素から稼得・実現・対応利益に振り替えられる。このように，二重計上を排除するために行われる手続きは，「再分類調整」(reclassification adjustment) またはリサイクルと呼称される (Johnson and Lennard [1998], par. 5.15)。つまり，「リサイクルは，〔……〕（異なる2組の認識規準が用いられる）二元観〔……〕で財務業績を報告する当然の帰結である」(Johnson and Lennard [1998], par. 2.21)。

一方，一元観では，財務業績「計算書で1つの業績の見解しか表示されない」(Johnson and Lennard [1998], n. 23)。そのときに，一元観は，「財務業績のあらゆる項目は，その関連する期間に一回限りしか財務業績計算書で報告されるべきではない」(Johnson and Lennard [1998], par. 5.21) ことを前提とする。一元観は，あらゆる財務業績の項目をその発生期間に一回限りしか報告しないので，「ある財務業績の項目が，複数の会計期間に渡って報告されることであると一般的に定義される」(Cearns [1999], par. 4.1) リサイクルと相容れないわけである。

このように，業績の観点は，リサイクルと密接に関連する。リサイクルとは，「財務業績計算書で一度認識された財務業績の項目を次期以降に別の要素で再び認識する」(Cearns [1999], par. 4.16) ことである以上，一元観または二元観とは，単なる財務業績の表示・報告の問題に留まらず，認識・測定の問題

であることが明らかになる。Cearns [1999] は，リサイクルを行うか行わないかについて，「『貯蔵庫』アプローチ」('holding tank' approach) と「要素アプローチ」(component approach) という2つの考え方があることを指摘する[7] (chap. 4)。

まず，「貯蔵庫」アプローチとは，その他の損益を「ある〔財務業績の〕項目が営業活動または資金調達活動〔による損益〕の一部として再び報告されるときまで，ある種の『貯蔵庫』」(Cearns [1999], par. 4.5) と捉える考え方である。このアプローチは，その他の損益を一種の「貯蔵庫」と捉えるので，財務業績の項目は，最終的には営業活動の要素または資金調達活動の要素に分類される。したがって，その他の損益と営業活動または資金調達活動による損益間でリサイクルが必要になる[8] (Cearns [1999], par. 4.6)。

これに対して，要素アプローチとは，「それぞれの財務業績の項目は，認識されたとき，財務業績計算書の適切な要素の中でたった一度だけ報告される」(Cearns [1999], par. 4.5) という考え方である。そのときに，「財務業績の項目は，異なる特徴を有し，かかる特徴に従って財務業績計算書上で分類される」(Cearns [1999], par. 4.15) ことを前提とする。例えば，営業活動とその他の損益に分類される財務業績の項目は，下記の図表4-2に記載された特徴を有する。

ここで，ある財務業績の項目が営業活動の損益またはその他の損益に分類されるためには，図表4-2で記載された1つだけの特徴で分類することはできず (Cearns [1999], par. 2.13)，多くの特徴を一緒に考慮する必要がある[9] (Cearns [1999], par. 2.19)。財務業績の項目は，図表4-2を用いて「その項目の特性

図表4-2　営業活動の損益とその他の損益の特徴

営業活動〔の損益〕の典型的な特徴	その他の損益の典型的な特徴
営業活動	営業外活動
反復的	非反復的
非保有項目	保有項目
内部事象（例　付加価値活動）	外部事象（例　価格変動）

（出所：Cearns [1999], par. 2.12）

(*nature*) に基づいて」(Cearns [1999], par. 4.13), 営業活動の損益かその他の損益に分類される。つまり，各々の財務業績の項目は，異なる特徴を有し，その特徴に従って分類されるのである[10]。そのときに，「財務業績の異なる要素に分類される項目の特徴は，〔……〕不変である」(Cearns [1999], par. 4.10) ことが前提とされ，その項目の特徴は時間の経過に伴って変化しない (Cearns [1999], par. 4.13)。したがって，要素アプローチは，リサイクルとは相容れない考え方である (Cearns [1999], par. 4.10)。

以上要するに，「貯蔵庫」アプローチは，リサイクルを必要とする考え方であるが，要素アプローチは，リサイクルに合致しない考え方である[11]。上述したように，一元観ではリサイクルが行われないが，二元観ではリサイクルが行われる。そこで，リサイクルの観点から，「貯蔵庫」アプローチは二元観に，要素アプローチは一元観に結びつけることができる。それでは，一元観と二元観の間にどのような差異がもたらされるのであろうか。

まず，二元観では，その他の損益がある種の「貯蔵庫」と位置づけられるので，財務業績の項目は，最終的に営業活動または資金調達活動による損益，すなわち稼得・実現・対応利益で報告される。その結果,「ボトムラインである『稼得利益』数値を強調」(Cearns [1999], par. 4.6) し，稼得・実現・対応利益は,「一会計期間の業績の測定値」(FASB [1984], par. 34) または「企業と経営者の業績指標」(Storey and Storey [1998], p. 150) と捉えられる。一方，一元観では，財務業績の項目はその特徴に基づいて適切な財務業績の要素で一度だけ認識される。そのときに，その他の損益に分類される財務業績の項目は，図表4-2の右側に記載された特徴を共有し，その特徴は不変であることが想定されている。一元観では，その他の損益は，決して「貯蔵庫」ではなく，「継続性，反復性，安定性，リスクそして信頼性の観点から類似する特徴」(Johnson and Lennard [1998], par. 3.22) を有する財務業績の重要な要素の1つとして捉えられる。

以上のように，一元観と二元観では，その他の損益の位置づけが決定的に異なるのである。すなわち，その他の損益は，二元観では「貯蔵庫」と位置づけ

られるのに対して，一元観では財務業績の重要な要素の1つとして位置づけられる。それでは，かかる一元観と二元観の差異は，会計の認識・測定プロセスにどのような影響を与えるのであろうか。以下，節を改めて，「G4＋1特別報告書」の提案が利益測定プロセスにどのような影響を与えるのかについて検討する。

第3節 「G4＋1特別報告書」と予定取引のヘッジ会計

　各国の会計基準設定機関は，近年，金融商品に対して公正価値評価を導入しつつある。金融商品を公正価値で評価すると，その評価損益をどのように表示・報告すべきかという問題が生じる。各国の「現行実務は，金融商品の会計処理に関連する業績報告の問題という，今日，〔会計〕基準設定機関が直面している業績報告に関連する最も困難な問題に対して何の解決策を提示していない」(Johnson and Lennard [1998], p. v) という記述に端的に現れているように，金融商品の公正価値評価（認識・測定の問題）と業績報告（表示・報告の問題）を切り離して考えることはできない。

　本節では，金融商品の会計処理の中から予定取引のヘッジ会計に焦点を当て，「G4＋1特別報告書」の利益測定について検討する。

1　予定取引のヘッジ会計の概要

　本項では，以下，金融商品の会計処理の中から予定取引のヘッジ会計に焦点を当てる理由について簡単に説明する。

　今日，金融商品に対して公正価値評価が要請される1つの要因として，金融市場の劇的な変化と金融工学の発達に伴って，多種多様な金融派生商品（デリバティブ）が出現したことが考えられる。多くのデリバティブは，当初原価がゼロまたは僅少であり，取得原価のままで据え置かれると，決済時まで財務諸表上で認識されず，オフ・バランス取引として取り扱われる。そこで，企業の現在の財務状況と過去の諸活動に係る「経済的実質」(economic substance) を

財務諸表上に反映することを目的とする「経済的実質アプローチ（economic substance approach）」（Tweedie and Whittington［1990］, p. 97）に依拠して，各国の会計基準設定機関は，デリバティブに代表される金融商品に対して，公正価値評価を要請していると考えられる。

　デリバティブは，おもにリスク管理（リスク・ヘッジ）目的で使用される。そのときに，企業経営者は，現在保有する資産と負債に係るリスクのみならず，将来の事象，すなわち予定取引に係るリスクまでヘッジの対象とする。予定取引のヘッジは，現行実務で幅広く行われていることから，これに対する特別な会計処理の需要は多い（IASC［1997］, chap. 7 par. 4.27；SFAS133, pars. 322 and 328）。しかし，予定取引のヘッジをヘッジ会計の対象とすることに対して，概念的かつ実務的な観点から問題点が指摘されている[12]（IASC［1997］, chap. 6 par. 4.7；SFAS133, pars. 247 and 327-328）。かかる問題点が指摘されているにもかかわらず，予定取引のヘッジ会計は，現行実務の状況を考慮して，容認されたのである（SFAS133, par. 328）。G4＋1のメンバーの中では，FASBがSFAS133を公表し，そしてIASCが1998年12月にIAS39『金融商品：認識と測定』[13]を公表し，各々の基準書の中で，予定取引のヘッジ会計は，キャッシュ・フロー・ヘッジ会計の1つとして容認されている。

　また，FASBとIASCは，各々，上記の会計基準を公表する前にSFAS130とIAS1『財務諸表の表示』[14]（IAS1（revised 1997））を公表している。予定取引のヘッジの処理方法は，その新たな導入または改訂箇所に基づき，規定されている。このことから，予定取引のヘッジ会計と新たな業績報告の導入または改訂は，少なからず関係があるように思われる。

　以上のことから，予定取引のヘッジ会計は，「G4＋1特別報告書」が新たに提案した業績報告を評価する1つのベンチマークになる，と考えられる。そこで，本節では，以下項を改めて，「G4＋1特別報告書」が提案した業績報告で予定取引に係るヘッジ手段の損益を適切に表示できるのか否かについて検討する。

2 繰延アプローチの処理方法

予定取引のヘッジ会計には、ヘッジ手段のデリバティブを公正価値で評価することを前提とすると[15]、基本的に2つの考え方がある（Bierman *et al.* [1991], p. 103）。1つは、ヘッジ対象を認識し、公正価値で評価する「時価アプローチ」（mark-to-market approach）であり、いま1つは、ヘッジ手段の損益をヘッジ対象が認識されるまで財務諸表上で繰り延べる繰延アプローチである（Bierman *et al.* [1991], pp. 103-104）。IAS39とSFAS133は、予定取引のヘッジ会計に繰延アプローチを採用する[16]。予定取引のヘッジ会計に繰延アプローチを適用する際に、予定取引に係るヘッジ手段の損益を繰り延べる方法として、大きく3つの方法が考えられる。本項では、以下、設例を用いて、かかる3つの方法について具体的に説明する[17]。

> （設例）
> A社は、期間1の期首に、ある商品を期間2の期末に購入することを決定した。この商品の価格は、期間1の期首時点で1,000,000円であるが、今後価格が上昇することが見込まれている。このままでは当該商品の購入に必要な将来キャッシュ・アウトフローが増加するので、A社は、当該商品の価格が上昇すれば利得が生じるデリバティブをヘッジ手段として指定することで、将来キャッシュ・アウトフローの増加をヘッジすることにした。期間1の期末には、当該商品の価格は1,200,000円に、そしてデリバティブの公正価値は200,000円に上昇し、その後、期間2の期末まで両者とも価格に変動が生じなかったものとする。A社は、当初の予定通り、期間2の期末に当該商品を購入し、デリバティブを決済した。そして、期間3に、当該商品を1,500,000円で売却した。

(1) 伝統的繰延アプローチ

1つ目の方法は、「伝統的なヘッジ会計」（IASC [1997], chap. 6 par. 4.17）と表現される、1990年代後半の実務で普及していた会計処理である（IASC [1997], chap. 6 par. 4.12 and n. 4 ; SFAS133, par. 345）。この会計処理を示したものが図表4-3であり、本章では伝統的繰延アプローチと呼称する。

伝統的なヘッジ会計を用いると、期間1の期末にヘッジ手段であるデリバティブは公正価値で評価され、その利得200,000円は繰延収益（負債）として認

図表4-3 伝統的繰延アプローチ

	借方		貸方	
期間1	デリバティブ	200,000	繰延ヘッジ利得	200,000
期間2	商品	1,200,000	現金	1,200,000
	現金	200,000	デリバティブ	200,000
	繰延ヘッジ利得	200,000	商品	200,000
期間3	現金	1,500,000	売上	1,500,000
	売上原価	1,000,000	商品	1,000,000

識される。そして,負債として認識された繰延ヘッジ利得200,000円は,期間2の期末に(借方)繰延ヘッジ利得200,000／(貸方)商品200,000という仕訳を通じて,1,200,000円で取得した商品の簿価を1,000,000円に引き下げるために用いられる(IASC [1997], chap. 7 par. 4.18)。このような会計処理は,簿価修正と総称される。この引き下げられた商品の簿価は,当該商品が販売された期間3に売上原価に反映される[18]。すなわち,予定取引のヘッジの効果は,簿価修正を通じて,純利益に反映されるのである。

また,上述の設例とは異なり,ヘッジ手段のデリバティブを公正価値で評価した結果,損失が生じたならば,それは繰延費用(資産)として認識される。したがって,伝統的繰延アプローチとは,予定取引に係るヘッジ手段の損益を損失であれば資産として,そして利得であれば負債として貸借対照表上で認識することで,予定取引が純利益に影響を与える期間まで繰り延べる方法である。

(2) IAS39型繰延アプローチ

2つ目の方法は,IAS39で提案されている会計処理である(IAS39, pars. 158-163)。この会計処理を示したものが図表4-4であり,本章ではIAS39型繰延アプローチと呼称する。

IAS39を用いると,期間1の期末にヘッジ手段であるデリバティブは公正価値で評価され,その利得200,000円は株主持分の独立項目として認識される。このときに,IAS39は,IAS1 (revised 1997)で規定された「持分変動計算書」

第4章 「G4＋1特別報告書」と金融商品会計　121

図表4-4　IAS39型繰延アプローチ

	借方		貸方	
期間1	デリバティブ	200,000	株主持分の独立項目	200,000
期間2	商品	1,200,000	現金	1,200,000
	現金	200,000	デリバティブ	200,000
	株主持分の独立項目	200,000	商品	200,000
期間3	現金	1,500,000	売上	1,500,000
	売上原価	1,000,000	商品	1,000,000

(statement of changes in equity) を通じて，株主持分の独立項目に計上することを要請する (par. 158 (a))。そして，株主持分に直接計上された評価益200,000円は，期間2の期末に（借方）株主持分の独立項目200,000／（貸方）商品200,000という仕訳を通じて，1,200,000円で取得した商品の簿価を1,000,000円に引き下げるために用いられる。すなわち，上記の伝統的なヘッジ会計と同様に，簿価修正が行われるのである。そして，この引き下げられた商品の簿価は，当該商品が販売された期間3に売上原価に反映される。IAS39では，簿価修正を通じて，予定取引のヘッジの効果が純利益に反映されるのである[19]。

以上のように，IAS39型繰延アプローチは，予定取引に係るヘッジ手段の損益を株主持分の独立項目に計上することで，予定取引が純利益に影響を与える期間まで繰り延べる方法である。

(3) SFAS133型繰延アプローチ

3つ目の方法は，SFAS133で提案されている会計処理である[20] (SFAS133, pars. 28-35)。この会計処理を示したものが図表4-5であり，本章ではSFAS133型繰延アプローチと呼称する。

SFAS133を用いると，期間1の期末にヘッジ手段であるデリバティブは公正価値で評価され，その評価益200,000円は，その他の包括利益として認識される。そして，その他の包括利益で繰り延べられた評価益200,000円は，商品を販売した期間3で，その他の包括利益から純利益（稼得利益）に振り替えら

図表4-5　SFAS133型繰延アプローチ

	借方		貸方	
期間1	デリバティブ	200,000	その他の包括利益	200,000
期間2	商品	1,200,000	現金	1,200,000
	現金	200,000	デリバティブ	200,000
期間3	現金	1,500,000	売上	1,500,000
	売上原価	1,200,000	商品	1,200,000
	その他の包括利益	200,000	ヘッジ利得	200,000

れる。このような会計処理は，再分類調整またはリサイクルと総称される。SFAS133では，リサイクルを通じて，ヘッジの効果が純利益に反映され伝統的なヘッジ会計やIAS39で用いられた簿価修正が行われないのである[21]。

以上のように，SFAS133型繰延アプローチは，予定取引に係るヘッジ手段の損益をその他の包括利益で認識することで，予定取引が純利益に影響を与える期間まで繰り延べる方法である。

3　「G4＋1特別報告書」と予定取引のヘッジ会計

前項では，予定取引のヘッジ会計を素材として，設例を用いて繰延アプローチについて説明した。それでは，「G4＋1特別報告書」で繰延アプローチを適用できるのであろうか。本項では，以下，「G4＋1特別報告書」の業績報告で予定取引に係るヘッジ手段の損益を適切に繰り延べることができるのか否かについて検討する。

まず，伝統的なヘッジ会計についてみてみよう。伝統的繰延アプローチとは，ヘッジ手段の損益を損失であれば資産として，利得であれば負債として貸借対照表上で認識し，繰り延べる方法である。伝統的繰延アプローチを採用するためには，ヘッジ手段の損益を資産または負債として認識しなければならない。G4＋1は，「メンバー共有の目的」の1つに「財務報告の基準は，概念フレームワークに基づくべきである。したがって，各々のメンバーは，他のメンバーと類似の概念フレームワークを承認する必要がある」（Cearns［1999］, p.3）

ことを掲げる。この記述からも明らかなように，G4＋1は，概念フレームワークに基づいて財務報告の基準に関する問題の解決を図っている。G4＋1のワーキング・グループのメンバーは，概念フレームワークの中で，資産を「将来の経済的便益」そして負債を「将来の経済的便益の犠牲」と定義する（FASB［1985］, pars. 25 and 35 ; IASC［1989］, par. 49）。ヘッジ手段の損益を資産または負債として認識するためには，上述の資産と負債の定義を満たさなければならない。

しかし，ヘッジ手段の損失は，「将来の経済的便益」，そしてヘッジ手段の利得は，「将来の経済的便益の犠牲」を意味しない。すなわち，ヘッジ手段の損益は，資産と負債の定義を満たさないのである（IASC［1997］, chap. 6 pars. 4.7 and 4.12 ; SFAS133, pars. 229, 326, 346 and 376）。したがって，ヘッジ手段の損益を資産または負債として認識することはできず，貸借対照表で繰り延べることはできない。以上要するに，伝統的繰延アプローチは，資産と負債の定義を規定する概念フレームワークに抵触するために，「G4＋1特別報告書」で適用できないのである。

次に，IAS39で提案された会計処理についてみてみよう。IAS39型繰延アプローチとは，ヘッジ手段の損益を株主持分の独立項目に直接計上して，繰り延べる方法である。IAS39型繰延アプローチを採用するためには，持分変動計算書を用いて，ヘッジ手段の損益を株主持分の独立項目に直接計上しなければならない。「G4＋1特別報告書」は，業績報告を比較検討するに先立ち，「持分変動計算書は，〔財務業績を意味しない所有主との取引も含まれるので，〕財務業績を報告するうえで長期的には不適切な計算書である」（Johnson and Lennard［1998］, par. 3.10）として，あらゆる財務業績の項目を1つの財務業績計算書で報告することを提案する（Johnson and Lennard［1998］, par. 3.19）。したがって，「G4＋1特別報告書」では，所有主との取引に該当しない財務業績の項目を持分変動計算書に直接計上することができないのである。

それでは，このことを考慮したうえで，ヘッジ手段の損益の処理方法についてみてみよう。ヘッジ手段の損益は，所有主による投資や所有主への分配とは

異なるので，所有主との取引に該当しない。つまり，ヘッジ手段の損益は財務業績の一項目である。したがって，ヘッジ手段の損益は，1つの財務業績計算書で報告されなければならず，持分変動計算書を通じて，かかる損益を株主持分の独立項目に直接計上することはできない。以上要するに，IAS39型繰延アプローチは，あらゆる財務業績の項目を1つの財務業績計算書で報告できないので，「G4＋1特別報告書」で適用できないわけである。

最後に，SFAS133で提案された会計処理についてみてみよう。SFAS133型繰延アプローチは，ヘッジ手段の損益をその他の包括利益に計上して，繰り延べる方法である。そしてSFAS133は，予定取引が純利益に影響を与える期間に，繰り延べたヘッジ手段の損益をその他の包括利益から純利益に振り替えるリサイクルを要請する。SFAS133型繰延アプローチを適用するためには，ヘッジ手段の損益をその他の包括利益で繰り延べて，予定取引が純利益に与える会計期間にリサイクルしなければならない。「G4＋1特別報告書」は，業績を一元的に表示・報告する業績報告を提案した。一元観は，「あらゆる財務業績の項目は，その関連する期間に一回限りしか財務業績計算書で報告されるべきではない」（Johnson and Lennard［1998］, par. 5.21）ことを前提とする。

それでは，上述の一元観の特徴を踏まえて，ヘッジ手段の損益について考えてみよう。一元観では財務業績の項目が発生期間の財務業績と捉えられるので，ヘッジ手段の損益は，その発生期間の財務業績として取り扱われる。したがって，一元観では，ヘッジ手段の損益を予定取引が純利益に影響を与える会計期間まで繰り延べることはできない。また，ヘッジ手段の損益が発生期間の財務業績として捉えられるので，必然的に，「財務業績計算書で一度認識された財務業績の項目を次期以降に別の要素で再び認識する」（Cearns［1999］, par. 4.16）リサイクルとは相容れない。以上要するに，SFAS133型繰延アプローチは，あらゆる財務業績の項目が発生期間の財務業績と捉えられる一元観に反するために，「G4＋1特別報告書」が提案する業績報告で適用できないのである。

本項では，以上，「G4＋1特別報告書」で予定取引に係るヘッジ手段の損益を繰り延べることができるのか否かについて検討した。その結果，「G4＋1特

別報告書」では，繰延アプローチが適用できないことが明らかになった。

4　小　　括

　本節では，金融商品の会計処理の中から予定取引のヘッジ会計に焦点を当て，「G4＋1特別報告書」が提案する業績報告について検討した。予定取引のヘッジ会計で採用される繰延アプローチは，「G4＋1特別報告書」が提案する業績報告では，適用できないのである。ただし，繰延アプローチには3つの方法があるが，伝統的・IAS39型繰延アプローチと残りの1つのSFAS133型繰延アプローチでは，予定取引のヘッジ会計を適用できない次元が異なることに注意すべきである。

　伝統的・IAS39型繰延アプローチは，「G4＋1特別報告書」の前提と整合しないので，ヘッジ手段の損益を繰り延べることができない。伝統的繰延アプローチを適用するためには，ヘッジ手段の損益が資産や負債の定義を満たさなければならない。しかし，ヘッジ手段の損益は，上述したように，資産と負債の定義を満たさないのである。したがって，伝統的繰延アプローチは，資産と負債の定義を規定する概念フレームワークに抵触する。また，IAS39型繰延アプローチを適用するためには，ヘッジ手段の損益を株主持分の独立項目に直接計上する必要がある。しかし，ヘッジ手段の損益は，所有主との取引ではなく，財務業績の一項目である。そこで，IAS39型繰延アプローチは，あらゆる財務業績の項目が1つの財務業績計算書で報告されることを阻害する。

　このように，伝統的・IAS39型繰延アプローチは，「G4＋1特別報告書」の前提と整合しないのである。Johnson and Lennard［1998］は，異なる4つのアプローチを比較検討したが，どのアプローチが採用されたとしても，伝統的・IAS39型繰延アプローチで予定取引に係るヘッジ手段の損益を繰り延べることができないのである。

　これに対して，SFAS133型繰延アプローチは，「G4＋1特別報告書」が提案する業績報告が一元観を採用するために，ヘッジ手段の損益を繰り延べることができない。一元観では，財務業績の項目がその特徴に基づいて財務業績の要

素に分類される。図表4-2の右側に記載された特徴を有する財務業績の項目は，その他の損益に分類され，その他の損益も財務業績の重要な要素の1つとして捉えられる。一元観では，その他の損益をある種の「貯蔵庫」として捉えることはできず，したがって「一会計期間の業績の測定値」（FASB［1984］, par. 34）または「企業と経営者の業績指標」（Storey and Storey［1998］, p. 150）から除外することができないのである。一元観では，ヘッジ手段の損益を発生時の財務業績として取り扱わなければならない以上，かかる損益を繰り延べることができないのである。

このように，SFAS133型繰延アプローチは，一元観と整合しないのである。逆に言えば，一元観を採用する業績報告のみがSFAS133型繰延アプローチを適用することができないのである。つまり，Johnson and Lennard［1998］で比較検討された4つのアプローチすべてがSFAS133型繰延アプローチを適用できないわけではない。したがって，二元観を採用する業績報告では，SFAS133型繰延アプローチを適用することによって，ヘッジ手段の損益を繰り延べることができるのである。

以上の検討から明らかなように，伝統的・IAS39型繰延アプローチとSFAS133型繰延アプローチは，「G4＋1特別報告書」で，予定取引のヘッジ会計を適用できない次元が異なる。前者は，「G4＋1特別報告書」が比較検討したすべてのアプローチに対して適用できないのに対して，後者は，その中でも一元観を採用する業績報告のみ適用できない。「G4＋1特別報告書」が提案したアプローチDは，一元観を採用するためにヘッジ手段の損益を繰り延べることができず，したがってヘッジ手段とヘッジ対象の損益を同一の会計期間で認識するというヘッジ会計の目的を達成することができないわけである[22]。

第4節 「G4＋1特別報告書」における利益測定の特徴

本章では，以上，Johnson and Lennard［1998］で比較検討された4つのアプローチを概観した後に，「G4＋1特別報告書」が提案した業績報告では，予

定取引のヘッジ活動の成果を適切に表示できないことを指摘した。本節では，前節までの検討を踏まえて，「G4＋1特別報告書」における利益測定の特徴を明らかにする。

1 利益概念の変容

「G4＋1特別報告書」が提案した業績報告では，予定取引のヘッジ手段の損益を繰り延べることができず，したがって財務諸表本体でヘッジ活動の成果を適切に表示できない。その理由として，その業績報告が一元観を採用することが挙げられる。一元観では，その他の損益も財務業績の重要な要素の１つとして捉えられるので，ヘッジ手段の損益を繰り延べることができないのである。それでは，「G4＋1特別報告書」が提案する業績報告で，予定取引のヘッジ活動の成果を反映する方法はないのであろうか。

予定取引のヘッジ活動の成果を説明する１つの方法として，注記での開示が考えられる。すなわち，「G4＋1特別報告書」が提案する業績報告では，ヘッジ手段の損益が発生期間の財務業績として捉えられるので，それに対応するヘッジ対象を注記で説明するわけである。この方法は，一元観の支持者が支持する方法でもある（Johnson and Lennard［1998］, par. 5.22）。しかしながら，ヘッジ会計の目的は，本来異なる会計期間で認識されるヘッジ手段とヘッジ対象に係る損益を同一の会計期間で認識することにある。かかるヘッジ会計の目的を考慮するならば，上記の方法は，ヘッジ手段とヘッジ対象に係る損益が異なる会計期間で認識されるので，事実上，予定取引のヘッジ会計が容認されないことを意味するわけである。

上述の提案は，ジョイント・ワーキング・グループ（JWG）[23]が2000年12月に公表した『金融商品及び類似項目』（JWG［2000］）の提案と合致している。JWG［2000］は，基本的には，すべての金融商品を公正価値で評価したうえで，その評価損益を発生期間の利益計算に反映させる会計処理を提案する[24]（pars. 69 and 136）。さらに，ヘッジ目的で保有する金融商品に対しても，他の金融商品と同様の取り扱いを勧告し，ヘッジ会計を禁止することを提案する

(JWG〔2000〕, par. 153)。その代わりに，予定取引に係るリスク管理目的で保有される金融商品を注記で開示することを提案する[25]（JWG〔2000〕, pars. 181-182)。したがって，「G4＋1特別報告書」の提案は，予定取引のヘッジ会計の観点から見ると，JWG〔2000〕の提案と軌を一にしていると言えるわけである。それでは，予定取引のヘッジ会計が容認されないことから，「G4＋1特別報告書」の利益測定の特徴として，何を導き出すことができるのであろうか。

そもそも企業の経営者が予定取引のヘッジを行うのは，将来キャッシュ・フローが変動にさらされていると予測したときに，当該変動を固定するためである。予定取引のヘッジ活動を実施するに先立ち，経営者は，将来キャッシュ・フロー（の流列）とその変動を予測する必要がある。予定取引のヘッジ会計（キャッシュ・フロー・ヘッジ会計）が容認されることによって，ヘッジ手段とヘッジ対象の損益を同一の会計期間で認識することができ，ヘッジ手段の損益とヘッジ対象の損益のマッチングを通じて，将来キャッシュ・フローの変動を固定するという取引時点における経営者の「将来の期待に関する要素」(Boulding〔1962〕, p. 53) が利益に反映されるわけである。

ところが，予定取引のヘッジ会計が容認されなければ，ヘッジ手段の損益は，発生時に期間損益として認識される。したがって，ヘッジ手段とヘッジ対象の損益が同一の会計期間で認識されず，それ故にヘッジ手段の損益とヘッジ対象の損益のマッチングは不可能となり，将来キャッシュ・フローの変動を固定するという経営者の将来に関する期待の要素が利益に反映されないのである。つまり，予定取引のヘッジ会計を支持する「一部の論者が主張するように，〔予定取引の〕ヘッジ会計の損益計算書調整が禁止されると，経営者の意図と〔それを反映した〕期待に合致しない結果を損益計算書で表示することで，予定取引に発生すると予測されるリスクを削減するために金融商品を使用するという企業〔経営者〕の努力が損なわれるわけである」(JWG〔2000〕, par. 7.19)。

上述のヘッジ会計を容認する主張に対して，JWG〔2000〕は，反対を唱える (par. 7.19)。なぜならば，「金融商品を公正価値で測定し，当該損益を発生

した〔会計〕期間の損益計算書で認識することは，実際に発生したことを最も適切に表すわけであり」（JWG［2000］, par. 7.19），予定取引のヘッジから「期待される〔利益の安定化〕効果を，将来事象〔（予定取引）〕の発生時以前に認識することは不適切である」（JWG［2000］, par. 7.20）からである。したがって，予定取引のヘッジに係る「企業〔経営者〕の意図と〔……〕期待は，〔……ヘッジ期間中の〕実際の貸借対照表と損益計算書の結果に全く影響を与えない」（JWG［2000］, par. 7.20）のである。

このように，JWG［2000］では，金融商品の保有目的別の会計処理が禁止されるために，取引時点における経営者の「将来の期待に関する要素」（Boulding［1962］, p. 53）が利益の中に含まれず，利益に経営者の業績指標としての役割は期待できない。このことは，予定取引のヘッジ会計が容認されない「G4＋1特別報告書」にも当てはまる，と考えられる。

以上のことから，「G4＋1特別報告書」における利益測定の特徴として，取引時点の経営者の将来に関する期待が利益に反映されず，利益が経営者の業績指標として期待できないことを指摘できる。歴史的原価会計とSFAS130では，「利益の中に常に〔経営者の〕将来の期待に関する要素」（Boulding［1962］, p. 53）が反映されるために，「一会計期間の業績の測定値」（FASB［1984］, par. 34）または「企業と経営者の業績指標」（Storey and Storey［1998］, p. 150）として捉えられてきた。ところが，「G4＋1特別報告書」では，経営者の業績指標としての役割を利益に期待できず，その限りにおいて，利益概念が変容しているわけである。かかる利益概念の変容は，「G4＋1特別報告書」における利益測定の1つの特徴として位置づけられるであろう。

2　実現概念の放棄

上述したように，「G4＋1特別報告書」で提案した業績報告でヘッジ手段の損益を繰り延べることができないのは，それが一元観を採用するからである。本項では，以下，一元観と二元観の特徴を概説した後に，「G4＋1特別報告書」における利益測定の特徴を明らかにする。

二元観とは，財務業績計算書上で2つの異なる業績の見解，すなわち稼得・実現・対応利益とそれには含まれない包括的な利益測定値（財務業績）を表示する考え方である。かかる2つの異なる業績を測定するときに，「異なる2組の認識規準が採用され，各々の〔業績の〕見解に対して1組の認識規準が用いられる」(Johnson and Lennard [1998], n. 23) のである。

　このことを踏まえて，二元観における利益の認識・測定プロセスを考えてみると，まず資産と負債の定義とその測定可能性に照らして，ストックの変動が認識・測定され，当該変動は，財務業績の1項目として取り扱われる。二元観では，業績の1つとして稼得・実現・対応利益にも焦点が当てられる。ここで，二元観では「各々の〔業績の〕見解に対して1組の認識規準が用いられる」ことを考慮すると，当該利益の認識規準として実現が用いられると考えられる。つまり，あるストックの変動が稼得・実現・対応利益として認識されるためには，上述の資産と負債の基本的な認識規準（定義や測定可能性）に加えて，実現が追加的な認識規準として要請されるわけである。

　このように，二元観では，稼得・実現・対応利益は，財務業績の要素ではなく，業績の1つとして位置づけられる以上，実現は，財務業績の要素を区分する規準ではなく，利益の認識規準として用いられる。換言すると，二元観において，実現は，「ある項目が利益として計上されるために必要とされる認識テストをいつ満たすのかという伝統的な意味」(Johnson and Lennard [1998], par. 4.27) で用いられるために，当期の利益に帰属する項目を選定する役割を担っているわけである。

　これに対して，一元観とは，財務業績計算書上で1つの業績の見解，すなわち稼得・実現・対応利益に限定されない包括的な測定値のみを表示する考え方であり，当該業績を測定するときに「たった1組の認識規準しか用いられない」(Johnson and Lennard [1998], n. 23) のである。一元観おける利益の認識・測定プロセスを考えると，資産と負債の定義とその測定可能性に照らして，ストックの変動が認識・測定され，当該変動は，財務業績の1項目として取り扱われる[26]。一元観では，「財務業績のあらゆる項目は，その関連する〔会計

期間に一回限りしか財務業績計算書で報告されるべきではない」(Johnson and Lennard [1998], par. 5.21) ことから, リサイクルが否定されることは, 先述したとおりである。

「G4＋1特別報告書」では, 投資家の意思決定有用性の観点から, 財務業績の要素を区分して報告することが提案されている (Johnson and Lennard [1998], pars. 3.20-3.24 ; Cearns [1999], pars. 1.8-1.9 and 1.18)。Johnson and Lennard [1998] は, 財務業績の要素を区分する規準として,「『実現』」(realisation),「相対的予測価値」[27] (relative predictive value), そして「機能的活動」[28] (functional activity) の3つを挙げている (pars. 4.23 and 4.26)。一元観では, 財務業績を測定するときに「たった1組の認識規準しか用いられない」以上, 一元観における実現の位置づけは, 二元観のそれとは全く異なることに注意しなければならない。

Cearns [1999] は, リサイクルを否定する (一元観を支持する) 立場から, 実現について次のように述べている。すなわち,「本ペーパーで支持される〔要素〕アプローチは, 実現よりも有用な特徴に基づいて, 財務業績の項目を〔各々の要素に〕分類しようとする」(Cearns [1999], par. 4.13)。さらに, Cearns [1999] は,「実現は,〔……〕発生〔基準〕会計の使用から生じる不確実性に対処するメカニズムとして位置づけられる。項目に係る測定の不確実性から確実性への移行は, 当該項目の属性を変更しない」(par. 4.14) と指摘する。以上のような実現に対する記述から,「G4＋1特別報告書」は, 実現を利益の認識規準ではなく,「同等の重要性を有する包括的な利益の内訳要素を〔実現項目と未実現項目または確実性の項目と不確実性の項目に〕区分する」(山田 [2003], 156頁) 規準という位置づけを実現に付与している, と解釈できるわけである。

このように, 一元観では, 実現は, 財務業績の要素を区分する代替的な規準の1つに過ぎず, 利益の認識規準として用いられないのである。そのときに, このこととSFAS130において実現 (実現可能) が稼得利益の認識規準として機能していないこととは, 次元が異なることに留意しなければならない。すなわ

ち，SFAS130では，取引時点の経営者の将来に関する期待の要素を純利益（稼得利益）に反映させるために，実現（実現可能）が稼得利益の認識規準として機能していないのである。これに対して，「G4＋1特別報告書」が提案する業績報告では，経営者の将来の期待に関する要素が利益に反映されず，利益に経営者の業績指標としての役割が期待できないのである。したがって，SFAS130では，利益の認識規準としての実現の機能が退化していると言えるのに対して，「G4＋1特別報告書」では，かかる実現の機能が放棄されていると言えるわけである。

　以上要するに，従来から「実現は，〔……〕利益決定〔……〕における最も重要なコンベンションである」（Storey［1959］, p. 238）と位置づけられてきたが，一元観では，かかる「利益の〔認識〕時点の選定を規定する」（FASB［1976b］, par. 40）機能が放棄され，実現の機能は，財務業績の要素を区分する規準へと変容しているのである。さらに，「G4＋1特別報告書」は，財務業績の要素を，相対的予測価値と機能的活動の規準で区分する（Johnson and Lennard［1998］, par. 5.31）。すなわち，「資産（とりわけ流動的な市場を有する資産）の実現を業績項目の報告の基礎とすることは，報告利益の管理を可能にする」（Cearns［1999］, par. 1.14）以上，「実現〔……〕は，財務業績の項目をどこで，そしてどのように報告すべきかを決定するには不十分な基準である」（Cearns［1999］, par. 1.14）として，実現は，財務業績の要素を区分する規準として採用されないのである。

　以上のことから，「G4＋1特別報告書」における利益測定の特徴として，実現の機能が変容し，さらに実現それ自体が否定されることで，実現概念が放棄されていることを指摘できる[29]。実現は，従来から当期の利益に帰属する項目を選定する機能を有していたが，「G4＋1特別報告書」では，当該機能が期待されず，財務業績の要素を区分する規準の1つという位置づけしか与えられていない。それに加えて，当該報告書では，実現を用いて，財務業績の要素が区分されず，実現それ自体が明確に否定されているわけである。かかる実現概念の放棄は，「G4＋1特別報告書」における利益測定の1つの特徴として位置づ

けられるであろう。

3 小　　括

　本節では，以上，予定取引のヘッジ会計を素材として，「G4+1特別報告書」における利益測定の特徴について検討した。まず，「G4+1特別報告書」では，予定取引のヘッジ会計が容認されないために，取引時点の経営者の将来に関する期待の要素が利益に反映されず，利益に経営者の業績指標としての役割が期待できないことから，利益概念が変容していると考えられる。次に，「G4+1特別報告書」では，実現の機能が「利益の〔認識〕時点の選定を規定する」（FASB〔1976b〕, par. 40）機能から財務業績の要素を区分する機能へと変容し，さらに実現が財務業績の要素を区分する規準として採用されないことから，実現概念が放棄されていると考えられる。

　以上のことから，金融商品の会計処理（予定取引のヘッジ会計）を素材としたときの「G4+1特別報告書」における利益測定の特徴として，実現概念の放棄と利益概念の変容を指摘できる。歴史的原価会計では，当期の利益計算に帰属する項目を選定することが実現の機能として期待され，「利益の中に常に〔経営者の〕将来の期待に関する要素」（Boulding〔1962〕, p. 53）が反映されていた。また，金融商品の会計基準（会計処理）を素材としたときのSFAS130では，実現の機能は退化しているものの，それは，取引時点の経営者の将来に関する期待の要素を利益に反映させるためである。このように，上述した「G4+1特別報告書」における利益測定の特徴は，歴史的原価会計やSFAS130のそれと大きく異なり，「現行の基準書と多くの点で異なっている」（Cearns〔1999〕, p. iii）わけである。

　ただし，本章では，予定取引のヘッジ会計のみを取り上げたために，それ以外の会計処理を素材としたときに，上述した「G4+1特別報告書」における利益測定の特徴が該当するのかについて，さらに慎重な検討が必要である。その点については，今後の検討課題として残されている。しかし，各国の「現行実務は，金融商品の会計処理に関連する業績報告の問題という，今日，〔会計〕

基準設定機関が直面している業績報告に関連する最も困難な問題に対して何の解決策を提示していない」（Johnson and Lennard［1998］, p. v）ことを1つの契機として，「G4＋1特別報告書」が公表されたことを踏まえるならば，本章では，当該報告書における利益測定の特徴の一側面を明らかにしたと言えるであろう。

第5節　お　わ　り　に

　本章では，以上，予定取引のヘッジ会計を素材として，「G4＋1特別報告書」における利益測定の特徴について検討した。「G4＋1特別報告書」が提案する業績報告では，一元観が採用され，リサイクルが禁止されるために，予定取引のヘッジに係るヘッジ手段の損益を繰り延べることができず，財務諸表本体でヘッジ活動の成果を適切に表示できない。したがって，「G4＋1特別報告書」では，取引時点の経営者の将来に関する期待の要素が利益に反映されず，利益に経営者の業績指標としての役割が期待できない。また，「G4＋1特別報告書」では，実現の機能は，当期の利益計算に帰属する項目を選定する機能から財務業績の要素を区分する機能へと変容しているが，実現は，財務業績の要素を区分する規準として採用されず，実現それ自体が否定されている。

　以上要するに，金融商品の会計処理（予定取引のヘッジ会計）を素材としたときの「G4＋1特別報告書」における利益測定の特徴として，実現概念の放棄と利益概念の変容を指摘できる。かかる「G4＋1特別報告書」の特徴は，歴史的原価会計とSFAS130における利益測定の特徴と大きく異なるために，当該報告書は，「現行の基準書と多くの点で異なっている」（Cearns［1999］, p. iii）業績報告を提案したわけである。

　上述した実現概念の放棄と利益概念の変容は，ともに「認識の恣意性の排除」（佐藤［2003b］，45頁）によって，経営者の意図を排除しようとしている点で軌を一にしている。かかる経営者の意図を極力排除しようとする動きは，金融商品の全面公正価値会計（JWG［1999, 2000］）やIASBの業績報告プロジェク

第4章 「G4＋1特別報告書」と金融商品会計　*135*

トに代表されるように，近年の会計基準設定プロセスの1つの特徴である。その背後には，会計処理の画一化によって，経営者の意図を排除することで，経営者の自由裁量的な利益管理を防止し，利益の目的適合性と信頼性を確保する狙いがある[30]，と考えられる。

近年，市場価値が存在しない資産と負債にまで公正価値の適用が拡張され，歴史的原価会計から公正価値会計へと会計システムの転換が進行しつつある。上場市場価格が利用できない場合は，経営者自身が公正価値を推定する必要があり，そのときに用いられる「公正価値〔の評価〕モデルは，多くの諸仮定を必要とするために，それらの僅かな変更は，〔公正価値の〕推定結果に大きく影響する」（Sayther〔2004b〕, p. 6）。そして，その際に必要とされる諸仮定には，「会計期間が経過する度ごとに期末時点における経済（とくに市場）状態に敏感に反応する不安定な期待が内蔵されている」（高寺〔2002〕，143頁）ので，かかる不安定な期待に沿って利益の変動性は，大きくなる。

したがって，このような利益の「変動性は，経営〔活動の成果〕の判断と将来業績の予測を困難にするために，かかる遠大な〔会計システムの〕転換は，損益計算書の重要性を軽視することになる」（Sayther〔2004b〕, p. 6）わけである。「G4＋1特別報告書」は，公正価値評価が適用される「金融商品の会計処理に関連する業績報告の問題という，今日，〔会計〕基準設定機関が直面している業績報告に関連する最も困難な問題」（Johnson and Lennard〔1998〕, p. v）を解決するために公表されたが，本章の検討結果を踏まえるならば，当該問題に対して解決策を提示できていないと言わざるを得ないのである。

1）IASBの業績報告プロジェクトの動向とその特徴について検討したわが国の先行研究として，赤城〔2003a, 2003b〕，岩崎〔2003〕，可児島〔2003〕，木村〔2003〕，倉田〔2004〕，佐藤・渡辺〔2003〕，辻山〔2003a, 2003b〕，藤井〔2003〕，八重倉〔2003〕などがある。なお，IASB業績報告プロジェクトの現状については，IASB〔2003b,2003d, 2004〕などを参照されたい。
2）ASBは，Cearns〔1999〕を討議資料（Discussion Paper）として公表し，それを踏まえて，2000年12月に公開草案『財務報告基準3号「財務業績の報告」の改訂』（ASB〔2000〕）を公表した。

3) 本章で財務業績と記述するとき，とくに断りがない限り，「G4＋1特別報告書」の定義と同義に用いる。
4) Johnson and Lennard [1998] は，収益の実現，収益と費用の対応，そして稼得プロセスの完了を経た，「純利益」(net income)，「損益」(profit-loss)，「稼得利益」(earnings)，そして「実現利益」(realised income) といった会計基準設定機関間で異なる用語で記述される伝統的な利益測定値を「稼得・実現・対応利益」と総称する (par. 5.8)。
5) ただし，アプローチCでは，ある点で実現・稼得・対応利益に類似する利益測定値が表示される (Johnson and Lennard [1998], par. 5.3)。
6) Johnson and Lennard [1998] は，「営業・資金調達・その他の損益」(operating-financing-other gains and losses) 区分を採用する前提として，報告企業実体が金融機関でないことを想定している (n. 31)。もし報告企業実体が金融機関であれば，「資金調達およびその他の財務活動」の要素は，「営業活動」の要素になることに留意する必要がある (Cearns [1999], par. 2.17)。
7) Johnson and Lennard [1998] は，リサイクルについて若干の説明をしているが (pars. 2.18-2.24)，具体的には何の検討も行っていない。
8) 「貯蔵庫」アプローチの下では，財務業績の認識規準に実現を採用すること，その他の損益を不確実性に対処するメカニズムと捉えること，そして「純利益」の強固性の3つがリサイクルの根拠として指摘される (Cearns [1999], pars. 4.6-4.9)。
9) Cearns [1999] は，資金調達およびその他の財務活動について「国際的なレベルで進行中の金融商品プロジェクトで決定される」と記述し，当該要素への分類方法については説明していない (par. 2.16)。当該報告書は，「財務業績の報告における最も議論の多い問題の1つに，営業活動の項目とその他の損益の項目を分類することが挙げられる」(par. 2.9) と言及し，その2つの区分に焦点を当てて説明している。
10) ただし，Cearns [1999] は，「『営業活動〔の損益〕』と『その他の損益』間で普遍的に適用可能な厳密な区分〔規準〕を見つけることは困難である」と指摘し，会計「基準設定機関が『その他の損益』区分の内容を特定すべきである」と勧告する (par. 2.20)。当該報告書は，その他の損益に区分される候補として，外貨換算調整，固定資産の再評価と残存損益，そして年金に関連する保険数理の損益の3つを挙げる (par. 3.1)。
11) Cearns [1999] は，リサイクルを行うか行わないかについて，「貯蔵庫」アプローチと要素アプローチという2つの考え方を指摘した。しかし，この2つの考え方は，本来は次元が異なることに注意する必要がある。「貯蔵庫」アプローチとは，その他の損益をある種の「貯蔵庫」と捉えるアプローチであるために，その他の損益の特徴を規定する考え方である。これに対して，要素アプローチとは，財務業績の項目をその特徴に基づいて財務業績の要素に分類するアプローチであるために，財務業績計算書上で財務業績の項目の分類を規定する考え方である。したがって，両者の考え方は，リサイクルに限定すれば，その他の損益の捉え方に焦点が当てられるので，同じ次元で論じることができるわけである。

12) 概念的な問題点として,「デリバティブ損益が資産または負債ではなく,現存する資産または負債に関連しないとき,かかる損益を繰り延べる正当化が困難である」(Montesi and Lucas [1996], p. 5) こと,そして実務的な問題点として,「予定取引が〔経営者の〕期待であり,〔現時点の〕権利や義務ではないので,予定取引のキャッシュ・フロー・ヘッジの有効性を評価することが困難である」(Montesi and Lucas [1996], p. 5) ことが指摘されている。
13) IASBは,2003年12月にIAS39を改訂して,IAS39『金融商品:認識と測定』(IAS39 (revised 2003)) を公表した。本章では,IAS39 (revised 2003) ではなく,改訂前のIAS39を検討の対象とする。
14) IASBは,2003年12月に13の会計基準を一斉に改訂し,『国際会計基準 (IAS) の改善』を公表した。他の会計基準の改訂に伴って,IAS1 (revised 1997) も改訂された。本章では,以前のIAS1 (revised 1997) を前提に議論を進めることにする。
15) ヘッジ手段とヘッジ対象の損益を同一の会計期間で認識するために,ヘッジ手段のデリバティブを公正価値で評価せず,ヘッジ対象として指定された取引や事象が発生するまで,ヘッジ手段の損益を簿外で繰り延べる方法も考えられる。しかし,わが国の企業会計審議会が1999年に公表した『金融商品に係る会計基準の設定に関する意見書』も含め,近年,各国で公表されている基準書は,上述の方法を採用していない。そこで,本章では,ヘッジ手段のデリバティブを公正価値で評価することを前提として,議論を進めることにする。
16) それ以外に,討議資料として公表されたASB [1996] とIASC [1997] も,予定取引のヘッジ会計に対して繰延アプローチを適用することを提案する。
17) 本章の設例は,桜井 [1999] の設例を参考にして,作成したものである。なお,本設例の勘定科目は,各々の方法の違いを明確にするために,説明の便宜上,用いたものである。
18) ここで,期間2で簿価修正を行わず,期間3で(借方)繰延ヘッジ利得200,000/(貸方)ヘッジ利得200,000という仕訳で,ヘッジ手段の損益を直接純利益に振り替える方法も考えられる。しかし,実務では,簿価修正を通じて,ヘッジの効果を純利益に反映させる方法が採用されている (IASC [1997], chap. 6 par. 4.21 (b))。したがって,本章では簿価修正による方法を採用することにする。
19) IAS39は,予定取引が資産または負債の認識をもたらす場合は,簿価修正を通じて,予定取引のヘッジの効果を純利益に反映させるが (par. 160),予定取引が資産または負債の認識をもたらさない場合(例えば,予定販売)は,予定取引が純利益に影響を及ぼす会計期間に株主持分から純利益に直接振り替える会計処理を要請する (par. 162)。
20) この方法は,ASB [1996] やIASC [1997] でも提案された会計処理である (ASB [1996], par. 4.5.3 ; IASC [1997], chap. 7 par. 4.39)。
21) 本章の設例を用いて簿価修正を行うと,期間2で(借方)その他の包括利益200,000/(貸方)商品200,000という仕訳が行われる。この仕訳からも明らかなように,商品の購入時の会計期間に包括利益と株主持分の金額は影響を受け,さらに原初

認識時に公正価値以外の測定値が当該取得資産の簿価となる。SFAS133は，包括利益の期間報告の歪み，そして原初認識時に公正価値以外の測定値を簿価とすることを回避するために，簿価修正を行わないことを決定した（par. 376）。

22) Copnell［1999］は，予定取引に係るヘッジ手段の損益を財務業績ではないと捉えたうえで，ヘッジ手段とヘッジ対象に係る損益が「認識のミスマッチ」（recognition mismatches）を引き起こすと指摘する（p. 79）。

23) JWGは，オーストラリア，カナダ，フランス，ドイツ，日本，ニュージーランド，北欧5か国，英国，米国，そしてIASCの会計基準設定機関または職業会計士団体の代表またはメンバーで構成され，「公正価値測定原則に基づく金融商品会計の包括的基準案を開発するために設定された」（JWG［2000］, p. i）ワーキング・グループである（JWG［2000］, p. ii）。

JWGは，1999年8月に銀行業を対象に金融商品の全部公正価値会計を提案した『金融商品：銀行業に関する論点』（JWG［1999］）を公表したが，銀行協会のジョイント・ワーキング・グループ（JWGBA）は，同年に『銀行業における金融商品会計』（JWGBA［1999］）を公表し，JWG［1999］に反対して，混合測定アプローチ（mixed measurement approach）を提案した。

24) JWG［2000］は，例外的規定として，公正価値の推定が困難である未上場株式については，原価法または低価法で評価することを容認する（pars. 122 and 125）。また，外貨建ての金融商品を「機能通貨」（functional currency）から「報告通貨」（reporting currency）に換算したときに生じる損益については，損益計算書外で表示することを例外的に認める（par. 136）。

25) JWG［2000］は，「JWGは，損益計算書の表示を複雑化させることなく，注記で予定取引のヘッジ行為に関する目的適合的な情報を開示することによって，理解可能性（understandability）と透明性（transparency）という目標を最も良く達成することができると信じている」（par. 7.18）と指摘する。

26) かかる利益の認識・測定プロセスが採用されるならば，収益の認識に大きな影響を与えることに注意しなければならない。つまり，収益は，現在，フローの観点から認識・測定されるが，一元観を採用する業績報告では，資産と負債の定義とその測定可能性の観点，すなわちストックの変動に基づいて認識・測定されるのである。

2002年6月以降，FASBとIASBは，共同で収益認識プロジェクトに取り組み，資産と負債の定義とその測定可能性の観点から，収益を認識することを検討している（FASB［2004b］；IASB［2003a］）。収益の認識基準をフローからストックに変更することによって，それが会計システムの特性に与える影響を分析した先行研究として，髙寺［2004a］，徳賀［2003］，松本［2003］などがある。

27) 相対的予測価値とは，財務業績の要素を「高い予測価値を有する項目と低い予測価値を有する項目」（Johnson and Lennard［1998］, par. 4.28）に区分するときに用いられる区分規準である。

28) 機能的活動とは，財務業績の要素を「企業の主要な継続的または中心的活動に関連する項目とその他の活動に関連する項目」（Johnson and Lennard［1998］, par. 4.29）

29) さらに，上述したように，「G4＋1特別報告書」が提案する業績報告では，ストックの変動に基づいて利益が測定されるために，「G4＋1特別報告書」は，収益の認識基準でも実現概念の放棄を示唆している，と解釈できるのである。
30) ただし，当該議論では，測定の恣意性を通じて，経営者の意図や裁量が利益の測定プロセスに介入する点が見逃されている。近年，資産と負債の認識・測定を優先して会計基準が設定されているが，その結果，市場価値が存在しない資産と負債にまで公正価値の適用が拡張されるために，「資産・負債の公正価値の見積もり計算において，経営者の〔意図や〕裁量が入り込む余地を拡大させる」（鈴木［2003］，24頁）。すなわち，「"mark-to-model"」（Demski *et al.*［2002］, p. 162）を用いた公正価値の推定作業を通じて，経営者の意図は，利益の中に反映されるわけである。その詳細については，高寺［2004c］と高寺・草野［2004］を参照されたい。

第5章 金融商品の公正価値評価と業績報告
―財務会計の機能と利益情報の役割―

第1節 は じ め に

　1970年代後半以降の金融市場の劇的な変化や金融工学の発達に伴って，多種多様なデリバティブが出現した。多くのデリバティブは，当初原価がゼロもしくは僅少なので，その後，公正価値で評価されないと決済時まで財務諸表で認識されず，オフ・バランス取引として取り扱われることになる。そこで，各国の会計基準設定機関は，企業の現在の財務状況と過去の諸活動に係る経済的実質を財務諸表に反映させることを目的に会計基準を提案または作成する「経済的実質アプローチ」(Tweedie and Whittington [1990], p. 97) に依拠して，近年，金融商品に公正価値評価を導入している。

　金融商品の公正価値評価の適用範囲が拡張されるにつれて，その利益測定に対して，2つの異なる方法が提案された。1つは，金融商品を公正価値で評価し，その評価損益を当該期間の利益計算の対象として取り扱う方法である。その典型的な例として，IASC [1997] とJWG [1999, 2000] がある。いま1つは，金融商品を公正価値で評価するが，一部の金融商品の評価損益を稼得利益（純利益）で認識せず，当該期間の利益計算の対象として取り扱わない方法である[1]。かかる代表例として，第3章で論じたSFAS115の売却可能証券の会計処理とSFAS133のキャッシュ・フロー・ヘッジ会計が挙げられる[2]。

　このように，金融商品の評価損益（ストックの変動）とその利益測定（フロー

の測定）を巡って，ストックの変動とフローの測定を結合させるのか，あるいは分離させるのかという具合に，「2つの相異なる世界的な潮流が存在する」（辻山［2000］，624頁）わけである。このことは，業績報告のあり方に大きく影響を与えている。近年，業績報告を巡って，国際的に議論が進められており，一元的な利益測定値のみを開示するIASB（G4＋1）型の業績報告と，二元的な利益測定値を開示するFASB型の業績報告という相異なる方法が並存する。

　本章の目的は，売却可能負債証券の会計処理とキャッシュ・フロー・ヘッジ会計を素材として，財務会計の機能と利益情報の役割に照らして，SFAS130と「G4＋1特別報告書」の業績報告について検討することである[3]。本章では，第3章と第4章とは異なる観点から，それぞれの利益測定の特徴を明らかにしたい。

第2節　金融商品の公正価値評価と意思決定支援機能

　FASBは，金融商品を財務諸表上で認識した後に，「公正価値は，金融商品に対して最も目的適合的な測定値であり，そしてデリバティブに対しては唯一の目的適合的な測定値である」（SFAS133, pars. 3 (b), 217 (b), and 220）ことを根拠に，原則として有価証券とデリバティブを公正価値で評価する。また，JWG［2000］も同様に，「公正価値は，〔……〕金融商品と〔その〕類似項目の最も有用な測定値である」（par. 1.5 (a)）ことに準拠して，基本的には，すべての金融商品を公正価値で評価することを提案する。本節では，以下，FASBとJWGが金融商品を公正価値で評価する目的を確認し，その後に，かかる会計処理が財務会計の機能に与えると考えられる影響について検討する。

1　金融商品の公正価値評価の目的

　FASBは，財務報告の目的を「経営的および経済的意思決定を行うときに有用な情報を提供すること」（FASB［1978］, par. 33），換言すると「現在および将来の投資家，債権者そしてその他の利用者が合理的な投資，与信，そして類似

の意思決定を行うときに有用な情報を提供する」(FASB [1978], par. 34) ことと捉える。また，IASBは，「財務諸表の目的は，広範な利用者が経済的意思決定を行うときに〔……〕有用な情報を提供することである」(IASC [1989], par. 12) と，基本的には，FASBと同様の財務報告の目的を掲げている。

このように，財務報告の目的を「経済的意思決定を行うときに有用な情報を提供すること」と捉える考え方は，「意思決定有用性アプローチ」と総称され，AAA [1966] とAICPA [1973] を契機に「会計専門家の認知と広範な影響力を獲得した」考え方である (AAA [1977], pp. 10-11)。意思決定有用性アプローチは，今日，FASBとIASBの概念フレームワークを支える基礎的理論として位置づけられる (津守 [2002], 第5章；藤井 [1997], 第3章)。財務会計には，「意思決定（例えば，投資意思決定）が行われる前に期待を改定する意味で有用である」(Beaver and Demski [1979], p. 43) 会計情報，すなわち「意思決定前情報」(pre-decision information) を提供することが期待される (Beaver and Demski [1979]; Feltham [1992])。かかる会計情報を提供する財務会計の機能を意思決定支援機能と言う (須田 [2000])。

さて，SFAS115で有価証券（負債証券）に公正価値会計が導入された契機は，S&L危機と連邦貯蓄貸付保険公社 (Federal Savings and Loan Insurance Corporation) の財政状況が悪化したためである (Financial Executive [1993], p. 33)。売却可能証券の公正価値評価は，本来「益出し取引」(gains trading) 防止，そして預金保険制度改革（自己資本比率規制）のために要請された[4]。ところが，SFAS115は，有価証券の公正価値評価によって，益出し取引の防止を期待しておらず[5]，また自己資本比率規制を想定していない[6,7]。むしろSFAS115は，基準書の各所で「公正価値情報の目的適合性」について言及しており (pars. 39-41, 78, 92 and 119)，有価証券の公正価値情報を財務諸表本体で開示することによって，「現在および将来の投資家，債権者そしてその他の利用者が合理的な投資，与信，そして類似の意思決定を行うときに有用な情報を提供する」ことを期待しているわけである (par. 39)。

また，SFAS133は，すべてのデリバティブを財務諸表上で認識し，公正価

値で評価するという「基本的決定」(fundamental decisions) を行った (pars. 217 and 229)。SFAS133は，デリバティブを公正価値で評価する理由として，「現在および将来の投資家，債権者そしてその他の利用者が合理的な投資，与信，そして類似の意思決定を行うときに有用な情報を提供する」(par. 220) ことを挙げ，SFAS115と同様に，財務報告の目的に基づいて，デリバティブを公正価値で評価する。

　さらに，JWG [2000] は，「2つの最も重要な会計情報の質的特徴は，目的適合性と信頼性である」(par. 1.7) と指摘したうえで，「公正価値は，金融商品の最も目的適合的な測定属性であり，公正価値の十分に信頼可能な推定は，財務報告の使用のために一般的に入手可能である」(par. 1.7) とする。つまり，JWG [2000] は，投資意思決定に有用な会計情報を支える会計情報の質的特徴に着目して (FASB [1980a]; IASC [1989], par. 24)，目的適合性と信頼性の観点から，「公正価値測定の原則」(fair value measurement principle) を導き出しているのである (pars. 1.8-1.21)。

　以上のように，投資家の意思決定に有用な会計情報を提供するために，SFAS115とSFAS133では，有価証券とデリバティブの公正価値評価が要請され，またJWG [2000] では，金融商品の公正価値評価が提案されている。それでは，金融商品の公正価値評価額情報は，果たして投資家の意思決定に有用な会計情報と言えるのであろうか。以下，項を改めて，その点について検討を行いたい[8]。

2　金融商品の公正価値評価と意思決定支援機能

　企業価値を評価する理論モデルの1つに，キャッシュ・フロー割引モデル (DCFモデル) がある[9] (Penman [2004], pp. 112-116)。DCFモデルを用いると，企業価値は，将来キャッシュ・フローの流列を資本コストで割り引いた実物資産の資本価値に金融商品の公正価値評価額を加減したもので表される[10] (小林 [1990]，291-294頁；Palepu et al. [1996], chap. 6)。ここで注意すべきは，企業価値を評価するときに，金融商品の公正価値評価額が直接的に用いられることで

ある。企業の財務活動は，相対的に完全な市場で売買される金融商品を取り扱うために，その公正価値は，「期待される将来キャッシュ・フローの現在価値に対する市場の推定」（FASB［1999］, par. 48）で表される。したがって，将来キャッシュ・フローの流列は，すでに金融商品の公正価値評価額に反映されている，と考えられる。このことから，企業価値を評価するときに，財務活動の部分については，将来キャッシュ・フローを予測する必要はなく，その公正価値評価額をそのまま用いればよいわけである[11]。

以上要するに，金融商品の公正価値評価額は，企業価値を評価するときに直接的に用いられるために，その限りにおいて，金融商品の公正価値評価額情報は，意思決定に有用な会計情報と言える。FASBとJWGは，原則として金融商品を公正価値で評価することを要請するために，そのことによって，意思決定支援機能を果たすことが期待されているのである。

ところが，金融商品の公正価値評価額情報は，財務諸表本体からだけではなく，注記からも得られることに注意しなければならない。FASBは，1991年12月にSFAS107『金融商品の公正価値に関する開示』を公表し，その中でオン・バランス項目およびオフ・バランス項目にかかわらず，すべての金融商品の公正価値情報の開示を要請した[12]（SFAS107, par. 7）。IASCは，1995年3月にIAS32『金融商品：開示と表示』を公表し，SFAS107と同様に，オン・バランス項目とオフ・バランス項目にかかわらず，すべての金融資産と金融負債に対して公正価値情報の開示を要請した（IAS32, par. 77）。

このように，金融商品が財務諸表本体で公正価値評価される以前に，金融商品の公正価値評価額情報は，すでに注記で開示されているのである。つまり，SFAS115とSFAS133は，有価証券とデリバティブの公正価値評価を要請し，JWG［2000］は，金融商品の全面公正価値評価を提案するが，それは，SFAS107やIAS32で注記情報として開示されてきた金融商品の公正価値評価額情報を財務諸表本体で開示するに過ぎない。したがって，SFAS115, SFAS133，そしてJWG［2000］は，金融商品の公正価値評価額情報について，新しい会計情報を提供するものではない。

さらに，金融商品の価値関連性（value-relevance）に関する実証「研究は，公正価値の開示が投資家のために限界的な情報内容を有している（すなわち，新たな情報を提供する）かどうか，かつまたは公正価値情報が他の情報源〔，すなわち注記情報〕から得ることができるのに，それを財務諸表本体で〔認識・測定して〕提供すべきかどうかを提示できない」（AAA〔2000b〕, p. 504）のである。現時点では，公正価値情報を財務諸表本体で開示することとそれを注記情報として開示することの間に，投資家の意思決定有用性の観点から，どのような差異があるのかについて，十分に解明されていない[13]。

以上のことから，金融商品の公正価値評価額情報がすでに注記情報として開示されていること，また財務諸表本体と注記の間に情報価値に差異が見られるのか十分に明らかにされていないという2点で，金融商品の公正価値評価が意思決定支援機能を改善するのか否かは明らかではない。さらに，JWG〔2000〕は，基本的には，金融商品の全面公正価値評価を提案するが，現時点で多くの実証研究において，流動性の高い金融商品の公正価値評価額情報は，価値関連性があるという結果が示される一方で，流動性の低い金融商品の公正価値評価額情報の価値関連性については，むしろ否定的な結果が示されている[14]。したがって，現時点で金融商品の公正価値評価によって，意思決定支援機能が改善されるのか否かは，必ずしも明らかではないのである。

3 小　　括

本節では，以上，FASBとJWGが金融商品を公正価値で評価する目的を確認し，それが財務会計の機能（意思決定支援機能）に与えると考えられる影響について検討した。投資意思決定に有用な会計情報を提供することを目的に，FASBは，原則として有価証券とデリバティブを公正価値で評価することを要請し，JWGは，基本的には，すべての金融商品を公正価値で評価することを提案する。

ところが，かかる会計処理によって，意思決定支援機能が改善されるかどうかは必ずしも明らかではない。なぜならば，金融商品の公正価値評価額情報

は，すでに注記情報として開示されており，現時点では財務諸表本体と注記との間に情報価値に差異があるのか否か明らかではないからである。さらに，現時点で多くの実証研究は，流動性の低い金融商品の公正価値評価額情報の価値関連性について，統一した結果を提示していない。

以上のことから，FASBとJWGは，金融商品を公正価値で評価することを要請（または提案）するが，そのことによって，意思決定支援機能が改善されるかどうか明らかではないのである。ただし，FASBは，意思決定有用性アプローチに基づいて，すべての金融商品を公正価値で評価することを長期的な目標として，有価証券とデリバティブの公正価値評価をその中間的段階と位置づけている[15]。また，IASBも，金融商品の全面公正価値評価を目標に，金融商品の会計基準の作成に取り組んでいる。これらのことを考慮すると，FASBやIASBなどの会計基準設定機関は，金融商品の公正価値評価によって，意思決定支援機能の改善を期待している，と解釈できるわけである。

第3節　金融商品の会計処理と財務会計の機能

近年，金融商品の公正価値評価の適用が拡張されるにつれて，その利益測定を巡って，2つの相異なる方法が並存する。1つは，JWG［2000］のように，すべての金融商品の評価損益を当該期間の利益計算の対象とする方法であり，いま1つは，SFAS115とSFAS133のように，一部の金融商品の評価損益を当該期間の利益計算の対象としない方法である。その違いは，売却可能証券の会計処理とキャッシュ・フロー・ヘッジ会計に端的に現れる。本節では，以下，売却可能負債証券の会計処理[16]とキャッシュ・フロー・ヘッジ会計を素材として，財務会計の機能と利益情報の役割に照らして，各々の利益測定の特徴を明らかにする。

1 金融商品の会計処理と意思決定支援機能
(1) 意思決定支援機能と利益情報の役割

前節で指摘したように，企業価値は，DCFモデルを用いると，将来キャッシュ・フローの流列を資本コストで割り引いた実物資産の資本価値に金融商品の公正価値評価額を加減したもので表される。そのときに，実物資産から生じる実現利益，すなわち営業活動の利益は，将来キャッシュ・フローを予測するために用いられることが期待されるので[17]，その意味で意思決定に有用な会計情報と言える。これに対して，相対的に完全市場で取引される金融商品については，実物資産のように将来キャッシュ・フローを予測する必要はなく，公正価値評価額をそのまま用いれば十分である。つまり，未実現損益も含めて金融商品から生じる利益，すなわち財務活動の利益は，理論的には企業価値を評価するときに必要とされない。その限りでは，財務活動の利益を意思決定に有用な会計情報として位置づけることはできない。

さて，「資本市場は，〔企業価値を評価するときに〕報告利益の要素に異なる重みをつける」(AAA [1997], p. 124) ことが確認されている[18]。したがって，「伝達する情報の違いによって，包括利益の要素が区別される」(AAA [1997], p. 124) ことは，投資家の意思決定有用性の観点から有効かもしれない。営業活動の利益と財務活動の利益は，利益の予測能力，すなわち利益の持続性について，伝達する情報の質が異なる，と指摘されている[19] (AAA [1997], pp. 124-125)。そこで，「営業活動の利益と財務活動の利益を区別する」(AAA [1997], p. 125) ことは，財務会計が意思決定支援機能の役割を果たすために有効な方策と言えるであろう。

それでは，上述のことを踏まえて，売却可能負債証券の会計処理とキャッシュ・フロー・ヘッジ会計について検討する。

(2) 売却可能負債証券の会計処理と意思決定支援機能

まず，JWG [2000] のように，すべての金融商品が公正価値で評価され，その評価損益が当該期間の利益計算の対象として取り扱われる場合，意思決定支援機能にどのような影響を与えると考えられるのかについて検討する。この

場合，金融商品の評価損益が営業活動の利益と区分される限りにおいて，意思決定に有用な会計情報を提供することは可能である。なぜならば，財務会計が意思決定支援機能を果たすためには，利益の予測能力，すなわち利益の持続性が異なる営業活動の利益と財務活動の利益を区分して表示すれば十分である，と考えられるからである。したがって，損益計算書の中で，営業活動の利益と金融商品の評価損益を区分して表示すれば，意思決定に有用な利益情報を提供することはできる。

それでは，次にSFAS115のように，売却可能負債証券の評価損益が発生時にその他の包括利益として認識される場合，意思決定支援機能にどのような影響を与えると考えられるのかについて検討してみよう。この場合，売却可能負債証券の評価損益は，その他の包括利益として認識される以上，純利益（稼得利益）として認識される営業活動の利益と区分して表示される。したがって，利益の予測能力，すなわち利益の持続性が異なる営業活動の利益と財務活動の利益が区分されるために，その限りにおいて，純利益（営業活動の利益）に期待される意思決定有用性を損なうことはないと考えられる。

以上要するに，JWG［2000］は，すべての金融商品を公正価値で評価し，その評価損益を利益計算の対象とするが，当該損益が営業活動の利益と区分して表示される限りにおいて，意思決定に有用な会計情報の提供は可能である。また，SFAS115は，売却可能負債証券の評価損益を発生時にその他の包括利益で認識するために，その限りにおいて，純利益（営業活動の利益）の意思決定有用性を損なうことはないと考えられる。したがって，SFAS115とJWG［2000］の双方で，営業活動の利益と財務活動の利益が区分して表示される限り，意思決定支援機能を損なうことはないと考えられる。

(3) キャッシュ・フロー・ヘッジ会計と意思決定支援機能

まず，JWG［2000］のようにキャッシュ・フロー・ヘッジ会計が容認されない場合，意思決定支援機能にどのような影響を与えると考えられるのかについて検討する。キャッシュ・フロー・ヘッジには，金融商品に係るキャッシュ・フローの変動がヘッジ対象として指定される場合と実物資産に係るキャッ

シュ・フローの変動がヘッジ対象として指定される場合がある。

　金融商品に係るキャッシュ・フローの変動がヘッジ対象として指定されたときには，ヘッジ手段の損益が発生時に利益計算の対象として取り扱われても，当該損益が営業活動の利益と区分される限りにおいて，意思決定に有用な会計情報を提供することは可能である。なぜならば，財務会計が意思決定支援機能を果たすためには，利益の予測能力，すなわち利益の持続性が異なる営業活動の利益と財務活動の利益を区分して表示すれば十分であると考えられるからである。

　一方，実物資産に係るキャッシュ・フローの変動がヘッジ対象として指定されたときには，ヘッジ手段の損益が発生時に利益計算の対象として取り扱われても，意思決定に有用な会計情報を提供できるのか否かは明らかでない。ヘッジ手段の損益が発生時に利益計算の対象とされれば，ヘッジ対象の損益が利益として認識される会計期間に，それにマッチングするヘッジ手段の損益を利益で認識することはできない。そのときに，営業活動の利益に期待される意思決定の有用性を損なう可能性がある。なぜならば，ヘッジ活動の成果が適切に財務諸表上で反映されない以上，「もし〔将来利益の〕予測能力がない実現損益〔……〕や統計的に株価と関連がない会計利益〔……〕が，予測能力を有するほど十分に持続性がある営業〔活動の〕利益と合算され，しかも合算の程度が〔投資家に〕知られていないならば，営業〔活動の〕利益の金額はあまり予測能力を有さないであろう」（AAA［2000a］, p. 369）という可能性を否定できないからである。

　以上要するに，キャッシュ・フロー・ヘッジ会計が容認されない場合，金融商品に係るキャッシュ・フローの変動がヘッジ対象として指定されたときには，意思決定に有用な利益情報の提供が可能であるが，実物資産に係るキャッシュ・フローの変動がヘッジ対象として指定したときには，利益情報に期待される意思決定の有用性が阻害される可能性がある。JWG［2000］は，金融商品の全面公正価値評価に伴って，キャッシュ・フロー・ヘッジ会計を禁止するが，そのことで財務会計の意思決定支援機能が損なわれる可能性がある，と考

えられる。

　それでは，次にSFAS133のようにキャッシュ・フロー・ヘッジ会計が容認される場合，意思決定支援機能にどのような影響を与えると考えられるのかについて検討してみよう。キャッシュ・フロー・ヘッジ会計が容認される場合，キャッシュ・フロー・ヘッジに係るヘッジ手段の損益は，その他の包括利益で認識されるので，純利益として認識される営業活動の利益と区分される。したがって，金融商品に係るキャッシュ・フローの変動がヘッジ対象として指定された場合，ヘッジ手段の損益がその他の包括利益として認識されれば，営業活動の利益に期待される意思決定の有用性を損なうことはないと考えられる。

　また，キャッシュ・フロー・ヘッジ会計が容認されれば，ヘッジ対象の損益が純利益として認識されるときに，それにマッチングするヘッジ手段の損益が純利益として認識される。したがって，実物資産に係るキャッシュ・フローの変動がヘッジ対象として指定された場合，ヘッジ活動の成果が適切に財務諸表上で反映されるので，「もし〔将来利益の〕予測能力がない実現損益〔……〕や統計的に株価と関連がない会計利益〔……〕が，予測能力を有するほど十分に持続性がある営業〔活動の〕利益と合算され，しかも合算の程度が〔投資家に〕知られていないならば，営業〔活動の〕利益の金額はあまり予測能力を有さないであろう」（AAA [2000a], p. 369）という虞はないと考えられる。

　以上要するに，キャッシュ・フロー・ヘッジ会計が容認されれば，純利益（とりわけ営業活動の利益）に期待される意思決定の有用性が損なわれないと考えられる。SFAS133は，デリバティブの公正価値評価にともなって，キャッシュ・フロー・ヘッジ会計を容認するが，そのことで財務会計の意思決定支援機能が損なわれない，と考えられるのである。

2　金融商品の会計処理と契約支援機能
(1) 契約支援機能と利益情報の役割
　意思決定支援機能とは別に，契約支援機能も財務会計の機能として期待される（須田 [2000]）。株主や債権者といった利害関係者は，自らの利害に一致し

た行動を経営者に動機づけるために，経営者報酬契約や債務契約といった契約を締結する。そのときに契約当事者たちが契約の履行状況を確認できなければ，かかる契約を締結してもエイジェンシー・コストを削減することはできない。そこで，観察可能な経営者の行動結果に基づいて契約が設計され，そのときに純利益，運転資本，負債比率といった公表済みの会計数値がしばしば用いられる（Watts and Zimmerman [1987], p. 193）。財務会計には，利害関係者と経営者間の「契約の基礎を提供〔し，その契約の履行状況を確認〕する意味で有用である」（Beaver and Demski [1979], p. 43）会計情報を提供することが期待される。かかる会計情報は，「意思決定後情報」（post-decision information）と呼称される（Beaver and Demski [1979]; Feltham [1992]）。

会計数値の中でも，とりわけ利益数値は「原価加算価格協定（cost-plus payment arrangements），利益を基礎とする配当制限，利益を基礎とする経営者のインセンティブ協定等」（Beaver and Demski [1979], p. 43）多くの契約で用いられている。経営者報酬契約，とりわけボーナス制度は，「会計上の業績測定値，とりわけ利益と最も直接的にリンクする」[20]（Bushman et al. [2000], p. 11）。そこで，ここでは経営者報酬契約に焦点を当てて，財務会計が契約支援機能を果たすために必要とされる利益情報の特質について簡単に確認しておきたい。

多くの企業は，経営者報酬契約を設計するときに，経営者の業績指標として利益数値と株価の双方を採用する（Murphy [1999], p. 2491 ; Sloan [1993], p. 60）。経営者報酬契約の目的は，経営者に企業価値を最大化にするインセンティブを与えることにある。かかる目的に基づくならば，株価を用いて経営者報酬を設計する方が直接的である（Sloan [1993], p. 56 ; Watts and Zimmerman [1986], p. 201）。それにもかかわらず，多くの経営者報酬契約で株価に加えて利益数値も用いられるのは，「会計上の利益〔数値〕は，株価に含まれる市場全体の要因から経営者を防御するのに役立つ」（Sloan [1993], p. 65）ために，短期的には経営者の行動や努力水準をより反映していることが期待されるからである。このことは，会計上の利益，すなわち稼得利益（純利益）が，従来から「一会計期間の業績の測定値」（FASB [1984], par. 34）または「企業と経営

者の業績指標」(Storey and Storey [1998], p. 150) と捉えられていることと合致する。このように，財務会計が契約支援機能を果たすためには，会計上の利益数値が経営者の行動や努力水準と相対的に相関が高いことが要求されるのである。

それでは，上述のことを踏まえて，売却可能負債証券の会計処理とキャッシュ・フロー・ヘッジ会計について検討する。

(2) 売却可能負債証券の会計処理と契約支援機能

売却可能負債証券の会計処理を考える場合，金融負債の評価方法も考慮に入れて，検討する必要がある。SFAS115は，売却可能負債証券の評価損益を発生時にその他の包括利益で認識するが，そのときに金融負債は公正価値で評価されていない。一方，JWG [2000] は，金融商品の保有目的に関係なく，ほぼすべての金融商品を公正価値で評価する。

さて，企業，とりわけ金融機関は，基本的には，ALMで金利リスクを管理する目的で売却可能負債証券を保有する。そのときに，売却可能負債証券への「投資から生じる未実現保有損益が稼得利益〔(純利益)〕で報告される一方で，その関連する負債から生じる未実現保有損益が稼得利益〔(純利益)〕で報告されないと，〔……〕経営活動の管理方法と企業全体に対する経済事象は〔純利益に適切に〕反映されない」(SFAS115, par. 93)。なぜならば，経営者は，金融資産と金融負債のデュレーションなどを考慮して，金融資産と金融負債の価値変動に係るナチュラル・ヘッジの関係を形成するからである (Scott [2003], p. 220)。したがって，売却可能負債証券のみが公正価値で評価され，その評価損益が純利益として認識されれば，金利リスク管理の成果は，純利益に適切に反映されないのである。

それでは，SFAS115のように売却可能負債証券の評価損益が純利益ではなく，その他の包括利益として認識されれば，どうなるのであろうか。この場合は，経営者の行動や努力水準と相対的に相関が高いと期待される稼得利益（純利益）の中に，金利リスク管理の成果を反映しない要素，すなわち経営者の努力とは無関係な要素は含まれない。したがって，金利リスク管理の成果は，純

利益に適切に反映されるために，純利益に期待される経営者の業績指標としての役割は損なわれないと考えられる。

その一方で，JWG［2000］は，金融商品の保有目的に関係なく，金融負債も含めて，すべての金融商品を公正価値で評価する。つまり，基本的には，すべての金融資産と金融負債が公正価値で評価され，その評価損益は，当該期間の利益として認識される。金融資産と金融負債の金利の変動による公正価値変動差額は相殺されるために，ALMによる金利リスク管理の成果は，自然と利益に反映される。したがって，その限りにおいて，会計上の利益数値に期待される経営者の業績指標としての役割は損なわれないと考えられる。

以上要するに，金融負債が公正価値で評価されないときに，売却可能負債証券の評価損益がその他の包括利益として認識されれば，契約支援機能を果たすときに必要とされる利益情報の提供が期待できる。かかる会計処理によって，SFAS115は，財務会計の契約支援機能を損なうことはない，と考えられる。これに対して，金融負債も含めて，すべての金融商品が公正価値で評価されるときには，その評価損益が当該期間の利益として認識されても，契約支援機能を果たすときに必要とされる利益情報の提供は期待できる。ALMによる金利リスク管理の成果に関する限り，JWG［2000］は，財務会計の契約支援機能を損なうことはないと考えられる。

(3) キャッシュ・フロー・ヘッジ会計と契約支援機能

以下では，キャッシュ・フロー・ヘッジ会計が容認される場合（SFAS133）とそれが容認されない場合（JWG［2000］）のそれぞれに対して，契約支援機能にどのような影響を与えると考えられるのかを検討する。ここでは，企業が変動利子付債務の支払利息の変動を金利スワップでヘッジしたケースについて考察する[21]。

さて，変動利子付債務の支払利息の変動は，金利スワップの決済によって固定される。そのときに金利スワップの公正価値は，金利スワップの決済によって，将来に期待されるキャッシュ・フローを現在価値に割り引いたものなので，その公正価値変動額（評価損益）は，将来の損益を先取りしたものであ

第5章　金融商品の公正価値評価と業績報告　155

る。したがって，同一の会計期間において，変動利子付債務の支払利息の変動と金利スワップの評価損益は，直接的に対応するものではない。なぜならば，変動利子付債務の支払利息の変動を固定するものは，金利スワップの決済であって，金利スワップの評価損益ではないからである。そこで，ヘッジ手段として指定された金利スワップの評価損益を発生時に利益計算の対象に含めれば，ヘッジ活動の成果は，財務諸表上で適切に反映されないのである。つまり，JWG［2000］のようにキャッシュ・フロー・ヘッジ会計が容認されない場合，会計上の利益数値に期待される経営者の業績指標としての役割は損なわれると考えられる。

　それでは，SFAS133のようにヘッジ手段の損益が発生時の利益ではなく，その他の包括利益として認識された場合はどうなるのであろうか。この場合は，経営者の行動や努力水準と相対的に相関が高いと期待される稼得利益（純利益）の中に，経営者の努力とは無関係な要素は含まれない。さらに，ヘッジ手段とヘッジ対象の損益を同一の会計期間で認識すれば，支払利息の変動を固定するというヘッジ活動の成果，すなわち経営者の努力は純利益の中に反映される。このように，ヘッジ対象の損益が純利益として認識されるまで，ヘッジ手段の損益がその他の包括利益として認識されれば，純利益に期待される経営者の業績指標としての役割は損なわれないと考えられる。

　以上要するに，キャッシュ・フロー・ヘッジ会計が容認されなければ，契約支援機能を果たすときに必要とされる利益情報の提供は期待できないが，それが容認されれば，契約支援機能を果たすときに必要とされる利益情報の提供は期待できる。JWG［2000］は，金融商品の全面公正価値評価に伴って，キャッシュ・フロー・ヘッジ会計を容認しないが，そのことで財務会計の契約支援機能の役割が損なわれると考えられる。その一方で，SFAS133は，デリバティブの公正価値評価にともなって，キャッシュ・フロー・ヘッジ会計を容認するが，そのことで財務会計の契約支援機能の役割を損なうことはないと考えられるのである。

第4節　金融商品の公正価値評価と業績報告

本章では，以上，金融商品を公正価値で評価することと，一部の金融商品の評価損益を利益計算の対象として取り扱うのか，それとも取り扱わないのかを区別して，それぞれの会計処理の結果，どのような財務会計の機能を果たすことが期待されるのかについて論じてきた。本節では，前節までの検討を踏まえたうえで，SFAS130と「G4＋1特別報告書」における利益測定の特徴を明らかにする。

1　意思決定支援機能と契約支援機能の調整

上述したように，財務会計の機能には，意思決定支援機能と契約支援機能が期待される。財務会計が意思決定支援機能と契約支援機能を実際に果たしていることは，多くの実証研究によって確認されている[22]。すなわち，意思決定支援機能と契約支援機能は，同時に存在するわけである（Watts and Zimmerman [1986], p. 198）。

ここで，多期間（multi periods）を想定したときに，「ある意思決定後情報は，それ以降の全〔会計〕期間の意思決定前情報になる」（Feltham [1992], p. 2）以上，意思決定前情報に加えて，意思決定後情報も財務会計が意思決定支援機能を果たすためには必要とされる[23]。すなわち，多期間の状況で，ある会計情報が公表されると，当該情報は，意思決定支援機能と契約支援機能の双方で用いられることが期待されるわけである。そのときに，意思決定支援機能と契約支援機能が重視する会計情報の質的特徴は，トレード・オフの関係にあるために[24]，双方の機能の間にトレード・オフの関係が成立する場合もある。財務会計が双方の機能を同時に果たすことを前提とすれば，ある財務会計の機能の改善を目的に会計基準を変更するときに，「一方を現状のまま維持し，他方の機能改善を目指す方向」（須田 [2000], 526頁），すなわち「どちらの機能も損なうことなく1つの機能を改善することを可能にする会計規制」（須田

[2000］，527頁）を考慮しなければならない。したがって，意思決定支援機能と契約支援機能の間で調整が必要とされる。とりわけ意思決定支援機能と契約支援機能の「どちらの情報利用目的からみても，実績利益数値が会計情報の中心的な項目であると考えられる」（桜井［2002］，23頁）以上，利益情報に対して意思決定支援機能と契約支援機能の調整を考慮しなければならないわけである。

意思決定支援機能と契約支援機能が調整された会計基準の例として，SFAS107を挙げることができる。SFAS107は，オン・バランス項目およびオフ・バランス項目にかかわらず，すべての金融商品に対して公正価値情報の開示を要請する（par. 7）。金融商品の公正価値評価額は，企業価値を評価するときに用いられることが期待されるので，意思決定に有用な会計情報と言える。SFAS107は，それ以前に要請されていなかった，金融商品の公正価値情報を包括的に開示したために，意思決定支援機能を改善したと考えられる。そのときに，SFAS107は，金融商品の公正価値情報を注記情報として開示するために，「財務諸表上で金融商品の認識，測定，そして分類に関するあらゆる要請を変更しない」（par. 7）。つまり，SFAS107は，財務諸表上で公表される会計数値（とくに利益数値）に何ら影響を与えない。利害関係者と経営者間の契約に利益数値はしばしば用いられるが，SFAS107は，利益数値に何ら影響を与えないので，契約支援機能は損なわれないと考えられる。

このように，SFAS107は，金融商品の公正価値情報を注記情報として開示することで，意思決定支援機能を改善したと考えられる一方で，契約支援機能を損なわないと考えられるので，SFAS107では意思決定支援機能と契約支援機能が調整されている，と解釈できる。注記情報を充実することで意思決定支援機能と契約支援機能を調整する方法については，すでにButterworth *et al.*［1982］と須田［2000］で指摘されているが，ここで明らかにしたように，SFAS107はまさにその典型的な例と言えるわけである。

2　金融商品の公正価値評価と業績報告

　それでは，意思決定支援機能と契約支援機能を調整する方法は，注記開示以外に考えられないのであろうか。以下では，金融商品の会計処理を素材として，SFAS130と「G4＋1特別報告書」の業績報告で意思決定支援機能と契約支援機能の調整が期待できるのか否かについて，検討する。

　さて，第2節でも論じたように，SFAS115とSFAS133，そしてJWG［2000］は，SFAS107とは異なり，金融商品を財務諸表上で認識し，公正価値で評価する。そのときに，金融商品の公正価値評価額情報は，すでにSFAS107（SFAS119）やIAS32で注記として開示が要請されており，さらに財務諸表本体と注記の間に意思決定有用性の観点から差異があるのか否かについて，現時点では十分に解明されていない。したがって，FASBとJWGは，投資家の意思決定に有用な会計情報を提供する目的で，金融商品を公正価値で評価するが，そのことで意思決定支援機能が改善されるのかどうか明らかではないのである。

　しかし，FASBとIASBは，すべての金融商品を公正価値で評価することを長期的な目標と定め，金融商品の会計基準の作成に取り組んでいる。このことを考慮すれば，少なくともFASBとIASBは，金融商品の公正価値評価によって，意思決定支援機能の改善を期待している，と解釈できる。

　そのときに，金融商品の評価損益の取り扱いを巡って，FASBとJWGは大きく異なっている。すなわち，売却可能証券とキャッシュ・フロー・ヘッジでヘッジ手段として指定されたデリバティブで，その評価損益を発生時に利益として認識するのか，あるいは認識しないのかという違いがある。そして，それと表裏の関係で，一元的な利益測定値のみを開示する業績報告と，二元的な利益測定値を開示する業績報告という相異なる方法が並存している。

　まず，一元的な利益測定値のみの開示を提案する「G4＋1特別報告書」の業績報告において，利益情報に対して意思決定支援機能と契約支援機能の調整が期待できるのか否かについて検討する。「G4＋1特別報告書」の業績報告では，JWG［2000］のように，金融商品の保有目的に関係なく，すべての金融商品を公正価値で評価し，その評価損益を当該期間の利益として認識する会計処理

が適合する。

　第3節で指摘したように，金融商品の公正価値評価損益が，営業活動の利益と区分して表示される限りにおいて，財務会計の意思決定支援機能は損なわれないと考えられる。なぜならば，利益の予測能力，すなわち利益の持続性が異なる営業活動の利益と財務活動の利益が区分して表示されるからである。また，JWG［2000］では，金融負債も含めて，すべての金融商品が公正価値で評価され，その評価損益が利益計算の対象として取り扱われるために，金利リスク管理の成果に関する限り，財務会計の契約支援機能は損なわれないと考えられる。

　ところが，JWG［2000］では，金融商品の全面公正価値会計の導入に伴って，キャッシュ・フロー・ヘッジ会計が容認されない。第3節で指摘したように，実物資産に係るキャッシュ・フローの変動がヘッジ対象として指定されたときには，営業活動の利益を適切に算定できず，したがって財務会計の意思決定支援機能を阻害する虞がある。さらに，キャッシュ・フロー・ヘッジ会計が容認されなければ，経営者の努力とは無関係な要素が純利益の中に含まれ，経営者の行動または努力水準と相関が高い利益情報の提供は期待できない。つまり，財務会計の契約支援機能が損なわれる虞がある[25]。

　以上要するに，金融商品の公正価値評価を所与としたときに，「G4＋1特別報告書」の業績報告では，会計上の利益数値に期待される業績指標のみならず，意思決定に有用な利益情報が提供されない場合がある。すなわち，金融商品の公正価値評価によって意思決定支援機能の改善が期待されたとしても，利益情報に対して意思決定支援機能と契約支援機能の双方が損なわれる可能性がある[26]。したがって，「G4＋1特別報告書」では，意思決定支援機能と契約支援機能の調整が期待できないのである[27]。

　それでは，二元的な利益測定値の開示を要請するSFAS130では，利益情報に対して意思決定支援機能と契約支援機能の調整が期待できるのであろうか。まず，SFAS115では，売却可能負債証券の評価損益がその他の包括利益として認識されるために，純利益として認識される営業活動の利益と区分して表示

されることから，財務会計の意思決定支援機能が損なわれないと考えられる。さらに，売却可能負債証券の評価損益が純利益として認識されない以上，経営者の努力とは無関係な要素は純利益の中に含まれず，短期的に経営者の行動または努力水準と相関が高い利益情報の提供を期待することができる。すなわち，契約支援機能は損なわれないと考えられる。

次に，SFAS133では，キャッシュ・フロー・ヘッジ会計が容認され，ヘッジ手段の損益はその他の包括利益として認識される。その結果，純利益として認識される営業活動の利益と区分して表示されるために，財務会計の意思決定支援機能は損なわれないと考えられる。さらに，ヘッジ手段の損益はその他の包括利益として認識されるので，経営者の努力とは無関係な要素は純利益の中に含まれず，またヘッジ対象の損益が純利益に影響を与える会計期間に，ヘッジ手段の損益も純利益で認識されるので，ヘッジ手段とヘッジ対象の損益が相殺され，キャッシュ・フローの変動をヘッジするという経営者の努力は純利益に反映される。つまり，純利益の中に経営者の努力とは無関係な要素は含まれず，短期的に経営者の行動または努力水準と相関が高い利益情報の提供を期待できるために，契約支援機能は損なわれないと考えられる。

以上要するに，有価証券とデリバティブの公正価値評価を所与としたときに，SFAS130では，意思決定に有用な利益情報と，従来から純利益（稼得利益）に期待される業績指標としての役割の双方が期待できる。すなわち，金融商品の公正価値評価によって意思決定支援機能の改善が期待されるときに，利益情報に対して意思決定支援機能と契約支援機能の双方が損なわれない，と考えられる。意思決定支援機能と契約支援機能の間にトレード・オフの関係が成立する場合もあることを考慮するならば，金融商品の会計処理を素材としたときに，SFAS130では，意思決定支援機能と契約支援機能の調整が期待できるわけである[28,29]。

3 小　　括

本節では，以上，金融商品の会計処理を素材として，SFAS130と「G4+1特

別報告書」の業績報告について検討した。一元的な利益測定値のみの開示を要請する「G4＋1特別報告書」では，金融商品の公正価値評価によって意思決定支援機能の改善が期待されたとしても，利益情報に対して意思決定支援機能と契約支援機能の双方が損なわれる虞がある。これに対して，二元的な利益測定値の開示を要請するSFAS130では，金融商品の公正価値評価によって意思決定支援機能の改善が期待されるときに，意思決定支援機能と契約支援機能の調整が期待できるのである。

上述したように，財務会計の意思決定支援機能と契約支援機能は同時に存在し，そして双方の機能はトレード・オフの関係が成立することもある以上，意思決定支援機能と契約支援機能の調整が必要とされる。かかる試みは，意思決定有用性アプローチを初めて公式見解として表明したAAA［1966］でも見受けられる。AAA［1966］は，目的適合性と検証可能性がトレード・オフの関係にあることを指摘し（p. 27），この問題を解消するために「多元的評価報告書」（multi-valued report）を提案した（pp. 30-32）。AAA［1966］は，多元的評価報告書を導入することで，目的適合性が重視される市価情報と同時に，検証可能性が重視される原価情報も提供するために，意思決定支援機能と契約支援機能の調整が期待できるのである。また，注記情報を充実することで，意思決定支援機能と契約支援機能の調整が期待できることは，先述したとおりである。

それに加えて，本章では，金融商品の評価損益（ストックの変動）と利益の測定（フローの測定）の分離を支えるSFAS130において，かかる調整が期待できることを指摘した。確かに，ストックの変動とフローの測定の区分には，「金融資産〔・金融負債（デリバティブ）〕の時価評価（すなわちストックの認識・測定）と期間業績測定としての利益測定（すなわちフローの認識・測定）の矛盾を調整するための便宜的・理論折衷措置となっている」（藤井［1996b］，271頁）側面がある。しかし，ストックの変動とフローの測定の区分によって，従来から純利益（稼得利益）に期待される業績指標としての役割が損なわれず，それ故に意思決定支援機能と契約支援機能の調整が期待できるわけであ

る。これに対して，ストックの変動とフローの測定が結合する「G4＋1特別報告書」では，従来から会計上の利益数値に期待される業績指標としての役割が損なわれるために，意思決定支援機能と契約支援機能の調整が期待できないと考えられる。

　以上のことは，SFAS130と「G4＋1特別報告書」における利益測定の特徴と言えるであろう。ただし，本章で指摘したことは，現時点で理論的に考えられることを先験的に記述したものに過ぎず，統計的に検証してみる必要がある。この点は，今後の研究課題として残されている。また，本章では，金融商品の会計処理（の一部分）を取り上げただけであり，SFAS130と「G4＋1特別報告書」の対象となるすべての項目に対して，上述した利益測定の特徴が該当するのかについては，さらに慎重な検討が必要である。ただし，金融商品の公正価値評価を契機として，今日，国際的に業績報告プロジェクトが審議されていることを踏まえれば，本章では，SFAS130と「G4＋1特別報告書」における利益測定の特徴の一端を明らかにした，と言えるであろう。

第5節　お　わ　り　に

　本章では，以上，売却可能負債証券の会計処理とキャッシュ・フロー・ヘッジ会計を素材として，SFAS130と「G4＋1特別報告書」における利益測定の特徴について検討した。金融商品の公正価値評価額情報は，理論的には意思決定に有用な会計情報であり，会計基準設定機関は，金融商品を公正価値で評価することによって，意思決定支援機能の改善を期待していると解釈できる。そのときに，「G4＋1特別報告書」が提案する業績報告では，仮に金融商品の全面公正価値評価によって意思決定支援機能の改善が期待されたとしても，利益情報に対して，意思決定支援機能と契約支援機能の双方が損なわれる虞がある。一方，SFAS130が要請する業績報告では，有価証券とデリバティブの公正価値評価によって意思決定支援機能の改善が期待されるときに，利益情報に対して，意思決定支援機能と契約支援機能の調整が期待できる。

以上のことは，金融商品の会計処理を素材としたときのSFAS130と「G4＋1特別報告書」における利益測定の1つの特徴である。第3章と第4章では，歴史的原価会計の利益測定プロセスを支える実現の機能と，利益に反映される経営者の将来に関する期待を鍵概念として，両者の利益測定の特徴を明らかにした。本章では，第3章と第4章とは異なり，財務会計の機能とそこで期待される利益情報の役割に照らして，SFAS130と「G4＋1特別報告書」における利益測定の特徴を明らかにした。

 近年，市場価値が存在する資産と負債のみならず，市場価値が存在しない資産と負債にまで公正価値が適用されるために，公正価値の適用範囲は拡張している。上場市場価格が利用できる場合は，それを用いればよいが，上場市場価格が利用できない場合は，経営者自身が公正価値（準市場価格）を推定しなければならない。そのときに，経営者は，評価モデルを用いて公正価値を推定するが，「公正価値〔の評価〕モデルは，〔将来キャッシュ・フローと割引率を推定するときに，〕多くの諸仮定を必要とするために，それらの僅かな変更は，〔公正価値の〕推定結果に大きく影響する」（Sayther [2004b], p. 6)。その結果，「経営者の支配下にあるそのような推定の変更は，報告財務業績に大きく影響する」（Barker [2004], p. 164）わけである。

 このように，「観察できる〔上場〕市場価格が利用できない公正価値の測定は，本質的に不正確である」（SAS101, par. 5）以上，公正価値の評価損益は，信頼性に欠けると言わざるを得ない。また，公正価値を測定する際に上場市場価格を用いることで，信頼性が確保できても，「市場価値の変動は，〔……〕将来を予測できない」（AAA [1997], p. 124）ので，公正価値の評価損益は，目的適合性に欠けるわけである。

 今日，FASBとIASBに代表される会計基準設定機関で歴史的原価会計から公正価値会計へと会計システムの転換が推進されつつあるが，「公正価値会計は，しばしば価格から情報を得るために，価格に関する情報を〔追加的に〕伝達する能力を損なうであろう」（Penman [2003], p. 89)。したがって，「歴史的原価会計が〔……収益の実現と，収益と費用の適切な対応を通じて〕（顧客と

の売買の収益力について）情報を提供する」（Penman［2003］, p. 89）ことを考慮すれば，稼得・実現・対応利益と包括利益という二元的な利益測定値を開示するSFAS130型の業績報告が望ましいと考えられるわけである。

1）本章では，第3章と同様に，その他の包括利益を利益計算の対象として位置づけていない（詳細は，第3章の注3を参照されたい）。したがって，FASB基準書を論じるときに利益計算と記述する場合，とくに断りがない限り，稼得利益（純利益）の算定を意味する。また，稼得利益と純利益は，本来は異なるものであるが，本章での議論で両者の差異は重要性がないものと思われるので，第3章と同様に，本章でも両者を同一のものとして取り扱うことにする。
2）IASCが1998年12月に公表したIAS39は，売却可能金融資産を公正価値で評価するが，その評価損益を株主持分の独立項目に直接計上することも認め（par. 103（b）（ii）），さらにキャッシュ・フロー・ヘッジに係るヘッジ手段として指定されたデリバティブも公正価値で評価するが，その評価損益を株主持分の独立項目に直接計上することを提案した（par. 158（a））。また，わが国の企業会計審議会も，1999年1月に『金融商品に係る会計基準の設定に関する意見書』を公表し，その他有価証券を時価評価するが，その評価差額を原則として資本の部に他の剰余金と区別して計上することを要請し（四2（4）③イ）），さらにヘッジ手段として指定されたデリバティブを時価評価するが，その評価差額を原則として資産または負債として繰り延べることを提案した（六4（1））。このように，第3章で検討したSFAS115やSFAS133以外にも，一部の金融商品に対して，金融商品の評価と利益の測定が区分されているのである。
3）財務会計の機能（意思決定支援機能と契約支援機能）と会計情報（利益情報）の特質に関する筆者なりの位置づけについては，草野［2002a］で整理しているので，参照されたい。
4）預金保険制度改革のために，金融商品の市場評価（公正価値評価）について論じたものとして，White［1989, 1991］などがある。
5）SFAS115は，有価証券の保有目的によって異なる会計処理を規定しているので，経営者は，売却可能証券を媒介に有価証券の区分の変更を通じて，利益操作を行うことができる（Bowen［1994］, pp. 91-92）。SFAS115も認めるように，売却可能証券の評価損益を株主持分の独立項目（その他の包括利益）に計上するアプローチでは，益出し取引の問題は解決されていないのである（pars. 28 and 94）。
6）このことは，SFAS115がSFAS107『金融商品の公正価値に関する開示』による公正価値情報の開示で自己資本の変動性の不利を緩和することができる（par. 95），と記述していることから明らかである。なぜならば，公正価値情報の注記開示では，投資家の誤った期待形成を回避することは可能であるが，財務諸表本体の会計数値に基づいて算出される自己資本比率規制には影響を及ぼさないからである。

また，SFAS115が自己資本費率規制について考慮していないことは，「幾つかの論文や報告書では，近年，投資証券の時価情報が金融機関の支払能力（solvency）の指

第5章　金融商品の公正価値評価と業績報告　*165*

標として有用であると報告されている」(par. 41) と記述するのみでFASB自身の見解を提示していないこと，さらに「規制当局は，特定の企業が事業を行うときに，将来コストに影響を与えるように規制を変更するかもしれない。審議会は，本基準書に従って提供される情報で起こりうる帰結を，変更をもたらす他の事象から区別することができたとしても，予測される帰結に対処することは，審議会の役割ではない。本基準書における審議会の目的は，証券投資に関する情報の決定方法について整合性を改善することによって，財務諸表利用者がより事情に通じて意思決定を行えるようにすることである」(par. 100) という基準書の記述からも明らかである。

7) FASBは，1995年にFASB特別報告書『負債証券と持分証券に関する投資の会計処理に対するSFAS115の実行指針』(Seidman and Wilkins [1995]) を公表した。FASBは，「一度の再評価からもたらされる満期保有目的カテゴリーからの再分類は，他の負債証券を将来に満期まで保有するという企業の〔積極的〕意思を疑問視するものではない」と記述し，企業が1995年12月31日までに一度だけ有価証券のカテゴリー変更を行うことを認可した (Seidman and Wilkins [1995], par. 61)。Puschaver [1996] は，1995年9月30日と同年12月31日の25大銀行持株会社の満期保有目的証券と売却可能証券の分類を分析し，満期保有目的証券から売却可能証券にかなりの割合で再分類されていることを指摘した (Exhibits 2 and 3)。調査対象の銀行は，SFAS115に基づく自己資本比率規制を懸念して負債証券を満期保有目的証券に分類していたが，規制当局が1994年にSFAS115に準拠しない自己資本比率規制を要請したために，Seidman and Wilkins [1995] に従って，満期保有目的証券から売却可能証券に区分を変更した。このことは，SFAS115公表時，金融機関にとって自己資本比率規制が重大な懸念事項であったことを示す1つの証拠である。

8) ある会計情報が，情報価値を有するのか，すなわち投資家の意思決定に有用であるのかを，事前に見極めることは困難である。なぜならば，個々の投資家は，それぞれ異なる投資戦略を採用するために，それぞれの投資家が採用する意思決定プロセスは，異なるからである。また，ある会計情報と将来利益や将来キャッシュ・フローとの関連性などは，個々の投資家によって異なるために，特定の会計情報が投資家の意思決定に有用な会計情報であるのかを，事前に規定することは困難である。したがって，本書では，企業価値を評価する理論モデルを提示し，当該モデルの下で必要とされる会計情報を意思決定に有用な会計情報と位置づけることにする。

9) DCFモデルの他に，企業価値を評価する理論モデルには，配当割引モデルと超過利益モデルがある (Palepu *et al.* [2004], p. 7-1)。配当割引モデルとDCFモデルは，企業金融の分野で伝統的に用いられてきた方法であり，超過利益モデルは，Ohlson [1995] 以降，会計学で注目を集めている方法である。いずれのモデルも配当割引モデルをベースにしており，期間を無限にとれば，企業価値の推定値は同額になる (Feltham and Ohlson [1995], pp. 696-698 ; Palepu *et al.* [2004], p. 7-14 ; 八重倉 [1998], 58頁)。これら3つの企業評価モデルとその実証研究の概要については，AAA [2001], pp. 162-167で整理されているので，参照されたい。

10) DCFモデルの適用方法から明らかなように，当該モデルの重要なポイントは，将来

キャッシュ・フローの流列を予測するところにある。そこで，DCFモデルの下では，将来キャッシュ・フローの予測に役立つ会計情報が投資家の意思決定に有用な会計情報と位置づけられるのである。また，FASBは，意思決定に有用な会計情報を「投資家，債権者，そしてその他の利用者が，当該企業が受領する将来の正味キャッシュ・フローの金額，時期，そして不確実性を事前に評価するときに役立つ情報」(FASB [1978], par. 37) と捉える。このようにDCFモデルとFASBの財務報告の目的は，将来キャッシュ・フローを重視する点で関連しているように思われる。そこで，本章では，DCFモデルに着目する。

11) 超過利益モデルを用いて企業価値を評価するときにも，金融商品の公正価値評価額は直接的に用いられる。例えば，Christensen and Feltham [2003], chap. 9.2, Feltham and Ohlson [1995]，そしてPenman and Sougiannis [1998] などを参照されたい。

12) FASBは，1994年10月にSFAS119『金融派生商品と金融商品の公正価値の開示』を公表し，デリバティブの公正価値情報の開示について，SFAS107を一部改訂した。SFAS119は，まずデリバティブの公正価値を開示するときに，そのポジションが資産または負債のいずれを意味するかを明確にすることを要求した (par. 15 (b))。次に，デリバティブをトレーディング目的とそれ以外の目的に分けて，公正価値情報の開示を要求した (par. 15 (c))。最後に，一部の例外を除き，デリバティブの公正価値を非デリバティブや他のデリバティブの公正価値とネットすることを禁止した (par. 15 (d))。

その結果，SFAS107の適用について実証研究したBarth *et al.* [1996], Eccher *et al.* [1996], そしてNelson [1996] では，デリバティブの公正価値評価額情報の価値関連性について有意な結果が得られなかったが，SFAS119の適用について実証研究したVenkatachalam [1996] は，デリバティブの公正価値評価額情報の価値関連性について有意な結果を報告している。

13) ただし，バイ・サイドのアナリストは，全面公正価値会計 (full fair value accounting) の下では，ヘッジされた銀行よりもヘッジしていない銀行のリスクを高く，そして価値を低く判断する一方で，部分公正価値会計 (partial fair value accounting) の下では，かかる差異を (統計的に有意に) 区別できなかったという実験の結果を，Hirst *et al.* [2004] は提示している。

また，金融商品の公正価値評価額情報について検討されたものではないが，実験経済学の枠組みを援用して，①財務諸表本体と注記情報の差異，あるいは②表示・報告様式の差異が投資家の意思決定に異なる影響を与えることを示した研究成果が蓄積されつつある。①の研究を整理したものとして，AAA [2003a] がある。また，②の研究については，Maines and Mcdaniel [2000] やHirst and Hopkins [1998] などがあるので，それぞれ参照されたい。

14) かかる実証研究の結果については，AAA [1998, 2000b], JWGBA [1999], Attachment 2, そして中久木・宮田 [2002] などで整理されているので，参照されたい。

15) このことは、「審議会は、適時的な方法で、金融商品や金融商品のポートフォリオの公正価値を決定するときに関連する概念的かつ実務的な問題の解決に向けて、慎重に作業に取り組んでいるところである。〔……〕概念的問題と測定問題が解決したときに、審議会は、すべての金融商品を貸借対照表上で公正価値評価するべきだと信じている」(SFAS133, par. 334) という指摘を踏まえて、FASBが「上記で指摘した〔公正価値評価の概念的〕問題を解決する次の段階」(FASB [1999], par. 7) として、1999年12月に予備的見解『金融商品および特定の関連する資産と負債の公正価値での報告』(FASB [1999]) を公表したことからも明らかである。

16) SFAS115は、売却可能証券の会計処理を、金融負債との関係を重視して規定している。SFAS115は、売却可能負債証券と金融負債に関係があることを想定するが (pars. 49, 51, 54, 56, 60 and 82)、売却可能持分証券と金融負債の関係は想定していない。本章では、第3章と同様に、売却可能負債証券にのみ焦点を当て検討することにする。

17) FASBは、投資家が「過去利益→将来利益→将来キャッシュ・フロー」の関係で、利益情報から将来キャッシュ・フローを予測することを想定する (FASB [1978, 1979a, 1980b])。FASBは、かかる関係を「2ステージ・プロセス」(two-stage process) と呼称する (FASB [1979a], par. 8)。2ステージ・プロセスの詳細については、牧田 [2002]、181-190頁で整理されているので、参照されたい。

18) 企業価値を評価するときに配当割引モデル、DCFモデル、そして超過利益モデルのいずれの理論モデルを用いても、まず現在の利益情報から将来利益を予測する必要がある。そのときに、「現行の理論と実証の学術的研究は、〔利益の〕予測能力が利益の持続性と関連する〔……こと〕を支持している」(AAA [2000a], p. 367) という指摘に端的に現れているように、利益の予測能力は、利益の持続性と関連する (Beaver [1998], p. 72)。利益の持続性の観点から、利益は「恒久的利益」(permanent earnings)、「一時的利益」(transitory earnings)、そして「価格非関連的利益」(value-irrelevant earnings) の3つに分類することができ、それぞれの利益の要素は「利益乗数」(earnings multiple) が異なることが指摘されている (Revsine *et al.* [2001], pp. 242-246)。

19) AAA [1997] は、「財や用役に関する営業〔活動〕の結果は、通常、時系列相関の関係にある。すなわち、将来の営業〔活動〕の結果を予測できる」(pp. 124-125) と指摘する。このことは、営業活動の利益が将来利益の予測に役立つことを意味する。一方、「かなり多くの理論は、市場価値の変動が『ランダム・ウォーク』("random walk") であり、したがって将来を予測できない、と示唆している」(AAA [1997], p. 124)。今日、金融商品に公正価値評価が導入されつつあることを考慮するならば、このことは、金融商品の未実現保有損益、すなわち財務活動の利益が将来利益の予測に役立たないことを示している。

20) 例えば、Murphy [1999] は、Tower Perrin社の調査を用いて、ボーナス制度を採用する米国の上場企業177社のうち161社 (91%) が何らかの会計上の利益数値を業績指標として採用し、それに基づいてボーナスの金額を決定している、と指摘する (p.

2500 and Table 2)。

21) キャッシュ・フロー・ヘッジのヘッジ対象には，変動利子付債務の将来支払利子に代表される認識済み資産または負債に係る将来キャッシュ・フローの変動，あるいは将来に予定している購入や販売といった予定取引に係る将来キャッシュ・フローの変動が指定される（SFAS133, par. 28）。本章では，前者についてのみ検討するが，後者についても本章の結論に変わりはない。

22) かかる実証研究については，須田［2000］や中久木［2002］などで体系的に整理されているので，参照されたい。

23) 先述した意思決定前情報と意思決定支援機能，そして意思決定後情報と契約支援機能という組み合わせは，Beaver and Demski ［1979］が想定した単期間（single period）の状況においてのみ成立する会計情報と財務会計の機能の関係である。

24) 意思決定支援機能は，将来利益や将来キャッシュ・フローを予測するために有用な会計情報を提供することから，会計情報の質的特徴として目的適合性を重視する傾向にある。一方，契約支援機能は，事前に締結した契約の履行状況を確認するために有用な会計情報を提供することから，会計情報の質的特徴として信頼性や「検証可能性」（verifiability）を重視する傾向にある。そのときに，会計情報の有用性の規準である目的適合性と信頼性または検証可能性は，通常，トレード・オフの関係にあることが指摘されている（AAA［1966］, p. 27；FASB［1980a］, par. 31）。

25) 本章では，キャッシュ・フロー・ヘッジに係るヘッジ手段の損益を発生時に純利益で認識すると，従来から会計上の利益数値に期待されていた「一会計期間の業績の測定値」（FASB［1984］, par. 34）または「企業と経営者の業績指標」（Storey and Storey［1998］, p. 150）という役割を期待することができず，したがって契約支援機能が損なわれる，と指摘しているのである。

　もちろん，キャッシュ・フロー・ヘッジ会計が容認されなくても，かかる状況を前提として，契約当事者間で契約の再交渉を行えば，契約支援機能に与える負の影響は一時的であるという見解があるかもしれない。しかし，通常，契約当事者間の契約の再交渉には多大なコストがかかり，そのために「ヘッジ会計が否認されれば，契約当事者〔である経営者〕は，ヘッジ会計〔が容認された場合と同様の結果〕を再現するために，経済的に実体のない会計数値を継続的に調整しなければならず，そのことが不必要に非効率な結果をもたらす」（AAA［2002］, p. 88）可能性もあり得るわけである。

26) 徳賀［2002a］は，財務会計の意思決定支援機能において重要な会計情報の質的特徴である「比較可能性」（comparability）に着目して，有価証券の評価方法において，JWG［2000］のように金融商品を一律に公正価値で評価する「全面公正価値評価」が，経営者の保有意図を考慮した「保有意図別混合評価」よりも優れているとは言えないことを論証している。

　また，宮田・吉田［2002］は，JWG［2000］を素材として，投資家に対する情報提供と私的ないし社会的契約にかかる利害調整（債権者保護と銀行監督）の観点から，金融商品に全面的に公正価値会計を導入する妥当性と金融商品に係る公正価値情

報の有用性について検討している。その結果,双方の観点(本章でいう意思決定支援機能と契約支援機能の観点)から,現時点では検討すべき課題が数多く残されていることを指摘している。

27) 藤井 他［1999］は,「アプローチDを(暗示的に)勧告するG4+1特別報告は,情報提供機能と利害調整機能との間の調整について何ら解決策を提示したというよりも,情報提供機能に圧倒的な優位性を与え,利害調整機能についてはほとんどこれを等閑視するような取扱いを行っていると評さざるをえない」(64頁)と指摘する。藤井 他［1999］の利害調整機能を,本章で言う契約支援機能に置き換えると,かかる機能が期待できないという点で,藤井 他［1999］と本章の結論は,同じであると解釈できる。

28) 万代［2000］は,SFAS115を検討して,「売却可能証券について時価評価するが,評価差額については当期の損益から除外する処理法は,情報提供職能を重視しながらも,利害調整職能との間の齟齬を緩和するための工夫と解することが可能である」(224-225頁)と指摘する。ただし,万代［2000］の情報提供職能と本章での意思決定支援機能は,基本的には異ならないが,万代［2000］の利害調整職能と本章での契約支援機能は,利害関係者の範囲と会計数値の意味において相違する(万代［2002b］,42-43頁)。かかる相違点は存在するものの,本章での結論と万代［2000］の記述は,基本的には,同じであると考えても差し支えはないであろう。

29) 高寺［1999］は,SFAS130のように,損益勘定と残高勘定が部分的に非連繋である利益会計システムを「二元的非連係利益会計システム」と呼称し,財務境界管理の観点から,当該利益会計システムの意義を「株主と債権者を対等に処遇する」(69頁)「株主債権者対等指向」(68頁 表1)と指摘する。さらに,高寺［2003a］は,かかる利益会計システムが,純利益(稼得利益)で相対的に安定的な利益(実現損益)を表示することによって,「経営者による投資家関係管理と投資家のための会計として機能するだけではなく」(183頁),さらにその他の包括利益で相対的に不安定な利益(未実現損益)を表示することによって,「経営者による〔……〕財務アナリスト関係管理と機関投資家または投資銀行家のための会計として機能する」(183頁)と指摘する。

　また,Holthausen and Watts［2001］は,契約支援機能の観点から,SFAS130の意義を次のように述べている。

　依然として実質的には「ダーティ・サープラス〔であるSFAS130〕の特徴は,〔……〕財務報告の複数の役割の存在によって,説明することができる。〔……〕貸借対照表による負債〔契約の〕役割は,貸借対照表が不動産や市場性ある有価証券といった資産の市価を反映するであろうことを示唆する。しかしながら,かかる資産価値の変動は,経営者のコントロールを超えており,したがって〔経営者〕報酬〔契約〕やモニタリングに用いられる業績測定値(利益)から除外されると考えられる」(pp. 48-49)。

終章　研究の総括と今後の課題

本研究では，以上，国内外で議論されている包括利益または財務業績について，金融商品の会計処理を素材として，会計の認識・測定・伝達プロセスの観点から，その特徴を明らかにしてきた。本章では，まず本研究の総括を行い，その後に残された課題について簡単に言及する。

I　研　究　の　総　括

1　金融商品の公正価値評価と利益測定の展開

1970年代後半以降の金融市場の劇的な変化や金融工学の発達に伴って，多種多様な金融商品が開発された。当時の会計基準では，かかる金融商品に対応することはできず，また基準書自体が首尾一貫していなかったために，会計上の諸問題が生じた。FASBは，当該問題を解決するために，1986年5月に金融商品プロジェクトを発足し，その中で金融商品の公正価値評価について本格的に議論し始めた。

金融商品を公正価値で評価すれば，その評価損益をどのように表示・報告すべきかという問題が生じる。FASBは，当該問題に取り組むために，1995年9月に包括利益プロジェクトを立ち上げ，その成果として1997年6月にSFAS130を公表した。SFAS130は，概念フレームワーク上で規定されていた包括利益を，純利益に加えて表示・報告することを要請した会計基準である。つまり，当時の公表利益である純利益と，純利益にその他の包括利益を加減し

た包括利益という，二元的な利益測定値の開示を要求したわけである。

　もちろん，二元的な利益測定値を開示する提案それ自体は，目新しいことではない。例えば，1950年代後半から1960年代前半にかけて，米国では実物資産の市価評価について議論されたときに，AAA［1965a］では，純利益と純利益プラス未実現保有損益という二元的な利益測定値の開示が提案されていた，と解釈できる。また，時代を遡り19世紀末の日本において，すでに二元的な利益測定値を表示・報告する利益会計システムが構想されていたことは，高寺［1974，1999］で明らかにされているとおりである。このように，二元的な利益測定値を開示する提案は以前から行われてきたが，会計実務に影響を与える会計基準として，純利益と包括利益という二元的な利益測定値の開示が要請されたことは，注目に値する。

　ところが，現在，IASBの業績報告プロジェクトにおいて，期間利益「会計システムの歴史的な進化〔……〕に〔……〕逆行した動き」（八重倉［2003］，33頁）が観察される。このような動きは，すでにIASBの業績報告プロジェクトの出発点である「G4＋1特別報告書」で生じていた。「G4＋1特別報告書」は，稼得・実現・対応利益に限定されない包括的な利益測定値のみを表示・報告する業績報告を提案した。すなわち，伝統的な利益測定値である稼得・実現・対応利益（純利益）は，財務業績計算書上で表示・報告されず，財務業績（包括利益）という一元的な利益測定値のみが開示されるわけである。

　このように，金融商品に公正価値評価が導入される中で，その評価損益の表示・報告を巡って，SFAS130と「G4＋1特別報告書」という「2つの相異なる世界的な潮流が存在する」（辻山［2000］，624頁）。本研究では，かかる相異なる2つの業績報告について，金融商品の会計処理を素材として，実現の機能と経営者の将来に関する期待，そして財務会計の機能と利益情報の役割という2つの側面から，各々の業績報告における利益測定の特徴を明らかにした。それでは，以下，SFAS130と「G4＋1特別報告書」における利益測定の特徴を簡単に纏めておきたい。

2　SFAS130における利益測定の特徴

　FASBは，基本的に，金融商品を資産または負債の定義とその測定可能性に照らして，財務諸表上で認識・測定する。つまり，有価証券とデリバティブは，原初認識時と決算認識時に資産または負債の定義を満たしているか否かが確認され，さらに決算時に公正価値で再評価され，その評価損益は，利益計算の対象に含められるわけである。

　ところが，売却可能証券とキャッシュ・フロー・ヘッジのヘッジ手段として指定されたデリバティブは，決算時に公正価値で測定されるが，その評価損益は，基本的には，稼得利益（純利益）ではなくその他の包括利益として認識される。すなわち，一部の金融商品では，金融商品の評価損益（ストックの変動）と利益の測定（フローの測定）が区分され，異なる認識規準で処理されているわけである。

　FASBの概念フレームワークでは，ストックの変動は，FASB［1984］の基本的な認識規準に基づいて行われるが，それが稼得利益として認識されるためには，さらに追加的な規準として実現または実現可能が必要になる。したがって，実現（実現可能）は，稼得利益とその他の包括利益の区分規準，すなわち「利益の〔認識〕時点の選定を規定する」（FASB［1976b］, par. 40）機能を担っているわけである。かかる実現の機能は，歴史的原価会計でも期待されており，さらに1950年代後半から1960年代前半にかけて実現概念とその位置づけが大きく揺れ動いたときも，変わらず期待されていた。

　このように，従来から実現は，当期の利益計算に帰属する項目を選定する機能を担っていたが，上述の金融商品では，かかる機能を実現（実現可能）に期待できない。一部の金融商品において，実現（実現可能）が稼得利益とその他の包括利益の区分規準として採用されないのは，実現（実現可能）では金利リスク管理の成果またはヘッジ活動の成果を稼得利益（純利益）に反映することができないからである。FASBは，金融商品の保有目的別の会計処理を規定するが，実は，そのことで取引時点の経営者の将来に関する期待が利益の中に反映され，稼得利益は，従来と同様に「一会計期間の業績の測定値」（FASB

〔1984〕, par. 34）または「企業と経営者の業績指標」（Storey and Storey〔1998〕, p. 150）として位置づけられるわけである。

　以上要するに，金融商品の会計処理を素材としたときのSFAS130における利益測定の特徴として，従来と同様に稼得利益に経営者の業績指標としての役割が期待されること，そして稼得利益にかかる役割が期待されるときに，実現（実現可能）が稼得利益の認識規準として機能していないことを指摘することができる。とりわけ「実現〔概念〕は，〔……〕利益決定〔……〕における最も重要なコンベンションである」（Storey〔1959〕, p. 238）ことを踏まえるならば，一部の金融商品の会計処理で，実現が「利益の〔認識〕時点の選定を規定する」（FASB〔1976b〕, par. 40）機能を担っていないことは，今日的な特徴として位置づけられるであろう。

　また，一部の金融商品において，ストックの変動とフローの測定が区分され，稼得利益（純利益）に経営者の業績指標としての役割が期待されることは，財務会計の機能の観点からも，重要な意義がある。FASBは，財務報告の目的である投資家の意思決定有用性の観点から，有価証券とデリバティブを公正価値で評価する。すなわち，FASBは，金融商品の公正価値評価によって，意思決定支援機能の改善を期待していると解釈できる。

　財務会計の機能として，上述の意思決定支援機能に加えて，契約支援機能も期待され，双方の機能が重視する会計情報の質的特徴が異なるために，両者の間にトレード・オフの関係が成立する場合もある。そこで，財務会計が意思決定支援機能と契約支援機能を同時に果たすことを前提とすれば，両者の機能の間で調整が必要になる。とりわけ公表利益である純利益は，意思決定支援機能と契約支援機能どちらの利用目的からみても，中心的な役割を果たすことが期待されるために，利益情報に対して，意思決定支援機能と契約支援機能の調整が必要とされるわけである。

　そのときに，FASBは，売却可能証券とキャッシュ・フロー・ヘッジのヘッジ手段として指定されたデリバティブを公正価値で評価することを要請するが，その評価損益は，その他の包括利益として認識される。先述したように，

ストックの変動とフローの測定を区分することで，純利益に経営者の業績指標としての役割が期待される。その結果，純利益の中に経営者の努力とは無関係な要素が含まれず，短期的には経営者の行動または努力水準と相関が高い利益情報の提供が期待されるために，契約支援機能は損なわれないと考えられる。

　以上要するに，金融商品の会計処理を素材としたときのSFAS130における利益測定の特徴として，意思決定支援機能と契約支援機能の調整が期待されることを指摘できる。近年，概念フレームワークに準拠して，資産と負債の認識・測定を優先した会計基準が作成される傾向にある。そこでは，ストック情報に基づく投資意思決定に有用な会計情報の提供が優先されるが，ストックの変動とフローの測定を分離することで，契約支援機能を損なわずに，意思決定支援機能の改善が期待されるわけである。

3　「G4＋1特別報告書」における利益測定の特徴

　上述したように，「G4＋1特別報告書」では，伝統的な利益測定値（稼得・実現・対応利益）に限定されない，包括的な利益測定値（財務業績または包括利益）のみを一元的に開示する業績報告が提案されている。すなわち，一度認識された財務業績の項目は，当該期間の利益計算の対象として取り扱われ，リサイクルは禁止されている。

　このような業績報告を採用する「G4＋1特別報告書」では，金融商品の評価損益（ストックの変動）と利益の測定（フローの測定）が区分されていない。つまり，「G4＋1特別報告書」は，JWG［2000］と同様に，すべての金融商品を公正価値で評価し，その評価損益を当該期間の利益として認識する会計処理を想定しているわけである。かかる業績報告では，予定取引のヘッジ（キャッシュ・フロー・ヘッジ）に係るヘッジ手段の損益を繰り延べることができず，実質的に予定取引のヘッジ会計が容認されないのである。このように，予定取引のヘッジ会計が容認されないのは，「企業〔経営者〕の意図と〔……〕期待は，〔……ヘッジ期間中の〕実際の貸借対照表と損益計算書の結果に全く影響を与えない」（JWG［2000］, par. 7.20）と考えられるからである。

歴史的原価会計とSFAS130では,「利益の中に常に〔経営者の〕将来の期待に関する要素」（Boulding［1962］, p. 53）が反映され，利益に経営者の業績指標としての役割が期待されていた。ところが,「G4＋1特別報告書」では，取引時点の経営者の将来に関する期待の要素が利益から排除され，利益に経営者の業績指標としての役割が期待できないのである。従来から利益は,「一会計期間の業績の測定値」（FASB［1984］, par. 34）または「企業と経営者の業績指標」（Storey and Storey［1998］, p. 150）として捉えられてきたことを踏まえると,「G4＋1特別報告書」では利益概念が変容している，と解釈できるわけである。

　先述したように，歴史的原価会計において，実現は，当期の利益計算に帰属する項目を選定する機能を担っていた。ところが,「G4＋1特別報告書」が提案する業績報告では，実現は，財務業績の要素を区分する代替的な規準の1つにしか過ぎない。つまり，実現は,「利益の〔認識〕時点の選定を規定する」（FASB［1976b］, par. 40）機能が放棄され，財務業績の要素を区分する機能へと変容しているのである。さらに,「G4＋1特別報告書」が提案する業績報告では，実現に基づいて財務業績の要素が区分されない以上，実現それ自体が否定されているわけである。このように,「G4＋1特別報告書」では，実現の機能が変容し，さらに実現それ自体が否定されるために，実現概念が放棄されていると考えられる。

　以上要するに，金融商品の会計処理（予定取引のヘッジ会計）を素材としたときの「G4＋1特別報告書」における利益測定の特徴として，実現概念の放棄と利益概念の変容を指摘できる。かかる「G4＋1特別報告書」の利益測定の特徴は，歴史的原価会計とSFAS130のそれと大きく懸け離れ,「現行の基準書と多くの点で異なっている」（Cearns［1999］, p. ⅲ）わけである。

　また,「G4＋1特別報告書」が提案する業績報告では，ストックの変動とフローの測定が区分されず，利益に経営者の業績指標としての役割が期待されないことは，財務会計の機能の観点からも，重要な意味がある。JWG［2000］は，投資家の意思決定有用性の観点から，金融商品の全面公正価値評価を提案する。このことから，JWG［2000］は，金融商品の全面公正価値評価によっ

て，意思決定支援機能の改善を期待していると解釈できる。

　利益情報に対して，意思決定支援機能と契約支援機能の調整が必要とされることは，上述したとおりである。ところが，「G4＋1特別報告書」では，ストックの変動とフローの測定が区分されず，それ故に予定取引のヘッジ会計が容認されないために，双方の機能が損なわれる虞がある。とくに実物資産に係るキャッシュ・フローの変動がヘッジ対象として指定されたときに，ヘッジ会計が容認されないと，将来利益の予測能力が大きい営業活動の利益を適切に算定できないために，意思決定支援機能が損なわれる虞がある。さらに，ヘッジ会計が容認されないために，利益の中に経営者の努力とは無関係な要素が含まれ，短期的には経営者の行動または努力水準と相関が高い利益情報の提供が期待されないので，契約支援機能が損なわれると考えられる。

　以上要するに，金融商品の会計処理を素材としたときの「G4＋1特別報告書」における利益測定の特徴として，利益情報に対して意思決定支援機能と契約支援機能が損なわれる虞があり，両者の機能の調整が期待できないと考えられることを指摘できる。なかでも利益情報に対して，意思決定支援機能が損なわれると考えられることは，投資意思決定に有用な会計情報を提供するという当該報告書の目的が達成できないことを，示唆しているわけである。

4　小　　　括

　本研究では，以上，金融商品の会計処理を素材として，SFAS130と「G4＋1特別報告書」における利益測定の特徴の一端を明らかにした。SFAS130の利益測定の特徴として，従来と同様に稼得利益（純利益）に経営者の業績指標としての役割が期待されること，そしてそのときに実現（実現可能）に稼得利益の認識規準として機能していないことを指摘できる。さらにSFAS130では，ストックの変動とフローの測定の区分によって，意思決定支援機能と契約支援機能の調整が期待できると考えられる。一方，「G4＋1特別報告書」の利益測定の特徴として，利益に経営者の業績指標としての役割が期待できないこと，そして実現概念が放棄されていることを指摘できる。また，「G4＋1特別報告

書」では，利益情報に対して意思決定支援機能と契約支援機能が損なわれる虞があり，双方の機能の調整が期待できないと考えられる。

以上のように，金融商品の会計処理を素材としたときに，SFAS130と「G4+1特別報告書」の利益測定の特徴が整理できる。ただし，本研究では，一部の金融商品の会計処理のみを取り上げたために，それ以外の会計処理を素材としたときに，上述したSFAS130と「G4+1特別報告書」における利益測定の特徴が該当するのかについては，さらに慎重な検討が必要である。その点については，今後の研究課題として残されている。

さて，IASBは，「G4+1特別報告書」を基礎にして，ASBと共同で業績報告プロジェクトに取り組んできた。現時点でIASBが提案する業績報告の特徴として，財務業績（包括利益）の計算書様式として一計算書アプローチが採用され，その表示方法としてマトリックス形式が採用されること，さらに純利益の表示とリサイクルが禁止されていることなどが挙げられる（IASB [2003b], par. 3 ; IASB [2003d], par. 6 (iii)）。

一方，FASBも業績報告のプロジェクトに取り組み，現時点でFASBが提案する業績報告の特徴として，包括利益の計算書様式として一計算書アプローチが採用されること，SFAS130におけるその他の包括利益の項目と表示規準が残されること，廃止事業損益とその他の包括利益の前に「継続事業からの純利益」(net income from continuing operations) が表示されることなどを指摘できる[1]（FASB [2004c]）。

このように，FASBは，SFAS130を基礎にした業績報告を提案する一方で，IASBは，「G4+1特別報告書」を基礎にした業績報告を提案するために，「ここまでのIASBの暫定的結論は，FASBのそれと異なる方向へ向かっている」(Sayther [2004a], p. 6)。IASBは，2001年8月から業績報告プロジェクトに取り組むが，未だ討議資料すら公表していない。このことは，当該プロジェクト開始以降，IASBが首尾一貫して主張する一元的な利益測定値の開示が受け入れられていないことを示唆している。かかる状況は，依然として利益に経営者の業績指標としての役割が期待され，改めて純利益の強固性を提示している，

終章　研究の総括と今後の課題　179

と言えるわけである。

Ⅱ　今後の課題

　本書では，以上のように，金融商品の会計処理を素材として，実現の機能と経営者の将来に関する期待，そして財務会計の機能と利益情報の役割という2つの側面から，SFAS130と「G4+1特別報告書」における利益測定の特徴について検討した。もちろん本研究では，利益測定の特徴についてすべてを論じることはできず，残された検討課題は数多く存在する。以下では，残された課題の一部を記述することで，本研究の結びとしたい。

　本書では，金融商品の会計処理を素材として，金融商品の公正価値変動額（評価損益）がどのように表示・報告されるのかを検討することで，その利益測定の特徴について論じてきた。ところが，本研究では，JWG［2000］とそれ以降の金融商品の会計処理の展開について，十分に論じることができなかった。IASBは，金融商品の会計処理を，IAS32とIAS39で確立した会計処理の基礎とJWG［2000］の提案の再検討を含めた，金融商品会計に係る基礎的なアプローチを再考する長期的なプロジェクトと位置づけている。しかしながら，基礎的なアプローチの再検討を行えば，会計基準の公表が少なくとも数年間は遅れることから，IASBは，IAS32とIAS39を改善するプロジェクトに取り組み，2003年12月にIAS32とIAS39を改訂したIAS32『金融商品：開示と表示』（IAS32 (revised 2003)）とIAS39『金融商品：認識と測定』（IAS39 (revised 2003)）を公表した。さらに，IAS39 (revised 2003) の改訂も現在進められており，2004年3月に『金利リスクに係るポートフォリオヘッジへの公正価値ヘッジ会計』，そして同年4月に公開草案『公正価値オプション』が公表された。

　また，本書では，金融商品の会計基準と表裏の関係にある業績報告プロジェクトについて，現在進行中であるために，十分に検討できなかった。会計基準の国際的調和化の中で，FASBとIASBの業績報告プロジェクトがどのような方向で進展するのか，現時点で明らかではない。上述した金融商品の会計処理

の動向を踏まえて，業績報告プロジェクトについて論じることは，今後の研究課題として残されている。

近年，資産と負債の公正価値測定の適用範囲は徐々に拡張されている。例えば，FASBは，2001年6月にSFAS143『資産除却債務の会計処理』を公表し，資産除却債務が発生した会計期間にその負債の公正価値を認識・測定することを要請した（SFAS143, par. 3）。SFAS143では，FASBが2000年2月に公表した財務会計概念書第7号『会計測定におけるキャッシュ・フロー情報と現在価値の使用』（FASB［2000］）に基づいて，資産除却債務に係る負債を公正価値で測定することが要求されている[2]（pars. 7-8）。

さらに，米国では，2001年末のエンロンの破綻[3]を契機に，次々と会計処理に関わる企業不祥事が発覚し，そこで打ち出された対応策によって，資産と負債に公正価値を適用する動きが進行している。FASBは，2002年10月に『米国基準設定に対する原則基準アプローチの提案』（FASB［2002b］）を公表し，米国の会計基準の設定に「原則基準アプローチ」（principle-based approach）を適用することを提案した[4]（FASB［2002b］, p. 10）。FASBは，上述の提案のコメントを受けて，特定の測定属性の選択とそれに関連する目的適合性と信頼性に焦点を当てて，概念フレームワークを改善するプロジェクトに取り組み始め[5]，2003年6月に公正価値測定プロジェクトを立ち上げて，2004年6月に公開草案『公正価値測定』（FASB［2004a］）を公表した。また，IASBもFASBと同様の研究プロジェクトに取り組み，現在，審議を進めている最中である。

FASB［2004a］は，公正価値を「知識がある，無関係で意思ある当事者間の現行の取引で交換されうる資産または負債の価格」（par. 4）と定義し，「市場参加者が公正価値の推定に使用する諸仮定とデータ」（par. 9）を意味する「市場入力（market input）」（par. 9）の程度によって，「公正価値階梯（fair value hierarchy）」（par. 14）を3つに分化している。このように，公正価値階梯が分化され，公正価値概念の整合性を高める指向性が提示されているが，これによって，公正価値測定の適用が推進される，と予測される。

さらに，上述の動きは，現在，FASBとIASBが共同でプロジェクトに取り

組んでいる収益認識プロジェクトに大きく影響を与えると考えられる。なぜならば，FASBとIASBの収益認識プロジェクトでは，資産と負債の変動に基づいて収益を認識する「資産・負債アプローチ」(assets and liabilities approach) を前提に議論が進められているからである。つまり，従来の実現と稼得を規準として収益を認識する「実現・稼得過程アプローチ」(realization and earnings process approach) が放棄されているわけである。この収益認識の問題は，業績報告プロジェクトと密接に関連する。

以上のように，資産と負債に公正価値を適用する動きが拡張しており，かかる動きは，収益認識の問題に大きく影響を与える以上，現在，利益の認識・測定プロセスは，大きな変革を迎えている，と言っても過言ではない。本書では，金融商品の会計処理に限定したために，上述した利益の認識・測定プロセスの変化によって，どのような利益測定の特徴と問題点が導き出されるのかについて，まったく論じることができなかった。

さらに，本書では，金融商品の公正価値測定を前提としているために，資産と負債における測定それ自体の問題を論じていない。先述したように，資産と負債に公正価値を適用する範囲が徐々に拡張しているが，それでは，どこまで資産と負債に公正価値測定が適用可能であるのかを，改めて問う必要がある。その際に，資産と負債に公正価値が適用されていると言われる会計基準（会計処理）において，どこまで首尾一貫して公正価値会計が貫徹されているのかについて，まず確認しなければならない。

本研究では，金融商品の会計基準（会計処理）を素材として，企業会計の中心である利益測定を支える基礎概念と会計情報の中核を成す利益情報の役割に照らして，おもに1990年代以降の利益測定の特徴について検討してきた。今後とも歴史的事実や現行の会計制度の分析を通じて，引き続き，利益測定に関わる問題について考察していきたい。

1) ただし，純利益の中に含まれる「会計方針の変更に伴う累積的影響」について，継続事業からの純利益ではなく，その他の包括利益に含まれることが提案されている (FASB [2004c])。

2）SFAS143では，現在価値を測定するときに用いる利子率の変化を考慮した「フレッシュ・スタートアプローチ」（fresh-start approach）ではなく，利子率の変化を考慮しない「利息法」（interest method of allocation）で資産除却債務に係る負債が公正価値で測定される（SFAS143, pars. B48-B53）。割引率の改定に着目して，米国における公正価値会計の特質を分析したものとして，高寺［2003b］がある。

3）エンロンは，特定目的事業体（SPE）を「貸借対照表管理（balance sheet management）」（AAA［2003c］, p. 169 ; Batson［2003］, Appendix B p. 40）目的のみならず，利益管理目的で使用した。つまり，「エンロンの経営者は，〔SPEと売買取引を行うときに市価会計（mark-to-market accounting）を使用し，公正価値の推定による利益管理を通じて，〕仮想的利益（virtual profit）〔……〕を創造することを可能にした」（Hill *et al.*［2002］）。その限りにおいて，「市価会計〔，すなわち公正価値会計〕とSPEの会計問題は，非常に密接な関連がある」（Dharan［2002］）わけである。

エンロンの会計問題の詳細については，Batson［2003］, Powers *et al.*［2002］, U. S. Senate［2002a, 2002b］などを参照されたい。また，米国企業の不正会計と関連するプロフォーマ利益（pro forma earnings）の開示については，草野［2002b］，古市［2003］，田中［2003］などを参照されたい。

4）また，2002年7月に成立した「サーベンズ・オックスリー法」（Sarbanes-Oxley Act of 2002）は，「米国による原則基準の会計システムに基づく財務報告システムの採用に関する調査」（Sec. 108（d））を要請し，その調査結果として，2003年7月に『米国による原則基準の会計システムに基づく財務報告システムの採用に係るサーベンズ・オックスリー法108（d）項による調査』（SEC［2003］）が公表された。SEC［2003］は，米国の会計基準が「客観性指向型の原則基準の会計基準」（objective-oriented principles-based accounting standards）を採用することを提案している。

5）例えば，AAA［2003b］は，FASBが原則基準に基づいて，「現行の〔会計〕基準の改訂に取り組む前に，概念フレームワークに対してより包括的な再考が必要とされるであろう」（p. 81）というコメントを公表している。

参考資料1　キャッシュ・フロー・ヘッジの会計処理：予定購入取引の事例

　FASBのキャッシュ・フロー・ヘッジ会計を実施するためには，ヘッジ手段の損益をヘッジに有効な部分とヘッジに有効でない部分の2つに区分する必要がある。ヘッジに有効な部分は，次のように決定される。

①ヘッジ開始時からのヘッジ手段に係る損益の累積額
②ヘッジ開始時からヘッジ対象に係る将来キャッシュ・フローの累積変動額を相殺するのに必要なヘッジ手段に係る損益の累積額

　上記の①と②のうちいずれか絶対額の小さい方が「累積その他の包括利益」(accumulated other comprehensive income) の金額となるように，その他の包括利益の金額を調整し，ヘッジに有効な部分が決定される (SFAS133, par. 30 (b))。すなわち，当期に計上する累積その他の包括利益の金額を決定し，それと前期に計上した累積その他の包括利益との差額を算定する。そして，当該差額がヘッジ手段の損益のうちヘッジに有効な部分とみなされて，その他の包括利益として認識される。もしヘッジ手段の損益が当該差額を超過すれば，その超過額は，ヘッジに有効でない部分とみなされて，稼得利益として認識される (SFAS133, par. 30 (c))。

（設例）
　XYZ社は，期間1の期首に，機械を期間6の期首に購入することを決定した。この機械の価格は，期間1の期首時点で10,000,000ドルであるが，今後価格が上昇することが見込まれている。このままでは当該機械の購入によって将来キャッシュ・アウトフローが増加することが予測されるので，XYZ社は，期間1の期首に，当該機械の価格が上昇すれば利得が生じるデリバティブXをヘッジ手段として指定することで，将来キャッシュ・アウトフローの増加をヘッジすることにした。当該ヘッジ取引は，キャッシュ・フロー・ヘッジの適格用件をすべて満た

しているものとする。

下記の表は，各期のデリバティブXの公正価値と機械の購入に必要と予測される将来キャッシュ・アウトフローの現在価値等を表したものである。

(単位；ドル)

期間	デリバティブXの公正価値の増加（減少）		機械の購入に必要な将来キャッシュ・アウトフローの現在価値の増加（減少）		左記の累積変動額のうち絶対額が小さい方
	当期の変動額	累積変動額	当期の変動額	累積変動額	
1	1,000,000	1,000,000	960,000	960,000	960,000
2	940,000	1,940,000	1,010,000	1,970,000	1,940,000
3	(1,620,000)	320,000	(1,670,000)	300,000	300,000
4	750,000	1,070,000	730,000	1,030,000	1,030,000
5	950,000	2,020,000	970,000	2,000,000	2,000,000

XYZ社は，当初の予定通り，期間6の期首に機械を購入し，同時にデリバティブXを決済した。XYZ社は，当該機械の減価償却費を定額法（残存価額ゼロ，耐用年数10年）で算定する。

以下，上記の設例を用いて，FASBのキャッシュ・フロー・ヘッジの会計処理を具体的に説明する。図表1は，本設例におけるFASBのキャッシュ・フロー・ヘッジの会計処理を示したものである[1]。それでは，各期間の会計処理について見ていくことにする。

期間1では，ヘッジ手段の利得は1,000,000ドル，そして機械購入に必要な将来キャッシュ・アウトフローの増加，すなわちヘッジ対象の損失は960,000ドルである。期間1はヘッジ開始期間であるので，当該期間の変動額それ自体がヘッジ開始時からの累積変動額となる。両者の絶対額のうち小さい金額がヘッジに有効な部分に相当するので，ヘッジ手段の利得1,000,000ドルのうち960,000ドルは，ヘッジに有効な部分とみなされて，その他の包括利益として

---

[1] 本設例は，SFAS133, pars. 140-143（Appendix B Example 6）を参考にして作成した。ただし，稼得利益とその他の包括利益といった本設例の勘定科目は，説明の便宜上，用いたものである。

参考資料1　キャッシュ・フロー・ヘッジの会計処理：予定購入取引の事例

図表1　予定購入取引のキャッシュ・フロー・ヘッジの会計処理

	借方		貸方	
期間1	デリバティブ	1,000,000	その他の包括利益 稼得利益	960,000 40,000
期間2	デリバティブ 稼得利益	940,000 40,000	その他の包括利益	980,000
期間3	その他の包括利益	1,640,000	デリバティブ 稼得利益	1,620,000 20,000
期間4	デリバティブ	750,000	その他の包括利益 稼得利益	730,000 20,000
期間5	デリバティブ 稼得利益	950,000 20,000	その他の包括利益	970,000
期間6	機械 現金 機械減価償却費 その他の包括利益	12,000,000 2,020,000 1,200,000 200,000	現金 デリバティブ 機械減価償却累計額 稼得利益	12,000,000 2,020,000 1,200,000 200,000

認識される。そして，ヘッジ手段の損益がヘッジ対象の損益を上回る40,000ドルは，ヘッジに有効でない部分とみなされて，稼得利益として認識される。

　期間2では，ヘッジ手段の利得は940,000ドルで，その累積変動額は1,940,000ドルである。一方，ヘッジ対象の損失は1,010,000ドルで，その累積変動額は1,970,000ドルである。ヘッジ手段とヘッジ対象の累積変動額のうち絶対額が小さい方，すなわち1,940,000ドルが，累積その他の包括利益の金額になる。期首の累積その他の包括利益は960,000ドルであるので，980,000（＝1,940,000－960,000）ドルがその他の包括利益として認識される。ところが，当該期間のヘッジ手段の利得は940,000ドルであるために，その全額をその他の包括利益で認識したとしても，40,000ドル不足する。これは，期間1にヘッジ手段の利得のうち40,000ドルを，ヘッジに有効でない部分とみなして稼得利益で認識したためである。そこで，その他の包括利益に980,000ドルを計上するためには，期間1で認識したヘッジ手段の利得40,000ドルを，期間2ではヘッジ手段の損失として稼得利益のマイナス項目として認識し，その他の包括利

益を40,000ドル増額しなければならない。すなわち，稼得利益を減額して，その他の包括利益を増額することで，包括利益の金額に影響を与えずに，その他の包括利益の金額を調整する必要がある。

　期間3では，ヘッジ手段に損失が1,620,000ドル生じたために，その累積変動額は320,000ドルに減少した。これに対して，機械購入に必要な将来キャッシュ・フローの減少，すなわちヘッジ対象の利得は1,670,000ドル発生し，その累積変動額は300,000ドルになった。両者の累積変動額のうち絶対額が小さい方，すなわち300,000ドルが，累積その他の包括利益の金額になる。期首の累積その他の包括利益は1,940,000ドルであるために，1,640,000（300,000－1,940,000）ドルがその他の包括利益のマイナス項目として認識される。ところが，当該期間のヘッジ手段の損失は1,620,000ドルであるために，その全額をその他の包括利益のマイナス項目として認識したとしても，20,000ドル不足する。これは，期間3以前の会計期間にヘッジ手段の利得のうち20,000ドルを，ヘッジに有効な部分とみなしてその他の包括利益で認識したためである。そこで，その他の包括利益のマイナス項目として1,640,000ドル計上するためには，稼得利益を20,000ドル増額することで，その他の包括利益を調整しなければならない。

　期間4では，ヘッジ手段に利得が750,000ドル生じたので，その累積変動額は1,070,000ドルに増加した。一方，ヘッジ対象の損失は730,000ドルで，その累積変動額は1,030,000ドルになった。ヘッジ対象の累積変動額は，ヘッジ手段のそれよりも絶対額が小さいので，1,030,000ドルが累積その他の包括利益の金額になる。期首の累積その他の包括利益は300,000ドルであるために，その他の包括利益に730,000（1,030,000－300,000）ドル計上される。当該期間にヘッジ手段の利得は750,000ドル生じたので，20,000ドルはヘッジに有効でない部分とみなされ，稼得利益として認識される。

　期間5では，ヘッジ手段の利得は950,000ドルで，その累積変動額は2,020,000ドルになった。これに対して，ヘッジ対象の損失は970,000ドルで，その累積変動額は2,000,000ドルになった。ヘッジ手段とヘッジ対象の累積変

動額を比較すると，絶対額の小さい金額は2,000,000ドルであり，したがって当該金額が累積その他の包括利益の金額になる。期首の累積その他の包括利益は1,030,000ドルであることから，970,000（＝2,000,000－1,030,000）ドルがその他の包括利益として認識されなければならない。しかし，当該期間のヘッジ手段の利得は950,000ドルであるために，その全額をその他の包括利益で認識したとしても20,000ドル不足する。これは，期間2と同様に，当期以前にヘッジに有効でない部分としてヘッジ手段の損益の一部を稼得利益で認識したために生じるのである。そこで，ヘッジ手段の損失として稼得利益を20,000ドル減少することで，その他の包括利益を20,000ドル増加させ，当該期間に発生したヘッジ手段の利得とあわせて，その他の包括利益の金額を970,000ドルに調整するわけである。

　XYZ社は，期間6の期首に予定通り機械を購入し，同時にデリバティブXを決済した。期間1の期首時点で機械の価格は10,000,000ドルであったが，期間6の期首時点でその価格は12,000,000ドルに上昇していた。すなわち，期間1と比較して，機械の購入に必要なキャッシュ・アウトフローは2,000,000ドル増加したのである。しかし，XYZ社は，デリバティブXを決済して，2,020,000ドルのキャッシュ・インフローを受領した。そこで，XYZ社は，機械の購入に必要なキャッシュ・アウトフローの増加とデリバティブの決済によるキャッシュ・インフローの増加を差し引きして，機械の購入に係るキャッシュ・アウトフローの増加を回避したのである。

　それでは，かかるヘッジ活動の成果を財務諸表上で反映するために，SFAS133はどのような会計処理を要請するのであろうか。SFAS133は，予定取引で資産を取得するときに，資産の取得時の市価（公正価値）を取得原価とすることを要請する（pars. 376–377）。本設例の場合，取得資産の簿価は，取得時の市価12,000,000ドルに基づいて算定されるために，キャッシュ・アウトフローの増加部分2,000,000ドルも取得原価に含まれる。このままでは，取得前にキャッシュ・アウトフローの増加をヘッジしているにもかかわらず，ヘッジしていない場合と同額の減価償却費が各年度に計上され，ヘッジ活動の成果が

財務諸表上で反映されない。ヘッジ活動の成果を財務諸表上に反映するために，（借方）その他の包括利益200,000／（貸方）稼得利益200,000という仕訳が行われる。当該仕訳によって，ヘッジ対象の損益が減価償却費の増加という形で稼得利益に影響を与える会計期間に，その他の包括利益で繰り延べたヘッジ手段の損益を稼得利益に振り替えるのである。その結果，減価償却費の増加部分とその他の包括利益から稼得利益への振替部分が相殺され，キャッシュ・アウトフローの増加をヘッジしたというヘッジ活動の成果は財務諸表上に反映されるわけである。

参考資料2 キャッシュ・フロー・ヘッジの会計処理：金利スワップの事例

（設例）
　XYZ社は，期間1の期首に，額面金額1,000,000ドル，3年満期の変動利子付債券をLIBORで発行した。この債券の金利の改定は1年ごとに行われ，その利息は前期末のLIBORに基づいて支払われるものとする。LIBORの変動によって，利息の支払いに必要な将来キャッシュ・アウトフローが変動するので，XYZ社は，期間1の期首に，変動金利（LIBOR）を受け取り，固定金利（7.0%）を支払う金利スワップを締結することで，将来キャッシュ・アウトフローの変動をヘッジすることにした。金利スワップの想定元本は1,000,000ドルで，期間は3年とする。LIBORは，期間1の期首に7.0%，期間1の期末に8.0%，そして期間2の期末には7.5%になったものとする。なお単純化のためLIBORの変動については，当期末のLIBORが次期以降のLIBORの期待値となっているものとする。

図表2　FASBのキャッシュ・フロー・ヘッジの会計処理

	借方		貸方	
期間1	現金	1,000,000	社債	1,000,000
	社債利息	70,000	現金	70,000
	金利スワップ	17,832	その他の包括利益	17,832
期間2	金利スワップ	1,427	その他の包括利益	1,427
	社債利息	80,000	現金	80,000
	現金	10,000	金利スワップ	10,000
	その他の包括利益	4,608	金利スワップ	4,608
	その他の包括利益	10,000	ヘッジ利得	10,000
期間3	金利スワップ	349	その他の包括利益	349
	社債利息	75,000	現金	75,000
	現金	5,000	金利スワップ	5,000
	その他の包括利益	5,000	ヘッジ利得	5,000
	社債	1,000,000	現金	1,000,000

図表2は，本設例の下で，FASBのキャッシュ・フロー・ヘッジの会計処理を示したものである[1,2]。

まず，XYZ社は，LIBORの変動利子付債券を発行し，同時に変動金利（LIBOR）を受け取り，固定金利（7.0％）を支払う金利スワップを締結することで，将来キャッシュ・アウトフローの変動を固定した。期間1では，金利スワップの変動金利受け取りと固定金利支払いが同額である。金利スワップは差額のみが決済されるので，金利スワップの決済に係る仕訳は行われない。したがって，期間1では社債利息70,000ドルが計上されるだけである。期間2では，社債利息が80,000ドルなので，期間1と比較して社債利息は10,000ドル増加する。しかしXYZ社は，金利スワップの決済で，変動金利受け取り8.0％，固定金利支払い7.0％の差額10,000ドルを受け取り，これは，（借方）現金10,000／（貸方）金利スワップ10,000という仕訳で示される。そのときに，社債利息の増加（10,000ドル）と金利スワップの決済（10,000ドル）が相殺されて，金利の支払いに係るキャッシュ・アウトフローは70,000ドルに固定される。同様に，期間3では，社債利息は75,000ドルで，期間1と比較して社債利息は5,000ドル増加するが，XYZ社は金利スワップの決済で差額5,000ドルを受け取るために，両者が相殺されて，キャッシュ・アウトフローは70,000ドルに固定される。以上のように，いずれの期間においても，社債利息の増加と金利スワップの決済が相殺されて，キャッシュ・フローの変動は固定されるのである。

そのときに，期間1の期末のLIBORは8.0％なので，金利スワップの決済に

---

1) 本設例は，SFAS133, pars. 133-139 (Appendix B Example 5)，成岡［1998］，113-114頁の設例3.2.1および田代［2000］，63-64頁の設例2-2を参考にして，作成したものである。
2) 本設例は，SFAS133とSFAS138で規定される「金利スワップを用いたヘッジで非有効性が存在しない仮定」（SFAS133, par. 68 ; SFAS138, par. 4 (z)）を満たすために，簡便法（shortcut method）を用いて会計処理を行うことができる（SFAS133, par. 132）。しかし，ここでは，変動利子付債務のヘッジ会計処理を詳細に説明するために，通常の仕訳を示しておいた。

参考資料2　キャッシュ・フロー・ヘッジの会計処理：金利スワップの事例

よって，期間2と期間3の期末に各々10,000ドルを受領することが期待される。そこで，その割引現在価値17,832（＝10,000／1.08＋10,000／$(1.08)^2$）ドルが，期間1期末時点の金利スワップの公正価値評価額となる。期末1の期首では金利スワップの公正価値はゼロなので，その公正価値の変動によって評価益17,832ドルが発生する。この金利スワップの評価益は，期間2と期間3の損益を先取りしたものと言えるので，期間1の社債利息の変動（0ドル）と対応するものではない。ヘッジ活動の成果を財務諸表上で反映するためには，ヘッジ手段とヘッジ対象の損益を同一の会計期間で認識する必要がある。したがって，期間1で（借方）金利スワップ17,832／（貸方）その他の包括利益17,832という仕訳を通じて，ヘッジ対象の損益が純利益に影響を与える会計期間まで，ヘッジ手段の損益はその他の包括利益で繰り延べられるのである。

上述したように，金利スワップの公正価値は，金利スワップの決済によって期待される将来キャッシュ・フローを現在価値に割り引いたものである。そこで，期間2と期間3の期末に，金利スワップは，その割引率の利息相当額分，再評価される。期間2では，1,427（＝17,832×0.08）ドル再評価されるために，（借方）金利スワップ1,427／（貸方）その他の包括利益1,427という仕訳が行われる。同様に，期間3では349（＝4,651×0.075）ドル再評価されるので，（借方）金利スワップ349／（貸方）その他の包括利益349という仕訳が行われる。

また，期間2の期末時点のLIBORは7.5％なので，金利スワップの決済によって，期間3に期待される将来キャッシュ・インフローは5,000ドルに減少する。そこで，金利スワップの公正価値は4,651（＝5,000／1.075）ドルに下落するので，ヘッジ手段の損益の繰延額を調整するために，（借方）その他の包括利益4,608／（貸方）金利スワップ4,608という仕訳が行われる（4,608＝10,000／1.08－5,000／1.075）。

期間2と期間3で，社債の支払利息の増加と金利スワップの決済が相殺されて，将来キャッシュ・アウトフローの変動がヘッジされることは，先に述べたとおりである。そのときに，ヘッジ活動の成果を財務諸表上で反映するために

は，その他の包括利益で繰り延べた金利スワップの評価益を純利益に振り替える必要がある。期間2では（借方）その他の包括利益10,000／（貸方）ヘッジ利得10,000，そして期間3では（借方）その他の包括利益5,000／（貸方）ヘッジ利得5,000という仕訳を通じて，ヘッジの活動の成果は純利益に反映されるのである。

参 考 文 献

《凡例》
1．会計基準，監査基準は，省略している。
2．洋文献におけるローマ数字表記の序数は，算用数字に変えている。
3．和文献における漢数字表記の序数は，算用数字に変えている。

【洋文献】

AAA［1948］, Executive Committee, "Accounting Concepts and Standards Underlying Corporate Financial Statements : 1948 Revision," *The Accounting Review*, Vol. 23, No. 4, pp. 339-344.（中島省吾訳［1984］『増訂AAA会計原則―原文・解説・訳文および訳註―』中央経済社。）

AAA［1957］, Committee on Concepts and Standards Underlying Corporate Financial Statements, "Accounting and Reporting Standards for Corporate Financial Statements : 1957 Revision," *The Accounting Review*, Vol. 32, No. 4, pp. 536-546.（中島省吾訳［1984］『増訂AAA会計原則―原文・解説・訳文および訳註―』中央経済社。）

AAA［1964a］, Committee on Concepts and Standards ― General, "Report of the Committee on the Concepts and Standards ― General," *The Accounting Review*, Vol. 39, No. 2, pp. 425-431.

AAA［1964b］, Committee on Concepts and Standards ― Long-Lived Assets, "Accounting for Land, Buildings, and Equipment, Supplementary Statement No. 1," *The Accounting Review*, Vol. 39, No. 3, pp. 693-699.

AAA［1964c］, Committee on Concepts and Standards ― Inventory Measurement, "A Discussion of Various Approaches to Inventory Measurement, Supplementary Statement No. 2," *The Accounting Review*, Vol. 39, No. 3, pp. 700-714.

AAA［1965a］, 1964 Concepts and Standards Research Study Committee ― The Realization Concept, "The Realization Concept," *The Accounting Review*, Vol. 40, No. 2, pp. 312-322.

AAA［1965b］, 1964 Concepts and Standards Research Study Committee ― The Matching Concept, "The Matching Concept," *The Accounting Review*, Vol. 40, No. 2, pp. 368-372.

AAA [1966], Committee to Prepare a Statement of Basic Accounting Theory, *A Statement of Basic Accounting Theory*, AAA.（飯野利夫訳 [1969]『アメリカ会計学会　基礎的会計理論』国元書房。）

AAA [1971], Committee on Foundations of Accounting Measurement, "Report of the Committee on Foundations of Accounting Measurement," *The Accounting Review*, Vol. 46, Supplement, pp. 1–48.

AAA [1977], Committee on Concepts and Standards for External Financial Reports, *Statement on Accounting Theory and Theory Acceptance*, AAA.（染谷恭次郎訳 [1980]『アメリカ会計学会　会計理論及び理論承認』国元書房。）

AAA [1997], AAA's Financial Accounting Standards Committee, "An Issue Paper on Comprehensive Income," *Accounting Horizons*, Vol. 11, No. 2, pp. 120–126.

AAA [1998], AAA's Financial Accounting Standards Committee, "Response to a Discussion Paper Issued by the IASC/CICA Steering Committee on Financial Instruments, 'Accounting for Financial Assets and Financial Liabilities'," *Accounting Horizons*, Vol. 12, No. 1, pp. 90–97.

AAA [2000a], AAA's Financial Accounting Standards Committee, "Response to the Special Report of the G4+1, 'Reporting Financial Performance : A Proposed Approach'," *Accounting Horizons*, Vol. 14, No. 3, pp. 365–379.

AAA [2000b], AAA's Financial Accounting Standards Committee, "Response to the FASB Preliminary View : Reporting Financial Instruments and Certain Related Assets and Liabilities at Fair Value," *Accounting Horizons*, Vol. 14, No. 4, pp. 501–508.

AAA [2001], AAA Financial Accounting Standards Committee, "Equity Valuation Models and Measuring Goodwill Impairment," *Accounting Horizons*, Vol. 15, No. 2, pp. 161–170.

AAA [2002], AAA Financial Accounting Standards Committee, "Recommendations on Hedge Accounting and Accounting for Transfers of Financial Instruments," *Accounting Horizons*, Vol. 16, No. 1, pp. 81–93.

AAA [2003a], AAA Financial Accounting Standards Committee, "Evaluation of the FASB's Proposed Accounting and Disclosure Requirement for Guarantors," *Accounting Horizons*, Vol. 17, No. 1, pp. 51–58.

AAA [2003b], AAA Financial Accounting Standards Committee, "Evaluating Concepts-Based vs. Rules-Based Approaches to Standard Setting," *Accounting Horizons*, Vol. 17, No. 1, pp. 73–89.

AAA [2003c], AAA Financial Accounting Standards Committee, "Comments on the FASB's Proposals on Consolidating Special-Purpose Entities and Related Standard-Setting Issues," *Accounting Horizons*, Vol. 17, No. 2, pp. 161-173.

AAA [2003d], AAA Financial Accounting Standards Committee, "Implications of Accounting Research for the FASB's Initiatives on Disclosure of Information about Intangible Assets," *Accounting Horizons*, Vol. 17, No. 2, pp. 175-185.

Adams, J. B. [1994], "Simplifying Accounting for Derivatives Instruments, including Those Used for Hedging," *FASB Status Report*, No. 259, pp. 5-11.

Adams, J. B. and C. J. Montesi [1995], FASB Special Report, *Major Issues Related to Hedge Accounting*, FASB.

AIA [1953], Committee on Terminology, Accounting Terminology Bulletin No. 1, *Review and Resume*, AIA.（渡邊　進・上村久雄訳 [1959]『アメリカ公認会計士協会　会計研究広報・会計用語広報』神戸大学経済経営研究所。）

AICPA [1970], Statement of the Accounting Principles Board No. 4, *Basic Concepts and Accounting Principles Underlying Financial Statements of Business Enterprises*, AICPA.（川口順一訳 [1973]『アメリカ公認会計士協会　企業会計原則』同文舘。）

AICPA [1973], Study Group on the Objectives of Financial Statements, *Objectives of Financial Statements*, AICPA.（川口順一訳 [1976]『アメリカ公認会計士協会　財務諸表の目的』同文舘。）

Arya, A., J. C. Glover and S. Sunder [1998], "Earnings Management and the Revelation Principle," *Review of Accounting Studies*, Vol. 3, Nos. 1-2, pp. 7-34.

Arya, A., J. C. Glover and S. Sunder [2003], "Are Unmanaged Earnings Always Better for Shareholders?," *Accounting Horizons*, Vol. 17 Supplement, pp. 111-116.

ASB [1996], Discussion Paper, *Derivatives and Other Financial Instruments*, ASB.

ASB [1997], Working Paper, *Discounting in Financial Reporting*, ASB.

ASB [1999], Statement of Principles, *Statement of Principles for Financial Reporting*, ASB.

ASB [2000], Financial Reporting Exposure Draft (FRED) 22, *Revision of FRS 3 'Reporting Financial Performance'*, ASB.

Ayres, F. L. [1994], "Perceptions of Earnings Quality : What Managers Need to Know," *Management Accounting*, Vol. 75, No. 9, pp. 27-29.

Barker, R. [2004], "Reporting Financial Performance," *Accounting Horizons*, Vol. 18, No. 2, pp. 157-172.

Barrett, M. J., W. H. Beaver, W. W. Cooper, J. A. Milburn, D. Solomons and D. P. Tweedie [1991], "American Accounting Association Committee on Accounting and Auditing Measurement, 1989-90," *Accounting Horizons*, Vol. 5, No. 3, pp. 81-

105.

Barth, M. E., W. H. Beaver and W. R. Landsman [1996], "Value-Relevance of Banks' Fair Value Disclosures under SFAS No. 107," *The Accounting Review*, Vol. 71, No. 4, pp. 513-537.

Barth, M. E. and W. R. Landsman [1995], "Fundamental Issues Related to Using Fair Value Accounting for Financial Reporting," *Accounting Horizons*, Vol. 9, No. 4, pp. 97-107.

Barton, A. [1975], *An Analysis of Business Income Concepts*, Occasional Paper No. 7, International Center for Research in Accounting University of Lancaster.

Barton, J. [2001], "Does the Use of Financial Derivatives Affect Earnings Management Decisions?," *The Accounting Review*, Vol. 76, No. 1, pp. 1-26.

Batson, N. [2003], *Second Interim Report of Neal Batson, Court-Appointed Examiner*, United States Bankruptcy Court Southern District of New York, In re : Enron Corp., et al., Debtors, Chapter 11, Case No. 01-16034 (AJG), Jointly Administered.

Beams, F. A. [1968], *A Critical Examination of the Matching Concept in Accountancy*, University of Illinois.

Beaver, W. H. [1991], "Problems and Paradoxes in the Financial Reporting of Future Events," *Accounting Horizons*, Vol. 5, No. 4, pp. 122-134.

Beaver, W. H. [1998], *Financial Reporting : An Accounting Revolution*, 3rd ed., Prentice-Hall.

Beaver, W. H. [2002], "Perspectives on Recent Capital Market Research," *The Accounting Review*, Vol. 77, No. 2, pp. 453-474.

Beaver, W. H. and J. S. Demski [1979], "The Nature of Income Measurement," *The Accounting Review*, Vol. 54, No. 1, pp. 38-46.

Beresford, D. R. [2000], "G4+1 : A Newcomer on the International Scene," *The CPA Journal*, Vol. 70, No. 3, pp. 14-19.

Beresford, D. R. [2001], "Congress Looks at Accounting for Business Combinations," *Accounting Horizons*, Vol. 15, No. 1, pp. 73-86.

Beresford, D. R., L. T. Johnson and C. L. Reither [1996], "Is a Second Income Statement Needed?," *Journal of Accountancy*, Vol. 181, No. 4, pp. 69-72.

Bevis, H. M. [1965], *Corporate Financial Reporting in a Competitive Economy*, The Macmillan Company. (熊野實夫訳 [1968] 『現代株式会社会計』同文舘。)

Bierman Jr., H., L. T. Johnson and D. S. Peterson [1991], FASB Research Report, *Hedge Accounting : An Exploratory Study of the Underlying Issues*, FASB. (白鳥庄之助・大塚宗春・富山正次・石垣重男・篠原光伸・山田辰己・小宮山賢訳 [1997]

『ヘッジ会計：基本問題の探求〈増補版〉』中央経済社。)

BIS [2001], The Basel Committee on Banking Supervision, "Comments on Draft Standard & Basis for Conclusions Prepared by the Financial Instruments Joint Working Group of Standard Setters," September 30.

Boulding, K. E. [1962], "Economics and Accounting : The Uncongenial Twins," W. T. Baxter and S. Davidson eds., *Studies in Accounting Theory*, 2nd ed., Richard D. Irwin, pp. 44-55.

Bowen, John E. [1994], *Mark to Market : Managing the Bank Portfolio under FASB #115*, Probus Publishing Company.

Buckmaster, D. A. [2001], *Development of the Income Smoothing Literature 1893-1998 : A Focus on the United States*, Studies in the Development of Accounting Thought Vol. 4, Elsevier Science Ltd.

Bushman, R., E. Engel, J. Milliron and A. Smith [2000], "An Analysis of the Relation between the Stewardship and Valuation Roles of Earnings," Working Paper.

Butterworth, J. E., M. Gibbins and R. D. King [1982], "The Structure of Agency Theory : Some Basic Conceptual and Methodological Issues," S. Basu and A. J. Milburn eds., *Research to Support Standard Setting in Financial Accounting : A Canadian Perspective*, The Clarkson Gordon Foundation, pp. 1-65.

Canning, J. B. [1929], *The Economics of Accountancy : A Critical Analysis of Accounting Theory*, The Ronald Press Company.

Cearns, K. [1999], *Reporting Financial Performance : A Proposed Approach*, FASB.

Christensen, P. O. and G. A. Feltham [2003], *Economics of Accounting-Volume I, Information in Markets*, Kluwer Academic Publishers.

Churchman, C. W. [1970], "The Past's Future," W. E. Stone ed., *Foundations of Accounting Theory*, University of Florida Press, pp. 138-148.

Copeland, T., T. Koller and J. Murrin [2000], *Valuation : Measuring and Managing the Value of Companies*, 3rd ed., John Wiley & Sons, Inc. (マッキンゼー・コーポレート・ファイナンス・グループ訳 [2002]『企業価値評価—バリュエーション：価値創造の理論と実践—』ダイヤモンド社。)

Copnell, T. [1999], "Two into One", *Accountancy*, Vol. 124, No. 1274, pp. 78-79.

Davidson, S. [1966], "The Realization Concept," M. Backer ed., *Modern Accounting Theory*, Prentice-Hall, Inc., pp. 99-116.

Dechow, P. M. and D. J. Skinner [2000], "Earnings Management : Reconciling the Views of Accounting Academics, Practitioners, and Regulators," *Accounting

Horizons, Vol. 14, No. 2, pp. 235-250.

Demski, J. S. [2004], "Endogenous Expectations," *The Accounting Review*, Vol. 79, No. 2, pp. 519-539.

Demski, J. S., J. C. Fellingham, Y. Ijiri and S. Sunder [2002], "Some Thoughts on the Intellectual Foundations of Accounting," *Accounting Horizons*, Vol. 16, No. 2, pp. 157-168.

Dharan, B. G. [2002], "Enron's Accounting Issues-What Can We Learn to Prevent Future Enron," Testimony of the US House Energy and Commerce Committee's Hearings on Enron Accounting, February 6.

Eccher, E. A., K. Ramesh and S. R. Thiagarajan [1996], "Fair Value Disclosure by Bank Holding Companies," *Journal of Accounting and Economics*, Vol. 22, Nos. 1-3, pp. 79-117.

Edwards, E. O. and P. W. Bell. [1961], *The Theory and Measurement of Business Income*, University of California Press. (伏見多美雄・藤森三男訳 [1964] 『意思決定と利潤計算』日本生産本部。)

EU [2002], The European Parliament and the Council of the European Union, "Regulation (EC) No 1606/2002 of the European Parliament and of the Council of 19 July 2002 on the Application of International Accounting Standards," *Official Journal of the European Communities*, L 243, 11. 9. 2002, pp. 1-4.

EU [2003], The European Parliament and the Council of the European Union, "Commission Regulation (EC) No 1725/2003 of 29 September 2003 Adapting Certain International Accounting Standards in accordance with Regulation (EC) No 1606/2002 of the European Parliament and the Council," *Official Journal of the European Union*, L 261, 13. 10. 2003, pp. 1-2.

FASB [1976a], *Scope and Implications of the Conceptual Framework Project*, FASB. (森川八洲男監訳 [1989] 『現代アメリカ会計の基礎概念』白桃書房。)

FASB [1976b], FASB Discussion Memorandum, *an analysis of issues related to Conceptual Framework for Financial Accounting and Reporting : Elements of Financial Statements and Their Measurement*, FASB. (津守常弘監訳 [1997] 『FASB財務会計の概念フレームワーク』中央経済社。)

FASB [1977], Exposure Draft, Proposed Statement of Financial Accounting Concepts, *Objectives of Financial Reporting and Elements of Financial Statements of Business Enterprises*, FASB.

FASB [1978], Statement of Financial Accounting Concepts No. 1, *Objectives of Financial Reporting by Business Enterprises*, FASB. (森川八洲男監訳 [1989] 『現代

アメリカ会計の基礎概念』白桃書房；平松一夫・広瀬義州訳［2002］『FASB財務会計の諸概念〈増補版〉』中央経済社。)

FASB［1979a］, *A Summary of the Discussion Memorandum on Reporting Earnings*, FASB.

FASB［1979b］, Exposure Draft (Revised), Proposed Statement of Financial Accounting Concepts, *Elements of Financial Statements of Business Enterprises*, FASB.

FASB［1980a］, Statement of Financial Accounting Concepts No. 2, *Qualitative Characteristics of Accounting Information*, FASB.（森川八洲男監訳［1989］『現代アメリカ会計の基礎概念』白桃書房；平松一夫・広瀬義州訳［2002］『FASB財務会計の諸概念〈増補版〉』中央経済社。)

FASB［1980b］, FASB Discussion Memorandum, *an analysis of issues related to Reporting Funds Flows, Liquidity, and Financial Flexibility*, FASB.

FASB［1980c］, Statement of Financial Accounting Concepts No. 3, *Elements of Financial Statements of Business Enterprises*, FASB.

FASB［1983］, Exposure Draft, Proposed Statement of Financial Accounting Concepts, *Recognition and Measurement in Financial Statements of Business Enterprises*, FASB.

FASB［1984］, Statement of Financial Accounting Concepts No. 5, *Recognition and Measurement in Financial Statements of Business Enterprises*, FASB.（平松一夫・広瀬義州訳［2002］『FASB財務会計の諸概念〈増補版〉』中央経済社。)

FASB［1985］, Statement of Financial Accounting Concepts No. 6, *Elements of Financial Statements*, FASB.（平松一夫・広瀬義州訳［2002］『FASB財務会計の諸概念〈増補版〉』中央経済社。)

FASB［1993］, A Report on Deliberations, Including Tentative Conclusions on Certain Issues, *Accounting for Hedging and Other Risk-adjusting Activities*, FASB.

FASB［1996a］, "New Approach Decided for Hedging and Derivatives," *FASB Status Report*, No. 273, p. 1.

FASB［1996b］, Exposure Draft, Proposed Statement of Financial Accounting Standards, *Reporting Comprehensive Income*, FASB.

FASB［1999］, Preliminary Views, *on major issues related to Reporting Financial Instruments and Certain Related Assets and Liabilities at Fair Value*, FASB.

FASB［2000］, Statement of Financial Accounting Concepts No. 7, *Using Cash Flow Information and Present Value in Accounting Measurements*, FASB.（平松一夫・広瀬義州訳［2002］『FASB財務会計の諸概念〈増補版〉』中央経済社。)

FASB [2002a], Proposal for a New Agenda Project, *Issues Related to the Recognition of Revenues and Liabilities*, FASB.
FASB [2002b], *Proposal for a Principle-Based Approach to U. S. Standard Setting*, FASB.
FASB [2004a], Exposure Draft, Proposed Statement of Financial Accounting Standards, *Fair Value Measurement*, FASB.
FASB [2004b], Project Updates, *Revenue Recognition*, Last Updated : November 11, FASB.
FASB [2004c], Project Updates, *Financial Performance Reporting by Business Enterprises*, Last Updated : November 23, FASB.
FASB and IASB [2002], Memorandum of Understanding, "The Norwalk Agreement".
Feltham, G. A. [1992], "Financial Accounting Research : Contributions of Information Economics and Agency Research," R. Mattessich ed., *Modern Accounting Research : History, Survey, and Guide*, 2nd ed., Research Monograph 7, CCGA Research Foundations, pp. 179–207.
Feltham, G. A. and J. A. Ohlson [1995], "Valuation and Clean Surplus Accounting for Operating and Financial Activities," *Contemporary Accounting Research*, Vol. 11, No. 2, pp. 689–731.
Fields, T. D., T. Z. Lys and L. Vincent [2001], "Empirical Research on Accounting Choice," *Journal of Accounting and Economics*, Vol. 31, Nos. 1–3, pp. 255–307.
Financial Executive [1993], "Market Value ; The Debate Rages," *Financial Executive*, Vol. 9, No. 1, pp. 30–36.
Foster, J. M. (Neel) and W. S. Upton [2001], "The Case for Initially Measuring Liabilities at Fair Value," *Understanding the Issues*, Vol. 2, Series 1, FASB, pp. 1–4.
Gellein, O. S. [1955], "The Decreasing-Charge Concept," *Journal of Accountancy*, Vol. 100, No. 2., pp. 56–61.
Gilman, S. [1939], *Accounting Concepts of Profit*, Ronald Press Co.（久野光朗訳［1965］『ギルマン会計学―上巻―』同文舘；久野光朗訳［1967］『ギルマン会計学―中巻―』同文舘；久野光朗訳［1972］『ギルマン会計学―下巻―』同文舘。）
Graham, J. R., C. R. Harvey and S. Rajgopal [2004], "The Economic Implications of Corporate Financial Reporting," Working Paper.
G4+1 [2001], *G4+1 Communiqué*, No. 10.
Healy, P. M. and J. M. Wahlen [2000], "A Review of the Earnings Management Literature and Its Implication for Standards Setting," *Accounting Horizons*, Vol. 13,

No. 4, pp. 365-383.
Hill, A., J. Chaffin and S. Fidler [2002], Special Reports, "Enron : Virtual Company, Virtual Profits," FT. com, Published : February 3, Last Updated : March 19.
Hirst, D. E. and P. E. Hopkins [1998], "Comprehensive Income Reporting and Analysts' Valuation Judgments," *Journal of Accounting Research*, Vol. 36, Supplement, pp. 47-75.
Hirst, D. E. and P. E. Hopkins [2000], *Earnings : Measurement, Disclosure, and the Impact on Equity Valuation*, Blackwell Publishers.
Hirst, D. E., P. E. Hopkins and J. M. Wahlen [2004], "Fair Value, Income Measurement, and Bank Analysts' Risk and Valuation Judgments," *The Accounting Review*, Vol. 79, No. 2, pp. 453-472.
Holthausen, R. W. and R. L. Watts [2001], "The Relevance of the Value-Relevance Literature for Financial Accounting Standards Setting," *Journal of Accounting and Economics*, Vol.31, Nos. 1-3, pp. 3-75.
Horngren, C. T. [1965], "How Should We Interpret the Realization Concept?," *The Accounting Review*, Vol. 40, No. 2, pp. 323-333.
IASB [2001], Report from the IASC Steering Committee on Reporting Financial Performance, Draft Statement of Principles, *Reporting Recognised Income and Expense*, IASB.
IASB [2002a], Board Decisions on International Accounting Standards, *IASB Update*, January 2002.
IASB [2002b], Board Decisions on International Accounting Standards, *IASB Update*, July 2002.
IASB [2002c], Project Updates, *The Income Statement (Reporting Performance)*, Last Revision : December 18, IASB.
IASB [2003a], Project Updates, *Revenue Recognition*, Latest revised ; March 1, IASB.
IASB [2003b], Observer Note at World Standard-Setters Meeting, *Reporting Comprehensive Income*, September, IASB.
IASB [2003c], Board Decisions on International Accounting Standards, *IASB Update*, October 2003.
IASB [2003d], Observer Note at SAC Meeting, *Reporting Comprehensive Income-Update*, November, IASB.
IASB [2003e], Observer Note at SAC Meeting, *Measurement Objectives : Summary of Analysis — Measurement Bases for Financial Accounting*, November, IASB.

IASB [2004], Project Updates, *Performance Reporting (Reporting Comprehensive Income)*, Revised: October 25, IASB.

IASC [1989], *Framework for the Preparation and Presentation of Financial Statements*, IASC.（国際会計基準委員会［1989］『財務諸表の作成に関する枠組み』日本公認会計士協会。）

IASC [1997], A Discussion Paper issued for comment by the Steering Committee on Financial Instruments, *Accounting for Financial Assets and Financial Liabilities*, IASC.（国際会計基準委員会［1997］『金融資産及び金融負債の会計処理に関するディスカッションペーパー』日本公認会計士協会。）

IASC Foundation [2002], *IASC Foundation Constitution (revised)*, IASC Foundation.

Ijiri, Y. [1967], *The Foundations of Accounting Measurement : A Mathematical, Economic, and Behavioral Inquiry*, Prentice-Hall.（井尻雄士［1968］『会計測定の基礎―数学的・経済学的・行動学的探求―』東洋経済新報社。）

Ijiri, Y. [1975], *Theory of Accounting Measurement*, AAA Studies in Accounting Research No. 10, AAA.（井尻雄士［1976］『会計測定の理論』東洋経済新報社。）

IOSCO [2000], Report of the Technical Committee of the International Organization of Securities Commissions, *IASC Standards-Assessment Report*, IOSCO.

Johnson, L. T. [1994], FASB Special Report, *Future Events : A Conceptual Study of Significance for Recognition and Measurement*, FASB.

Johnson, L. T., H. G. Bullen and V. W. Kern [1994], "Hedge Accounting : Is Deferral the Only Option?," *Journal of Accountancy*, Vol. 177, No. 1, pp. 53-56 and 58.

Johnson, L. T. and A. Lennard [1998], *Reporting Financial Performance : Current Developments and Future Directions*, FASB.

Johnson, L. T., C. L. Reither and R. J. Swieringa [1995], "Toward Reporting Comprehensive Income," *Accounting Horizons*, Vol. 9, No. 4, pp. 128-137.

Johnson, L. T. and R. K. Storey [1982], FASB Research Report, *Recognition in Financial Statements : Underlying Concepts and Practical Conventions*, FASB.

Johnson, L. T. and R. J. Swieringa [1996a], "Anatomy of an Agenda Decision : Statement No. 115", *Accounting Horizons*, Vol. 10, No. 2, pp. 149-179.

Johnson, L. T. and R. J. Swieringa [1996b], "Derivatives, Hedging and Comprehensive Income," *Accounting Horizons*, Vol. 10, No. 4, pp. 109-122.

JWG [1999], *Financial Instruments : Issues Relating to Banks*, IASC.

JWG [2000], An Invitation to Comment on the JWG's Draft Standard, *Financial Instruments and Similar Items*, JICPA.（日本公認会計士協会訳［2001］『金融商品及

び類似項目』日本公認会計士協会。)
JWGBA [1999], A Letter to the Joint Working Group of Standard Setters on Financial Instruments, *Accounting for Financial Instruments for Banks*, IASC.
Kirk, D. [1990], "Future Events : When Incorporated into Today's Measurement?," *Accounting Horizons*, Vol. 4, No. 2, pp. 86-92.
Leisenring, J. J., R. H. Northcutt and R. J. Swieringa [1995], "Toward a Set of Principles for Financial Instruments," *FASB Status Report*, No. 267, pp. 4-8.
Littleton, A. C. [1933], *Accounting Evolution to 1900*, American Institute Publishing Co., Inc. (片野一郎訳 [1985]『リトルトン会計発達史〔増補版〕』同文舘。)
Maines, L. A. and L. S. McDaniel [2000], "Effects of Comprehensive-Income Characteristics on Nonprofessional Investors' Judgments : The Role of Financial Statement Presentation Format," *The Accounting Review*, Vo. 75, No. 2, pp. 179-207.
Margavio, G. W. [1993], "The Savings and Loan Debacle : The Culmination of Three Decades of Conflicting Regulation, Deregulation, and Re-Regulation," *The Accounting Historians Journal*, Vol. 20, No. 1, pp. 1-32.
Montesi, C. J. and T. S. Lucas [1996], "Toward Improved Accounting for Derivative Financial Instruments and Hedging Activities," *FASB Status Report*, No. 276, pp. 3-9.
Moonitz, M. [1961], Accounting Research Study No. 1, *The Basic Postulates of Accounting*, AICPA. (佐藤孝一・新井清光共訳 [1962]『アメリカ公認会計士協会会計公準と会計原則』中央経済社。)
Munter, P. [1996], "FASB Moves Ahead on Comprehensive Income, Consolidation, and More," *Journal of Corporate Accounting and Finance*, Vol. 7, No. 4, pp. 143-148.
Murphy, K. J. [1999], "Executive Compensation," Ashenfelter, O. and D. Card eds., *Handbook of Labor Economics*, Vol. 3B, Elsevier, pp. 2485-2563.
Myers, J. H. [1959], "The Critical Event and Recognition of Net Profit," *The Accounting Review*, Vol. 34, No. 3, pp. 528-532.
Nelson, K. K. [1996], "Fair Value Accounting for Commercial Banks : An Empirical Analysis of SFAS No. 107," *The Accounting Review*, Vol. 71, No. 2, pp. 161-182.
Ohlson, J. A. [1995], "Earnings, Book Value, and Dividends in Equity Valuation," *Contemporary Accounting Research*, Vol. 11, No. 2, pp. 661-687.
Palepu, K. G., P. M. Healy and V. L. Bernard [1996], *Business Analysis & Valuation : Using Financial Statement*, South-Western College Publishing. (斎藤静樹監訳 [1999]『企業分析入門』東京大学出版社。)
Palepu, K. G., P. M. Healy and V. L. Bernard [2004], *Business Analysis & Valuation :*

Using Financial Statement, 3rd ed., South-Western College Publishing.（斎藤静樹監訳［2001］『企業分析入門〔第2版〕』東京大学出版社。）

Paton, W. A. and A. C. Littleton. [1940], *An Introduction to Corporate Accounting Standards*, AAA Monograph No. 3, AAA.（中島省吾訳［1958］『会社会計基準序説〈改訳〉』森山書店。）

Penman, S. H. [2003], "The Quality of Financial Statements : Perspectives from the Recent Stock Market Bubble," *Accounting Horizons*, Vol. 17 Supplement, pp. 77-96.

Penman, S. H. [2004], *Financial Statement Analysis and Security Valuation*, 2nd ed., The McGraw-Hill Companies, Inc.

Penman, S. H. and T. Sougiannis [1998], "A Comparison of Dividend, Cash Flow, and Earnings Approaches to Equity Valuation," *Contemporary Accounting Research*, Vol. 15, No. 3, pp. 343-383.

Philips, G. E. [1963], "The Accretion Concept of Income," *The Accounting Review*, Vol. 38, No. 1, pp. 14-25.

Pincus, M. and S. Rajgopal [2002], "The Interaction between Accrual Management and Hedging : Evidence from Oil and Gas Firm," *The Accounting Review*, Vol. 77, No. 1, pp. 127-160.

Powers, W. C., Jr., R. S. Troubh and H. S. Winokur, Jr. [2002], *Report of Investigation by the Special Investigative Committee of the Board of Directors of Enron Corp.*

Puschaver, E. L. [1996], "Giving SFAS No.115 a Fresh Start," *Bank Accounting & Finance*, Vol. 10, No. 1, pp. 34-39.

Rappaport, A. [1998], *Creating Shareholder Value : A Guide for Managers and Investors*, 2nd ed., The Free Press.

Reither, C. L. and P. A. Smith [1996], "Comprehensive Income : How to Apply the Rules of FASB's Recent Exposure Draft," *Journal of Corporate Accounting and Finance*, Vol. 7, No. 4, pp. 29-38.

Revsine, L., D. W. Collins and W. B. Johnson [2001], *Financial Reporting & Analysis*, 2nd ed., Prentice-Hall.

Ronen, J. [1979], "The Dual Role of Accounting : A Financial Economic Perspective," J. E. Bicksler ed., *Handbook of Financial Economics*, North-Holland Publishing Co., pp. 415-454.

Rosenfield, P. [2000], "What Drives Earnings Management? It is GAAP itself.," *Journal of Accountancy*, Vol. 190, No. 4, pp. 106 and 109-110.

Sayther, C. A. [2004a], "Financial Performance Reporting : Striking a Balance Between Transparency and Simplicity," *Financial Executive*, Vol. 20, No. 1, p. 6.

Sayther, C. A. [2004b], "Fair Value Accounting : Fair for Whom?," *Financial Executive*, Vol. 20, No. 2, p. 6.
Schipper, K. [1989], "Earnings Management," *Accounting Horizons*, Vol. 3, No. 4, pp. 91-102.
Schuetze, W. P. [2004], "A Memo to National and International Accounting and Auditing Standard Setters and Securities Regulators (A Christmas Pony)," W. P. Schuetze, edited by P. W. Wolnitzer, *Mark-to-Market Accounting : "True North" in Financial Reporting*, Routledge.
Scott, W. R. [2003], *Financial Accounting Theory*, 3rd ed., Prentice-Hall.
SEC [2003], *Study Pursuant to Section 108 (d) of the Sarbanes-Oxley Act of 2002 on the Adoption by the United States Financial Reporting System of a Principle-Based Accounting System*, SEC.
Seidman, L. F. and R. C. Wilkins [1995], FASB Special Report, *A Guide to Implementation of Statement 115 on Accounting for Certain Investments in Debt and Equity Securities*, FASB.
Sloan, R. G. [1993], "Accounting Earnings and Top Executive Compensation," *Journal of Accounting and Economics*, Vol. 16, Nos. 1-3, pp. 55-100.
Solomons, D. [1978], "The Politicization of Accounting," *Journal of Accountancy*, Vol. 146, No. 5, pp. 65-72.
Sprouse, R. T. [1965], "Observations Concerning the Realization Concept," *The Accounting Review*, Vol. 40, No. 3, pp. 522-526.
Sprouse, R. T. and M. Moonitz [1962], Accounting Research Study No. 3, *A Tentative Set of Broad Accounting Principles for Business Enterprises*, AICPA. (佐藤孝一・新井清光共訳 [1962]『アメリカ公認会計士協会 会計公準と会計原則』中央経済社。)
Staubus, G. J. [1958], "Comments on 'Accounting and Reporting Standards for Corporate Financial Statements — 1957 Revision'," *The Accounting Review*, Vol. 33, No. 1, pp. 11-24.
Storey, R. K. [1959], "Revenue Realization, Going Concern and Measurement of Income," *The Accounting Review*, Vol. 34, No. 2, pp. 232-238.
Storey, R. K. [1964], "Accounting Principles : AAA and AICPA," *Journal of Accountancy*, Vol. 117, No. 6, pp. 47-55.
Storey, R. K. and S. Storey [1998], FASB Special Report, *The Framework of Financial Accounting Concepts and Standards*, FASB. (企業財務制度研究会訳 [2001]『財務会計の概念および基準のフレームワーク』中央経済社。)

Sunder, S. [1980], "Discussion of the Role of Accounting in Financial Disclosure," *Accounting, Organizations and Society*, Vol. 5, No. 1, pp. 81-86.

Sunder, S. [1997], *Theory of Accounting and Control*, South-Western Publishing.（山地秀俊・鈴木一水・松本祥尚・梶原　晃訳［1998］『会計とコントロールの理論　契約理論に基づく会計学入門』勁草書房。）

Tweedie, D. and G. Whittington [1990], "Financial Reporting : Current Problems and Their Implications for Systematic Reform," *Accounting and Business Research*, Vol. 21, No. 81, pp. 87-102.

U. S. Senate [2002a], the Permanent Subcommittee on Investigations of the Committee on Governmental Affairs, *The Role of the Board of Directors in Enron's Collapse*, United States Senate (107th Congress 2nd Sessions).

U. S. Senate [2002b], Report of the Staff to the Senate Committee on Governmental Affairs, *Financial Oversight of Enron : The SEC and Private-Sector Watchdogs*, United States Senate.

Vatter, W. J. [1947], *The Fund Theory of Accounting and its Implication for Financial Reports*, The University of Chicago Press.（飯岡透・中原章吉共訳［1971］『バッター資金会計論』同文舘。）

Vatter, W. J. [1962], "Another Look at the 1957 Statement," *The Accounting Review*, Vol. 37, No. 4, pp. 660-669.

Venkatachalam, M. [1996], "Value-Relevance of Banks' Derivatives Disclosures," *Journal of Accounting and Economics*, Vol. 22, Nos. 1-3, pp. 327-355.

Walker, L. M., G. G. Mueller and F. G. Dimian [1970], "Significant Events in the Development of the Realization Concepts in the United States," *The Accountant's Magazine*, Vol. 74, No. 770, pp. 357-360.

Watts, R. L. and J. L. Zimmerman [1986], *Positive Accounting Theory*, Prentice-Hall.（須田一幸訳［1991］『実証理論としての会計学』白桃書房。）

Watts, R. L. and J. L. Zimmerman [1987], "Agency Theory Research in Accounting," Griffin, P. A. ed., FASB Research Report, *Usefulness to Investors and Creditors of Information Provided by Financial Reporting*, 2nd ed., FASB, pp. 193-212.

White, L. J. [1989], "The Reform of Federal Deposit Insurance," *The Journal of Economic Perspectives*, Vol. 3, No. 4, pp. 11-29.

White, L. J. [1991], "The Value of Market Value Accounting for the Deposit Insurance System," *Journal of Accounting, Auditing & Finance*, Vol. 6, No. 2 (New Series), pp. 289-302.

Williams, S. J. [2003], "Assets in Accounting : Reality Lost," *The Accounting

Historians Journal, Vol. 30, No. 2, pp. 133-174.

Windal, F. W. [1961a], *Accounting Concept of Realization*, Occasional Paper No. 5, Bureau of Business and Economic Research Graduate School of Business Administration Michigan State University.

Windal, F. W. [1961b], "The Accounting Concepts of Realization," *The Accounting Review*, Vol. 36, No. 2, pp. 249-258.

Woods, C. C 」. and H. G. Bullen [1989], "An Overview of the FASB's Financial Instruments Project," *Journal of Accountancy*, Vol. 168, No. 5, pp. 42-44 and 47.

Young, J. J. [1995], "Getting the Accounting 'Right'; Accounting and the Savings and Loan Crisis," *Accounting, Organizations and Society*, Vol. 20, No. 1, pp. 55-80.

Zeff, S. A. [1999], "The Evolution of the Conceptual Framework for Business Enterprises in the United States," *The Accounting Historians Journal*, Vol. 26, No. 2, pp. 89-131.

Zeff, S. A. [2002], "'Political' Lobbying on Proposed Standards : A Challenge to the IASB," *Accounting Horizons*, Vol. 16, No. 1, pp. 43-54.

【和文献】

赤城諭士 [2003a]「包括利益概念に基づく業績報告①―国際的調和化にむけた動向―」『企業会計』第55巻第9号，94-96頁。

赤城諭士 [2003b]「包括利益概念に基づく業績報告②―IASBの提案内容と2つの論点―」『企業会計』第55巻第10号，94-96頁。

新井清光 [1978]『会計公準論〈増補版〉』中央経済社。

新井清光編 [1989]『企業会計原則の形成と展開』中央経済社。

安藤英義 [2001]『簿記会計の研究』中央経済社。

飯野利夫 [1958]「『株式会社財務諸表に関する会計及び報告基準　一九五七年版』（一）」『ビジネスレビュー』第5巻第4号，119-128頁。

石川純治 [2000]『時価会計の基本問題―金融・証券経済の会計』中央経済社。

石川純治 [2002a]「時価会計と資本利益計算の変容（上）―社会科学としての時価会計―」『経営研究』第53巻第2号，25-50頁。

石川純治 [2002b]「割引現在価値と会計配分―資産化と利子配分―」『経営研究』第53巻第3号，53-77頁。

石川純治 [2003]「企業会計のハイブリッド構造―異なる計算系の併存と交錯の構造―」『會計』第163巻第1号，1-15頁。

伊藤邦雄 [1996]『会計制度のダイナミズム』岩波書店。

岩崎　勇 [2003]「包括利益の展開」『JICPAジャーナル』第573号，66-71頁。

浦崎直浩［2002］『公正価値会計』森山書店。
江村　稔［1958］「会計の『基本的概念』の本質」『産業経理』第18巻第1号，50-56頁。
大石桂一［2000］『アメリカ会計規制論』白桃書房。
太田康広［1999］「アセット・ファイナンスの会計」，醍醐　聰『国際会計基準と日本の企業会計』中央経済社，338-351頁。
岡部孝好［1997］「利害調整会計における意思決定コントロールの役割」『企業会計』第49巻第5号，4-10頁。
岡村勝義［1990］「会計上の実現概念の拡散と収斂（1）―アメリカにおける実現概念の系譜（1957-1985年）―」『商経論叢』（神奈川大学）第25巻第4号，1-28頁。
岡村勝義［1991］「会計上の実現概念の拡散と収斂（2・完）―アメリカにおける実現概念の系譜（1957-1985年）―」『商経論叢』（神奈川大学）第26巻第3・4号，51-105頁。
大日方　隆［1995］「現物証券の評価と業績測定：基準書第115号　負債証券の評価と開示」，米国財務会計基準（金融商品）研究委員会報告『金融商品をめぐる米国財務会計基準の動向―基準の解説と検討―』（下巻）企業財務制度研究会，211-233頁。
大日方　隆［2002a］「企業会計と情報開示制度の基礎」『會計』第161巻第2号，85-96頁。
大日方　隆［2002b］「キャッシュフローの配分と評価」，斎藤静樹編『会計基準の基礎概念』中央経済社，185-248頁。
大日方　隆［2003］「利益，損失および純資産簿価情報のRelevance」『経済学論集』第69巻第1号，2-57頁。
笠井昭次［2000］『会計の論理』税務経理協会。
加藤盛弘編［2000］『将来事象会計』森山書店。
可児島達夫［1995］「アメリカ会計理論における実現概念の拡張と展開」『関西学院商学研究』第37号，1-42頁。
可児島達夫［2003］「業績報告をめぐる最近の国際的動向」『JICPAジャーナル』第576号，46-47頁。
概念フレームワークに関する研究委員会報告［2001］『概念フレームワークに関する調査』企業財務制度研究会。
木村享司［2003］「IASB『業績報告プロジェクト』の概要」『JICPAジャーナル』第571号，28-32頁。
企業会計基準委員会［2004］，基本概念ワーキング・グループ，討議資料『財務会計の概念フレームワーク』企業会計基準委員会。

草野真樹［2002a］「財務会計の機能と利益情報」『同志社大学大学院　商学論集』第36巻第2号，1-26頁。
草野真樹［2002b］「米国企業の不正会計とプロフォーマ利益の開示」『企業会計』第54巻第11号，124-128頁。
倉田幸路［2004］「財務業績とキャッシュ・フロー」『JICPAジャーナル』第587号，48-53頁。
國部克彦［1999］『社会と環境の会計学』中央経済社。
古賀智敏［2003］「金融商品とファイナンス型会計のあり方」，古賀智敏編『ファイナンス型会計の探求─金融商品・デリバティブを中心とする会計のあり方』中央経済社，15-25頁。
小林孝雄［1990］「株式のファンダメンタル・バリュー」，西村清彦・三輪芳朗編『日本の株価・地価─価格形成のメカニズム─』東京大学出版会，285-319頁。
斎藤静樹［1996］「時価会計とヘッジ会計─キャッシュフローのリスクとそのヘッジをめぐって─」，笠井昭次編『現代会計の潮流』税務経理協会，23-36頁。
斎藤静樹［1998］「利益概念と資産評価─時価会計の論理と実現基準─」，中野　勲・山地秀俊『21世紀の会計評価論』勁草書房，23-44頁。
斎藤静樹［1999］「キャッシュフロー・ヘッジの概念とヘッジ会計の方法」『會計』第156巻第6号，1-13頁。
斎藤静樹［2002］「総括と補足」，斎藤静樹編『会計基準の基礎概念』中央経済社，431-442頁。
阪本安一［1966］「実現概念に関する一考察」『會計』第89巻第6号，15-31頁。
桜井貴憲［1999］「キャッシュ・フロー・ヘッジ会計の国際比較研究」『會計』第156巻第3号，137-149頁。
桜井久勝［2002］「会計情報の利用目的」，斎藤静樹編『会計基準の基礎概念』中央経済社，11-25頁。
佐藤信彦［2001］「包括利益概念と利益観」『企業会計』第53巻第7号，18-24頁。
佐藤信彦［2003a］「業績報告と利益観［2］」『企業会計』第55巻第2号，68-69頁。
佐藤信彦［2003b］「業績報告：その議論の動向と問題点〈1〉」『経営財務』第2631号，40-46頁。
佐藤信彦・渡辺雅雄［2003］「財務業績報告を巡るIASBの動向」，佐藤信彦編『業績報告と包括利益』白桃書房，188-202頁。
澤邉紀生［1998］『国際金融規制と会計制度』晃洋書房。
潮崎智美［2003］「ドイツにおける商法典会計と取引所法会計の関係」『広島国際研究』第9巻，15-26頁。
鈴木直行［2003］「会計情報の提供プロセスにおける経営者の裁量の意義と問題点」

『金融研究』第22巻第1号，21-40頁。
須田一幸［2000］『財務会計の機能―理論と実証』白桃書房。
醍醐　聰［1990］『日本の企業会計』東京大学出版会。
高寺貞男［1969］『簿記の一般理論』ミネルヴァ書房。
高寺貞男［1971］『会計政策と簿記の展開』ミネルヴァ書房。
高寺貞男［1973］「利益正常化の一般仮説に関するノート」『企業会計』第25巻第1号，16-22頁。
高寺貞男［1974］『明治減価償却史の研究』未来社。
高寺貞男［1992］『会計と組織と社会―会計の内と外―』三嶺書房。
高寺貞男［1995］『複雑系の会計学』三嶺書房。
高寺貞男［1999］『利益会計システムの進化』昭和堂。
高寺貞男［2002］『会計と市場』昭和堂。
高寺貞男［2003a］「公正価値会計における利益特性の退化」『大阪経大論集』第54巻第4号，175-185頁。
高寺貞男［2003b］「公正価値会計への中途半端な転換」『大阪経大論集』第54巻第4号，203-213頁。
高寺貞男［2004a］「実現稼得過程アプローチと資産負債アプローチによる収益認識の相違」『企業会計』第56巻第2号，4-10頁。
高寺貞男［2004b］「利益（発生）管理による情報価値の濃縮」『大阪経大論集』第54巻第6号，197-205頁。
高寺貞男［2004c］「攻めの会計における早期の利益認識」『大阪経大論集』第55巻第1号，201-210頁。
高寺貞男・草野真樹［2004］「公正価値概念の拡大―その狙いと弱み」『大阪経大論集』第55巻第2号，251-262頁。
瀧田輝己［1996］「実現概念拡大の会計構造論的解釈」，笠井昭次編『現代会計の潮流』税務経理協会，223-241頁。
田代樹彦［2000］「デリバティブとキャッシュフロー割引計算」，北村敬子・今福愛志『財務報告のためのキャッシュフロー割引計算』中央経済社，54-81頁。
田中建二［1999］『時価会計入門』中央経済社。
田中健二［2003］「米国における業績報告の状況」『企業会計』第55巻第5号，4-11頁。
津守常弘［2002］『会計基準形成の論理』森山書店。
津守常弘［2003］「収益認識をめぐる問題点とその考え方」『企業会計』第55巻第11号，18-25頁。
辻山栄子［1991］『所得概念と会計測定』森山書店。

辻山栄子 [1998]「包括利益をめぐる議論の背景（アメリカ）」，包括利益研究委員会報告『包括利益をめぐる論点』企業財務制度研究会，3-42頁。

辻山栄子 [2000]「時価会計をめぐる2つの潮流」『武蔵大学論集』第47巻第3・4号，623-647頁。

辻山栄子 [2002]「会計基準の国際的動向と会計測定の基本思考」『會計』第161巻第3号，24-36頁。

辻山栄子 [2003a]「業績報告をめぐる国際的動向と会計研究の課題」『會計』第163巻第2号，63-80頁。

辻山栄子 [2003b]「会計情報の機能と業績報告──発生主義会計の含意と実証研究──」『早稲田商学』第398号，1-21頁。

徳賀芳弘 [1990]「会計上の認識に関する一考察」『會計』第138巻第1号，29-43頁。

徳賀芳弘 [1994]「伝統的な負債概念から新しい負債概念へ──米国における変化」『企業会計』第46巻第8号，67-74頁。

徳賀芳弘 [2000]『国際会計論──相違と調和──』中央経済社。

徳賀芳弘 [2001]「資産負債中心観」『企業会計』第53巻第1号，56-62頁。

徳賀芳弘 [2002a]「有価証券の全面公正価値評価と比較可能性」『JICPAジャーナル』第562号，50-55頁。

徳賀芳弘 [2002b]「会計における利益観──収益費用中心観と資産負債中心観──」，斎藤静樹編『会計基準の基礎概念』中央経済社，147-177頁。

徳賀芳弘 [2003]「資産負債中心観における収益認識」『企業会計』第55巻第11号，35-42頁。

中久木雅之 [2002]「会計情報と経営者のインセンティブに関する実証研究のサーベイ」，Discussion Paper No. 2002-J-36（日本銀行金融研究所）。

中久木雅之・宮田慶一 [2002]「公正価値評価の有用性に関する実証研究のサーベイ」，Discussion Paper No. 2002-J-8（日本銀行金融研究所）。

成岡浩一 [1998]「キャッシュフローヘッジに関わる公正価値評価の問題点」『商経論集』（早稲田大学大学院商学研究科）第74巻，111-120頁。

浜本道正 [1996]「アメリカのS&L危機と会計政策」『会計検査研究』第14号，23-33頁。

浜本道正 [1997]「金融危機と会計規制──アメリカの貯蓄金融機関の経営破綻を中心に──」『會計』第151巻第2号，26-37頁。

広瀬義州 [1995]『会計基準論』中央経済社。

福島孝夫 [1978]『会計収益認識論』大阪府立大学経済研究叢書第47冊。

藤井秀樹 [1991]「発生基準会計とその基礎概念の再検討」『會計』第139巻第5号，19-33頁。

藤井秀樹［1996a］「会計的認識と実現概念の拡張問題」『経済論叢』第157巻第5・6号，1-15頁。

藤井秀樹［1996b］「金融商品の会計基準（草案）にみる『会計の情報化』─その現代的特徴と方向─」安藤英義編『会計フレームワークと会計基準』中央経済社，254-276頁。

藤井秀樹［1997］『現代企業会計論─会計観の転換と取得原価主義会計の可能性─』森山書店。

藤井秀樹［1999］「アメリカにおける利益測定論の展開─1960年代までの実現概念の変遷を手がかりとして─」『経済論叢』第164巻第6号，125-144頁。

藤井秀樹［2003］「会計基準の調和化をめぐる国際的動向と日本の調和化戦略」『會計』第163巻第2号，17-35頁。

藤井秀樹・山田康裕・境　宏恵・金森絵里［1999］「財務報告基準の国際的調和化をめぐる理論問題の再検討─G4＋1特別報告を手がかりとして─」『産業経理』第59巻第3号，55-65頁。

古市峰子［2003］「非会計情報の開示の意義と開示規制のあり方」『金融研究』第22巻第1号，41-75頁。

星野一郎［1998］『金融危機の会計的研究─米国S&L危機と時価評価─』同文舘。

牧田正裕［2002］『会計制度とキャッシュ・フロー　アメリカにおけるキャッシュ・フロー計算書の制度化プロセス』文理閣。

松本敏史［1997a］「特定引当金問題再考」『東北学院大学経理研究所紀要』第7号，27-42頁。

松本敏史［1997b］「発生型会計と対応型会計」，日本会計研究学会スタディ・グループ（主査　津守常弘）『会計の理論的枠組みに関する総合的研究〔最終報告〕』，53-66頁。

松本敏史［2002a］「対立的会計観の諸相とその相互関係」『大阪経大論集』第53巻第3号，103-120頁。

松本敏史［2002b］「対立会計観における費用認識の論理」『同志社商学』第54巻第1・2・3号，309-328頁。

松本敏史［2003］「収益費用中心観における収益認識」『企業会計』第55巻第11号，26-34頁。

万代勝信［2000］『現代会計の本質と職能─歴史的および計算構造的研究─』森山書店。

万代勝信［2002a］「伝統的会計からみた金融商品の会計処理の位置づけ」『會計』第161巻第2号，74-84頁。

万代勝信［2002b］「会計目的と会計制度─開示制度と周辺の諸制度─」，斎藤静樹編

『会計基準の基礎概念』中央経済社, 41-68頁。
宮田慶一［2004］「金融資産の譲渡の会計処理：留保リスクと便益の認識・認識中止の問題を中心に」『金融研究』第23巻第2号, 49-72頁。
宮田慶一・吉田慶太［2002］「金融商品の全面公正価値評価を巡る理論的論点の整理」, Discussion Paper No. 2002-J-7（日本銀行金融研究所）。
森川八洲男［1996］「実現概念の展開（その1）」『税経セミナー』第41巻第4号, 4-9頁。
諸井勝之助［1958］「AAA会計基準五七年版に関する一考察―基礎的諸概念を中心として―」『産業経理』第18巻第1号, 46-49頁。
八重倉 孝［1998］「会計数値による企業評価―Ohlsonモデルの実務への適用―」『JICPAジャーナル』第513号, 58-59頁。
八重倉 孝［2003］「IASB『業績報告プロジェクト』の問題点」『JICPAジャーナル』第571号, 33-36頁。
山田康裕［1998］「アメリカにおける実現概念の変遷の意義―認識プロセスにおける機能的位置づけをめぐって―」『會計』第153巻第6号, 133-144頁。
山田康裕［1999］「包括利益にかかる連繋問題」『会計史学会年報』第18号, 116-125頁。
山田康裕［2003］「業績報告の展開と利益のリサイクル」『彦根論叢』（滋賀大学）第340-341号, 127-160頁。
米山正樹［2003］『減損会計―配分と評価―（増補版）』森山書店。
若杉 明［1985］『企業利益の測定基準』中央経済社。
渡邉 泉［1983］『損益計算史論』森山書店。
渡邉 泉［1993］『決算会計史論』森山書店。
渡邉 泉［2002］「期間損益計算の展開」, 岸 悦三『近代会計の思潮』同文舘, 13-23頁。

索　引

あ行

IAS39型繰延アプローチ ………120, 123
意思決定後情報 …………152, 156, 168
意思決定支援機能 ………10, 15, 143, 146, 148-151, 156, 168, 169, 174, 177
意思決定支援機能と契約支援機能の調整
　………11, 157, 159, 160, 174, 175, 177
意思決定前情報 …………143, 156, 168
意思決定有用性アプローチ …2, 17, 143, 161
一元観 ……………112, 116, 130, 131
一時的利益 ……………………3, 167

ALM ……………………………85
S&L危機 ……………82, 103, 143
SFAS133型繰延アプローチ ……121, 124

か行

会計システムの転換 ……18, 36, 135, 163
会計情報の質的特徴 …10, 144, 156, 168, 174
会計処理 ……………………………82
会計の政治化 ………………………9
確定約定 …………………………105
稼得 ……………………74, 98, 103
稼得・実現・対応利益 ……111, 130, 136, 164, 172, 175
稼得利益 …73, 74, 79, 81, 82, 88, 102, 132, 141, 149, 152, 153, 155, 164, 173, 183

稼得利益の認識規準 ………………83
期間アプローチ ……………93, 94
機能的活動 …………………131, 139
逆選択 ………………………………10
キャッシュ・フロー・ヘッジ ………91
キャッシュ・フロー・ヘッジ会計 …87-95, 128
金融商品の保有目的 ………………99
金利リスク管理の成果 ……………85
金利リスクの管理の成果 …………99

繰延アプローチ ……………87, 104, 119
繰延ヘッジ会計 …………………104

経営者の意図 ……36, 41, 86, 94, 129, 134, 139
経営者の業績指標 …28, 34, 46, 86, 94, 98, 129, 153-155, 160, 174, 176
経営者の将来に関する期待 …25-29, 34, 39, 86, 93, 94, 98, 99, 129, 132, 163, 172, 173
経済的実質 ………………………118
経済的実質アプローチ ………118, 141
契約支援機能 …10, 16, 151-156, 168, 169, 174, 177
決定的事象 …………………58, 77
現在原価 …………………………55
検証可能性 …………………161, 168
原則基準アプローチ ……………107, 180

恒久的利益 …………………………3, 167
公正価値 …………………2, 13, 18, 31–33, 37
公正価値会計 ………………23, 29–35, 39
公正価値階梯 ………………………18, 180
公正価値ヘッジ会計 ……………105, 106
項目識別装置 ……………………47, 52

さ 行

再調達原価 ……………………………54
再分類調整 ……………………79, 114, 122
財務会計の機能 ……………172, 174, 176
財務業績 …1, 13, 111, 130, 171, 172, 175

時価アプローチ ……………105, 106, 119
時価ヘッジ会計 ………………………105
資産負債アプローチ …2, 6, 19–23, 52, 66, 68, 70, 71, 95, 181
市場価値 ………………………………17
市場参加者の将来に関する期待 …30–35
実現…20, 28, 35, 37, 74, 79, 82, 88–90, 98, 99, 103, 130–132, 173
実現・稼得過程アプローチ …………181
実現可能 ……74, 79, 82–84, 88–90, 98, 99, 103, 131, 173
実現の機能 ……52, 60, 66, 163, 172, 173, 176
私的情報 ………………………………32
時点選定装置 ……………………46, 52, 60
収益費用アプローチ …6, 19–20, 22, 23, 52, 66, 68, 70, 71
準市場価格 ………………………31, 33, 163
純利益…36, 66, 79, 81, 102, 107, 132, 141, 149, 151–153, 155, 164, 171–173
純利益の算定テスト ……………60, 99
使用価値 ……………………………32, 33

上場市場価格 ………………30, 32, 163
情報提供機能 …………………………15, 169
情報の非対称性 ………………………9
将来キャッシュ・インフローの流列
　………………………25, 27, 40, 86, 93
将来キャッシュ・フローの流列 ……93
将来の経済的便益 ………………2, 17, 95
将来の経済的便益の犠牲 ……………95
信頼性 ………36, 135, 144, 163, 168, 180
JWG …………………………………128, 138
G4+1 …………………………………4, 14

ストックの変動 …98, 130, 141, 161, 173–175

相対的予測価値 ………………131, 139
その他の包括利益 ……4, 36, 82, 88, 102, 103, 107, 151, 164, 171, 173, 183

た 行

対応 ………………………20, 37, 92, 93
対外取引のテスト ………………27, 45
超過利益モデル ………………165–167
「貯蔵庫」アプローチ ……115, 116, 136

2 ステージプロセス ………………167

伝統的繰延アプローチ ……………119, 122
伝統的な実現概念 ……………………45
DCFモデル …………………144, 148, 165–167

な 行

ナチュラル・ヘッジ ……………85, 153

二元観 …………………111, 116, 130

ノーウォーク合意 ………………3, 109

は行

売却可能証券 …………………82-87
売却可能負債証券 ………………85
売却可能持分証券 ………………85
配当割引モデル ……………165, 167
発生管理 …………………………40

フローの測定 ……98, 141, 161, 173-175

ヘッジ会計 …………………92, 106
ヘッジ活動の成果 …………91, 92, 94, 99
ヘッジ手段 ……………………91, 92
ヘッジ手段の損益 ……………88, 92
ヘッジ対象 ……………………91, 92
ヘッジ対象の損益 ……………90, 92
ヘッジに有効でない部分 ……88, 183
ヘッジに有効な部分 …………88, 183
ヘッジの有効性 ………………88, 93

包括利益 ………1, 13, 36, 66, 73, 103, 107, 164, 171, 172, 175
簿価修正 ………………89, 120, 121
保有損益 …………………………55

ま行

マッチング ……………92, 93, 128, 151

目的適合性 …36, 135, 144, 161, 163, 168, 180
モラル・ハザード …………………10

や行

有価証券の保有目的 ………………86

用役潜在力 ………………49, 54, 76
要素アプローチ …………115, 116, 136
予定取引 …………………………89, 105
予定取引のヘッジ会計 …117-126, 128

ら行

利益概念の重層化 ………………68, 73
利益管理 …………………………36, 41
利益情報の役割 …………148, 151, 172
利益の持続性 …………148-150, 159, 167
利益の予測能力 ………148-150, 159, 167
利益平準化 ………………………36, 41
利害調整機能 ……………………15, 169
リサイクル …4, 79, 90, 112, 114, 116, 122, 131, 175
リスクからの解放 …………………107
流動性のテスト …………………27, 45
留保利益 …………………………88
累積アプローチ …………………88, 93
累積その他の包括利益 …………88, 183

歴史的原価会計 …………23-29, 39, 129
連携 ………………………37, 47, 75

わ行

割引現在価値 ……………………17, 49

初出論文一覧

序章：書き下ろし。

第1章：「伝統的会計における利益測定プロセスの特徴―実現の機能と経営者の期待―」（『大阪経大論集』第54巻第4号，2003年11月，139-151頁）に大幅な加筆・修正を施した。

第2章：「収益認識基準拡張の萌芽（1）―AAA1957年基準書及びAAA1964年報告書を中心にして―」（『同志社大学大学院　商学論集』第33巻第1号，1998年8月，354-379頁）と「収益認識基準拡張の萌芽（2）―AAA1957年基準書及びAAA1964年報告書を中心にして―」（『同志社大学大学院　商学論集』第33巻第2号，1999年3月，193-218頁）に大幅な加筆・修正を施した。

第3章：「金融商品会計における利益測定の特徴―実現概念の機能の退化と利益概念の一貫性―」（『大阪経大論集』第54巻第5号，2004年1月，403-427頁）に加筆・修正を施した。

第4章：「G4+1財務業績の報告基準の問題点―予定取引のヘッジ会計の観点から―」（『ワールドワイドビジネスレビュー』第2巻第1号，2001年1月，98-115頁）に大幅な加筆・修正を施した。

第5章：「FASBのキャッシュ・フロー・ヘッジ会計の理論的意義―財務会計の機能を中心にして―」（『大阪経大論集』第53巻第3号，2002年9月，79-102頁）をベースに，「利益測定と資産評価の分離とその含意―SFAS115の売却可能負債証券を中心にして―」（『同志社大学大学院　商学論集』第34巻第2号，2000年3月，138-163頁）と「財務業績報告基準の展望と課題―G4+1特別報告書を中心にして―」（『同志社大学大学院　商学論集』第35巻第1号，2000年8月，1-24頁）の一部を収録して，大幅な加筆・修正を施した。

終章：書き下ろし。

著者略歴

草野　真樹（くさの　まさき）

1974年　滋賀県に生まれる
1996年　同志社大学商学部卒業
2002年　同志社大学商学研究科博士後期課程単位取得退学
現　在　大阪経済大学経営情報学部専任講師

りえきかいけいろん　　こうせい か ち ひょうか　　ぎょうせきほうこく
利益会計論──公正価値評価と業績報告

2005年2月25日　初版第1刷発行　　大阪経済大学研究叢書第49冊

著　書　　ⓒ草　野　真　樹
発行者　　菅　田　直　文
発行所　　有限会社　森山書店　　東京都千代田区神田錦町
　　　　　　　　　　　　　　　　1-10林ビル（〒101-0054）
　　　　　TEL 03-3293-7061 FAX 03-3293-7063　振替口座 00180-9-32919

落丁・乱丁本はお取りかえします　　　　　　　　印刷／製本・シナノ
　　　本書の内容の一部あるいは全部を無断で複写複製する
　　　ことは，著作権および出版社の権利の侵害となります
　　　ので，その場合は予め小社あて許諾を求めてください。

ISBN 4-8394-1998-1